EFEU

PETER Q. ROSE # EFEU

Bearbeitet von Ingobert Heieck
Abtei Neuburg, Heidelberg
Aus dem Englischen
von Thomas Vogel, Geisenheim

73 Farbfotos

VERLAG EUGEN ULMER

CIP-Kurztitelaufnahme der Deutschen Bibliothek

Rose, Peter Q.:
Efeu / Peter Q. Rose. Bearb. von Ingobert Heieck.
Aus d. Engl. von Thomas Vogel. – Stuttgart:
Ulmer, 1982.
   Einheitssacht.: Ivies ⟨dt.⟩
   ISBN 3-8001-6136-2

NE: Heieck, Ingobert [Bearb.]

© 1982 Eugen Ulmer GmbH & Co.
Wollgrasweg 41, 7000 Stuttgart 70 (Hohenheim)
Printed in Germany
Einbandgestaltung: A. Krugmann
mit einem Foto von Günther Ziegele, Schwetzingen
Satz: W. Hellstern, Tübingen
Druck und Bindung: Passavia GmbH, Passau

Inhaltsverzeichnis

Geleitwort   6

Vorwort   7

Einleitung   8

Botanische Namensgebung   15

*Efeu für Haus, Garten
und Landschaft*   19

Haus-, Gartenmauer- und Hintergrund-
bepflanzung   19
Bedeckung für Schuppen, Garagen und
andere Gebäude   22
Bodendecker   23
Steingärten   25
Zimmerpflanzen   26
Säulenefeu   27
Ampelpflanzen   28
Formbäume (Zierhecken, Topiary)   28
Flaschengärten und Terrarien   28
Efeu als landschaftsgestaltendes Element   29

Kultur   32

Vermehrung   32
Pflanzenerde, Substrat   33
Schädlinge und Krankheiten   33

Arten, Varietäten und Sorten   37

Hedera canariensis   38
Hedera colchica   43
Hedera helix   48
Hedera nepalensis   112
Hedera pastuchovii   113
Hedera rhombea   115

In Deutschland verbreitete Efeusorten   117

Die Winterhärte der Efeusorten   131

Sortenübersicht   133

Grünblättrige Sorten   133
Buntblättrige Sorten   133

Bildquellen   134

Literaturverzeichnis   135

Sachregister   137

Geleitwort

Der gewöhnliche Efeu (*Hedera helix*), in Waldungen, an Gebäuden oder in Hecken wachsend, ist so sehr ein Teil unserer Umwelt geworden, daß wir nicht immer die Vorzüge seiner zahlreichen Varianten im Garten zu würdigen wissen. Wie so viele Gartenpflanzen war der Efeu den Phasen gärtnerischer Modelaunen unterworfen. Er hat aber kontinuierlich in den letzten dreißig Jahren die allgemeine Wertschätzung wiedererlangt, die ihm während der viktorianischen Zeit zuteil wurde.

Trotz der unbestreitbaren Beliebtheit von Efeusorten als Zimmerpflanzen und ihrer vielfältigen Verwendung in Garten und Landschaft ist, seit der Veröffentlichung von Shirley Hibberd vor mehr als einem Jahrhundert, kein ausführlicheres Werk über die Gattung geschrieben worden. Das Übermaß an Namen, die den Efeusorten seit Hibberds Zeiten gegeben wurden, hat zu einer beträchtlichen Verwirrung geführt, da neue Efeusorten unvermeidlich von Züchter zu Züchter gelangten und dabei verschiedene, gewöhnlich aber ungültige Namen erhalten haben. Zahlreiche Versuche, das komplizierte Benennungsgewirr zu klären, sind unternommen worden, bis heute jedoch nur mit mäßigem Erfolg. Jetzt hat Peter Q. Rose für Gärtner und Baumschuler eine maßgebende und genaue Arbeit erstellt, die viele der Probleme deutlich aufzeigt und andere löst.

Es ist offensichtlich, daß der Autor viel Zeit damit verbracht hat, der Geschichte und den Ursprüngen der verschiedenen Efeusorten nachzugehen. Dieses Buch enthält viele Informationen, die sonst nirgendwo zur Verfügung stehen oder nur bei sorgfältiger Durchsicht der Literatur zu finden sind. Insbesondere werden die vergleichenden Beschreibungen, oft von Sorten, die früher nur schlecht dokumentiert waren, wertvoll sein, da sie ein Schema bieten, anhand dessen die Beschreibung von Neueinführungen beurteilt werden kann.

Das Buch ist keineswegs auf historische und beschreibende Berichte beschränkt, sondern enthält zusätzlich viele nützliche Informationen über alle Aspekte der Efeuzüchtung und Efeukultur. Der Autor hat eine vortreffliche Zusammenstellung von praktischem und theoretischem Wissen getroffen, das den Gärtner informieren als auch anregen soll. Dem Efeuliebhaber ist gleichzeitig ein Standardnachschlagewerk für die Zukunft in die Hand gegeben.

Chris Brickell
Direktor des Gartens der Royal Horticultural Society, Wisley
Vorsitzender der Kommission für gärtnerische Nomenklatur und Registrierung der Internationalen Gartenbauwissenschaftlichen Gesellschaft

Vorwort

Trotz der Tatsache, daß Efeu heute in einem großen Teil der Welt bekannt ist, wird er traditionell vielmehr als typisch britische Pflanze angesehen. Und doch ist dies das erste umfassende Buch, das der Pflanze gewidmet und seit dem grundlegenden Werk von Shirley Hibberd 1872 erschienen ist.

Während dieser langen Zeit sind neue Varietäten entstanden und neue Verwendungsmöglichkeiten der Pflanze in Garten, Haus und Landschaft erschlossen worden. Ein Buch zu diesem Thema ist sicher längst fällig. Als Pflanzengesundheitsinspektor im Landwirtschaftsministerium wurde meine Aufmerksamkeit nicht nur auf die Vorzüge der Pflanze gelenkt, die allein schon ein Buch rechtfertigen würden, sondern auch auf die verwirrende Namengebung. Dieses Buch ist das Ergebnis einer etwa zwölfjährigen Beschäftigung mit der Gattung *Hedera.* Außerdem habe ich Varietäten und Informationen mit Efeuliebhabern aus vielen Ländern ausgetauscht.

Über hundert Varietäten werden nachfolgend im Detail beschrieben, viele das erste Mal in einer publizistischen Arbeit. Über sechzig der nützlichsten werden in Farbe dargestellt. Dies sind aber keineswegs alle Varietäten; wahrscheinlich gibt es gegenwärtig mindestens zweihundert. Efeuspezialisten werden zahlreiche Auslassungen bemerken; einige Lücken betreffen Varietäten, über deren korrekte Namen ich zur Zeit im Zweifel bin; andere sind gartenbaulich von so geringer Bedeutung, daß ich sie nicht mitaufgenommen habe. In den vergangenen Jahren wurden die Sortennamen zur allgemeinen Verwirrung von Baumschulen, Landschaftsarchitekten und Gärtnern höchst nachlässig gehandhabt. Das Buch versucht, diesen Zustand zu beheben und die Vorzüge einer Pflanze zu beschreiben, die in zunehmendem Maße weltweite Beliebtheit genießt, wie dies vergleichsweise schon im viktorianischen England der Fall war.

»Niemand ist eine Insel«, und jeder, der sich vornimmt, irgendeine Pflanzengattung zu untersuchen oder zu beschreiben, wird sowohl jenen, die Vorarbeit geleistet haben, als auch jenen, die so bereitwillig Material und Informationen verfügbar gemacht haben, Dank schulden. Von den vielen, die sich wie ich mit Pflanzenbau beschäftigen, bin ich den Folgenden besonders zu Dank verpflichtet:

Chris Brickell, Direktor des Gartens der Royal Horticultural Society, Wisley, Großbritannien,
Bruder Ingobert Heieck, Benediktinerabtei Neuburg, Heidelberg,
Dr. Peter A. Hypio, LH Bailey Hortorium, Ithaca, USA,
Roy Lancaster, Kurator, Hillier Arboretum, Wichester,
Harry van de Laar, Versuchsanstalt für das Baumschulwesen, Boskoop, Holland,
Alison Rutherford,
Don und Beth Savage,
Henri Schaepman, Präsident der American Ivy Society, Elkwood, USA,
Robert Scase, zeitweise Bibliothekar des Gartens der Royal Horticultural Society, Wisley,
Peter Stageman, Bibliothekar, Lindley Bibliothek, London,
Sylvia Timms.

Dank auch an meine Frau, die, mit Efeu als ständigem Bewohner des Hauses, diese »ménage à trois« ertragen und mir mit Rat und konstruktiver Kritik geholfen hat.   Peter Q. Rose

Einleitung

Nur wenige Pflanzen sind so vielen Menschen bekannt wie der Efeu. Seine Blattform, sein Kletterwuchs und seine Vorliebe für schattige Stellen wurden von vielen Schriftstellern und Dichtern zu allen Zeiten beschrieben. Seine frühe Einführung von Europa nach Nordamerika erweiterte die Zahl der Menschen, die, selbst wenn sie bisher keiner anderen Pflanze begegnet sind, den Efeu aber erkennen. Schon seit uralten Zeiten ist der Efeu in Europa bekannt; sollte die Europäische Gemeinschaft wirklich eines Tages ein Blumenemblem suchen, könnte sie kaum eine bessere Wahl treffen als die Efeupflanze, die in allen Mitgliedsstaaten bekannt ist, sie alle umgibt und sich selbst und andere erhält.

In der Mythologie wurde der Efeu mit Bacchus und bacchantischen Orgien in Verbindung gebracht. Zusammen mit einigen anderen Symbolen, die man heidnischen Handlungen zuschrieb, wurde der Efeu in die christlichen Riten hineingenommen, z. B. als Weihnachtsschmuck. Stechpalmen und Efeu gehören zu der in England üblichen Weihnachtsdekoration, woran auch alte englische Weihnachtslieder erinnern. Schon zu Chaucers Zeiten und bis hinein ins späte Mittelalter wies ein »bush«, ein Efeukranz, auf einen Pfahl aufgesteckt, auf ein Gasthaus hin. Dieser Brauch kam von den Römern und verbreitete sich über ganz Europa. Man nannte dieses Zeichen »Alepole« oder »Alestake«. Chaucer, der den Gerichtsboten (»The Sompnour«) in seinen »Canterbury Tales« beschrieb, sagte über diesen: »A garland hadde he sette upon his hede, as gret as it were for an Alestake.«* Wenn man dies weiß,

---

* »Einen Kranz trug er auf dem Kopf, so groß wie für einen Alestake«.

8

ist es besonders erfreulich festzustellen, daß sich in Amerika die berühmteste Efeugärtnerei der Gegenwart »The Alestake« nennt. Das englische Sprichwort »good wine needs no bush«, was soviel bedeutet wie »ein gutes Produkt benötigt keine Werbung«, kommt nicht ohne Grund von jenem Brauch, einen Efeukranz auf einen Pfahl zu stecken.

Die Unverwüstlichkeit des Efeu inspirierte immer wieder die Dichter, aber nur wenige in einer Weise wie Charles Dickens, der in seinem Gedicht »The Ivy Green« schrieb:

> »The brave old plant in its lonely days
> Shall fatten upon the past,
> For the stateliest building man can raise,
> Is the ivy's food at last.
> Creeping on where time has been,
> A rare old plant is the ivy green.«

Natürlich kann eine Efeupflanze ein hohes Alter erreichen. Den Aufzeichnungen über eine Pflanze in Ginac, in der Nähe von Montpellier, Frankreich, läßt sich entnehmen, daß diese ein Alter von 400 Jahren erreicht hat. Die Zeile des Dichters »Is the ivy's food at last« ist jedoch nicht ganz zutreffend: sie bringt die Kontroverse ins Bewußtsein, die vereinzelt Gärtnermagazine, Zeitungen und Gartenbaujournale in den letzten 140 Jahren belebt hat und und betrifft die Frage, ob der Efeu Bäumen und Gemäuern schade oder nütze.

Efeu ist keine Schmarotzerpflanze: die kleinen Wurzeln, die an einem Klettertrieb wachsen, ermöglichen es der Pflanze, sich an ihrer Unterlage festzuhalten. Wenn Feuchtigkeit in den Spalten der Rinde oder zwischen Backsteinen und Mörtel haftet, ist es zwar möglich, daß der Efeu die Feuchtigkeit aufnimmt, aber er vermag nicht in

1 *Hedera helix* 'Arborescens'. Der Efeu hält sich nur am Baum fest, er ist kein Parasit.

den Wirt einzudringen. Was Bäume betrifft, so hält sich der Efeu nur an seinem Wirt fest. Er ernährt sich nicht von ihm, und wenn der Baum gesund ist, bleibt der Efeu eine zweitrangige Pflanze, die dem Baum nicht schadet. Sollte der Baum aus irgendeinem Grund absterben und keine Blätter mehr hervorbringen, dann nimmt der Efeu überhand, wie man es oft an Ulmen beobachten kann, die am »Ulmensterben«, einer Bakterienkrankheit, eingegangen sind.

An intakten Häuserwänden ist Efeu harmlos, ja sogar nützlich, da er sie im Winter trocken und im Sommer kühl hält – eine günstige Isolierung. Er bietet jedoch Fliegen und Insekten Unterschlupf; um dies zu unterbinden, sollte der Efeu im späten Frühjahr zurückgeschnitten werden. Dieses Zurückschneiden verbessert das Wachstum und der hübsche und wirkungsvolle Mauerbewuchs wird erhalten.

Gemäuer, die sehr schwach sind, können zusammenbrechen, wenn das Gewicht des Efeu sich oben auf der Mauer konzentriert, er durch Schnee oder Regenfälle schwerer wird und dem Zerren heftiger Winde ausgesetzt ist. Durch Zurückschneiden begegnet man diesen Gefahren. So könnte das Dasein mancher Gemäuer durch einen gut gepflegten Efeubewuchs verlängert werden.

Der Efeu als Zierpflanze hat eine lange Geschichte. Plinius der Ältere erzählt in seiner »Naturgeschichte«, daß Theophrast um 314 v. Chr. behauptet habe, der Efeu sei zunächst nicht in Klein-Asien gewachsen, sondern Alexander habe, als er mit seinem Heer von Indien zurückkam, wegen der Seltenheit der Pflanze Kränze aus Efeu getragen. Plinius beschreibt die Pflanze eingehend: »Gerade (Hedera) Helix kommt in einer großen Mannigfaltigkeit vor, weil es starke Unterschiede im Blatt gibt; drei sind besonders auffällig, die grasgrüne Helix, die am meisten verbreitet ist, eine zweite Art mit einem weißen Blatt und eine dritte mit einem bunten Blatt.«

Dies muß wohl die erste überlieferte Beschreibung eines panaschierten Efeus sein. Er erwähnt auch einen steifen Efeu, der ohne Stütze aufrecht wächst. Dies bezieht sich eher auf den »Baumefeu« als auf jene aufrechtstehende Efeuart, die wir in unseren Steingärten anpflanzen.

Obwohl der gewöhnliche Efeu oft in der Literatur erwähnt wird, scheint es keine Aufzeichnungen darüber zu geben, ob auch Sorten des gewöhnlichen Efeus angepflanzt werden. Trotz dieser Lücke ist es unwahrscheinlich, daß die neugierige Menschheit einen Efeu übersehen würde, der, um es einmal so zu sagen, besonders interessant gefingerte Blätter oder Panaschierungen aufweist. Und dennoch ist nach Plinius nichts mehr über Efeusorten geschrieben worden bis ins 18. Jahrhundert, als 1770 Richard Weston in seinem Buch »Universal Botanist and Nurseryman« folgende Arten aufzählt:

Hedera, Efeu (fr. lierre)
1. *helix*
2. *argenteo variegata* (engl. silver striped ivy)
3. *aureo variegata* (engl. gold striped ivy)
4. *poetica baccis luteis* (engl. yellow berried archipelagian ivy)
5. *canadensis scandens* (engl. Virgina creeper)

Letztere Art, im Original von Weston als *Hedera canadensis scandens fol. quinatis ovatis serratis* beschrieben, wurde von Botanikern dieser Zeit irrtümlicherweise als Efeu klassifiziert. In Wirklichkeit handelt es sich um den Wilden Wein (*Parthenocissus quinquefolia*), der zur Familie der Weinrebengewächse (Vitaceae) zählt.

Der erste Kataloghinweis auf Efeu scheint der von John und George Telford aus York zu sein, die 1775 »Ivy – Striped« (Efeu – gestreift) zu 6 Dollar pro Stück anboten; interessanterweise offerierten sie das frühe rote Jelängerjelieber (*Lonicera caprifolium* L.) zu 2 Dollar pro Stück. Vermutlich ist der gestreifte Efeu jene Sorte, die wir als 'Cavendishii' kennen. Auf Telfords Liste folgt die von William und John Perfect aus Pontefract, Yorkshire, die 1777 ebenfalls »Ivy-Striped«, den gestreiften Efeu, aufführten. Peter Lauder aus Bristol verzeichnet 1795 »Ivy-Variegated«, den bunten Efeu, und 1815 George Lindley aus Norwich drei weitere: *helix, foliis variegatis* und *hibernica*. Letztere ist der erste Kataloghinweis, der zum Irischen Efeu gefunden wurde. Loddiges, der berühmte Pflanzenzüchter aus Hackney, London, führte 1820 vier und 1826 sieben, nämlich *Hedera helix* 'Arborescens' (Baumefeu), 'Digitata', 'Fol. argentea', 'Fol. aurea', 'Fructu alba', 'Maculata', 'Poetica alba'. 'Fructu alba' ist wahrscheinlich ein weiße Beeren tragender Efeu, der von verschiedenen Autoren erwähnt, jedoch immer aus anderen Quellen übernommen wurde. Niemand scheint ihn wirklich gesehen zu haben.

Das Interesse an Efeu wuchs ständig, und 1846 führten Peter Lawson und Sohn in Edinburgh zwölf Sorten auf. 1859 bot W. G. Henderson in St. John's Wood, London, 16 an, und bis 1865 hatte sich diese Zahl auf 36 erhöht. In Deutschland gab die Baumschule Haage und Schmidt, eine internationale Pflanzenversandfirma, 1868 einen Katalog heraus, der 23 verschiedene Sorten beinhaltete. 1867 zählte William Paul, der berühmte Londoner Baumschulist, eine Sammlung von über 40 Sorten auf, die mit Beschreibungen am 30. September im »Gardener's Chronicle« erschienen. Seine Namen waren authentisch, wurden in Deutschland von dem Botaniker Karl Koch veröffentlicht und stellten eine Grundlage für die Namensgebung von Kultur-Efeu dar.

Eine neue Art, *Hedera colchica*, kam 1840 vom Botanischen Garten in Odessa nach England. Sie wurde unter dem Namen *Hedera roegneriana* vorgestellt, zur Erinnerung an M. Roegner, den damaligen Direktor des Botanischen Gartens. Der Name wurde indessen nie richtig akzeptiert und 1859 nannte sie Koch *Hedera colchica*. Koch hat festgestellt, daß es sich um dieselbe Pflanze handelte, die schon viel früher von dem Botaniker Kaempfer und später auch von Wallich und von Koch selbst gefunden worden war.

Der Efeu der kanarischen Inseln, *Hedera canariensis*, und der »Himalaya-Efeu«, *Hedera nepalensis*, wurden ungefähr zur selben Zeit eingeführt. Ersterer wurde mit dem Irischen Efeu, *Hedera helix* 'Hibernica', verwechselt, und diese Verwechslung machte zusammen mit den ziemlich knappen Beschreibungen die Identifikation einiger schon früh gefundener Efeuarten schwierig.

Die Einführung neuer Sorten trug dazu bei, das viktorianische Interesse am Efeu als Garten- und Kulturpflanze zu vergrößern. Dies wurde kurz im Standardwerk der Efeu-Welt »The Ivy« (Der Efeu) von Shirley Hibberd dargestellt, das 1872 veröffentlicht wurde und 1893 in der zweiten Auflage erschien. »The Ivy«, nun zum Sammlerobjekt geworden, strahlt den prosaischen Zauber des viktorianischen Zeitalters aus. Hibberd, geboren als Sohn eines Kapitäns, der unter Nelson segelte, hätte eigentlich, wenn es nach seinen Eltern gegangen wäre, Arzt werden sollen. Ihm lag jedoch der Journalismus mit dem Schwerpunkt Gartenbau und Raumdekoration näher; in der späten viktorianischen Ära lag er mit diesen Schwerpunkten genau richtig. Er gab von 1858 bis 1875 die Monatszeitschrift »Floral World« heraus. Neben seinem Buch »The Ivy« schrieb er noch andere, wie z. B. »Brambles and Bayleaves«, »Profitable Gardening« und »Familiar Garden Flowers«. Alle seine Werke sind nun im Besitz von Sammlern. Die Bücher vermitteln einen Eindruck vom gemütlichen, wohlgeordneten, ruhig geschäftigen Leben der viktorianischen Mittelschicht.

Durch Vorträge über Efeu bei der Royal Horticultural Society* (RHS) und anderen Institutionen, durch sein Buch und weitere Veröffentlichungen über dieses Thema wurde Hibberd zu einer international anerkannten Autorität sowohl was den Efeu selbst als auch die Bezeichnungen der verschiedenen Sorten angeht. Leider ignorierte er in seinem Buch Namensgebungen, die schon William Paul geprägt hatte. In Wirklichkeit schien er Baumschullisten irgendwie zu verachten; dies mag vielleicht der Grund für seinen willkürlichen Austausch von Pauls Benennungen durch seine eigenen gewesen sein. Was auch immer der Grund war, es war der Anfang einer Verwirrung, die über Jahre hinweg auch noch wuchs.

Sein Buch jedoch war führend und lenkte die Aufmerksamkeit auf den Efeu; die Pflanze hätte jedoch einen besseren Fürsprecher verdient. Erstens ignorierte er die sorgfältig gewählten und gut belegten Definitionen einiger Efeuarten des Botanikers Berthold Seemann (1864). Dies war auch das Thema einer Auseinandersetzung

---

* Königliche Gartenbaugesellschaft in Großbritannien.

zwischen den beiden Männern in den Spalten des »Gardener's Chronicle«, deren Resultat es war, daß der Namenswirrwarr bei den Efeuarten, von Hibberd angestiftet, fast fünfzig Jahre andauerte. Zweitens verabscheute er den Gebrauch von Personennamen für Sorten, z. B. den Namen 'Cavendishii', den Paul zur Erinnerung an die Familie Cavendish gewählt hatte. Er tauschte diese Namen gegen lateinische aus und verstieß damit gegen die zu jener Zeit übliche Sitte, dem zuerst gegebenen Namen Priorität zuzuerkennen. Einige Leute hielten an den gewohnten Namen fest, andere wiederum folgten Hibberd, und so hielt das Durcheinander bis heute an. In diesem Zusammenhang wurde der bekannte »Bird's Foot Ivy«, *Hedera helix* 'Caenwoodiana', der seinen Namen von Caenwood House bekam, einem berühmten Garten in Hampstead des frühen 18. Jahrhunderts, von Hibberd umbenannt in 'Pedata'. Bis zum heutigen Tag sind die beiden Namen für ein und dieselbe Sorte im Gebrauch. Die Internationale Registrierstelle für Hedera ist darum bemüht, diese Situation zu klären. Trotz der Kritik muß jeder, der Hibberds Buch liest, erstaunt sein über die Weitsichtigkeit des Verfassers. Es gibt wohl kein Zitat, das er nicht gebracht hat. Euripides, Vergil, Cato, Horaz, Dickens, Keats, Tennyson und noch viele andere sind aufgeführt. Mythos, Magie und Tradition, die den Efeu umgeben, hat er ausgegraben und präsentiert, feinfühlig und beziehungsreich zum damaligen Zeitalter: dieses Buch ist wirklich ein Stück der viktorianischen Ära.

Die Zeit nach 1872 erlebte eine Zunahme der Zahl von Efeusorten oder -klonen. Firmen wie William Clibran und Sohn in Altrincham, Cheshire, und Dickson in Chester führten fünfzig oder sechzig verschiedene Sorten. Die Royal Horticultural Society besaß eine Efeukollektion in ihren Gärten in Chiswick und führte eine Prüfung von 46 Sorten durch. Diese Sorten wurden von Hibberd in einem Prüfungsbericht im »Society's Journal« beschrieben und wegen ihres gärtnerischen Zierwertes mit Preisen ausgezeichnet. Das Interesse an der Efeukultur erlebte während dieser Zeit einen Höhenflug, der, wie viele andere Dinge, am 14. August 1914 zu Ende ging.

Nach dem Ersten Weltkrieg und während der folgenden 20er Jahre nahm das gärtnerische Interesse für Efeu ab. Alles, was gewöhnlich mit der viktorianischen und edwardianischen Ära in Verbindung gebracht wurde, war außer Mode gekommen. Die Pflanzenzüchter nahmen immer weniger Sorten in ihre Listen auf. Trotzdem kam in Amerika eine Entwicklung in Gang, die einen bedeutenden Einfluß auf die Zukunft des Kulturefeu haben sollte.

In den frühen 20er Jahren fand Paul Randolph in Verona, Pennsylvania, auf einer Pflanze inmitten gewöhnlichen Efeus einen Sport (Mutation). Die Mutation zeigte kleinere, dünnere Blätter und einen sich stark verzweigenden Wuchs, d. h. die Pflanze verzweigte sich an fast jedem Blattknoten. Randolph brachte sie unter dem Namen 'Pittsburgh' in den Handel. Eine neue Efeurasse war entstanden. Von da an bis in die 30er Jahre wurden noch weitere Mutationen gefunden, so daß Bates für das »American Horticultural Magazine« 1940 elf neue Sorten oder Klone beschreiben konnte. Mit zunehmendem Handel ver-breiteten sich diese Sorten in Europa, besonders in Holland und Deutschland. Ihre Beliebtheit nahm immer stärker zu, bis der Zweite Weltkrieg derartigen Spielereien ein Ende setzte.

Nach Ende des Krieges wurde in den britischen Haushalten, bedingt durch die Kontakte mit dem europäischen Festland, der Trend zu Zimmerpflanzen sehr stark. Als Pionier dieser Entwicklung tat sich in Großbritannien die Firma Thomas Rochford hervor, die allmählich ihre ausgedehnten Tomatenkulturen durch Topfpflanzen ersetzt hat. Darunter war auch der Efeu, der sich von allen Zimmerpflanzen am besten eignet und der von da an in Millionen Stückzahlen produziert wurde.

Zahlreiche Baumschulen folgten diesem Trend und bezogen Mutterpflanzen aus vielen verschiedenen Quellen. Die ursprünglichen Namen waren nicht immer bekannt. Die Baumschulen wiederum tauschten oft Pflanzenmaterial aus und wußten auch nicht immer die richtigen Namen der Pflanzen, die sie verkauften. Sie benannten sie, wie es ihnen gerade passend erschien, und es wuchs die

Unordnung, die hundert Jahre zuvor von Hibberd hervorgerufen worden war.

Darüber hinaus trug noch eine andere Ursache heimlich zur Verwirrung bei: Die Gattung *Hedera* neigt zu starker Variation und wird daher vegetativ durch Stecklinge vermehrt. Eine Form mit einer bestimmten Farbe oder einem besonderen Blatt entwickelt ständig Triebe, die ein bißchen ausgefallen sind, vielleicht mit größeren Blättern oder weniger Farbe. Wenn nun Stecklinge aufs Geradewohl geschnitten werden, vielleicht unter Arbeits-druck oder von ungelernten Kräften, entstehen Abweichungen von der Sorte. Nach und nach kann dieser Vermehrungsbestand einen auffallend veränderten Charakter erhalten. Dies geschah besonders bei 'Glacier', 'Pittsburgh' und 'Königers Auslese'; Sorten, die in großen Zahlen in sehr vielen verschiedenen Baumschulen vermehrt wurden.

Diese Praxis führte zu vielen Beispielen verschiedener Namen für ein und dieselbe Sorte oder ein und denselben Klon. Dies mag vielleicht nicht

2 Ein buntblättriger Efeu im Garten.

wichtig erscheinen, aber kann in der Tat für jemanden, der eine bestimmte Sorte sucht, sehr frustrierend sein. Zudem ein finanzieller Verlust für den Kultivateur, der unwissentlich für den Kunden Pflanzen besorgt, die nicht mit der Sorte identisch ist, die jener sich vorgestellt hatte.

In diesem Buch soll deutlich werden, daß den korrekten Namen und einer genauen Beschreibung große Aufmerksamkeit geschenkt wurde. Eine Unordnung wegen unklarer Benennungen muß in Zukunft ausgeschlossen werden, denn 1954 wurden die Internationalen Codes für die Botanische Nomenklatur (ICBN) der Kulturpflanzen vereinbart, die von der Internationalen Kommission für Gartenbauliche Nomenklatur und Registration vorbereitet wurde. Das Komitee hat schon manche Sorten, bei denen besonders komplexe Benennungsprobleme auftraten, an entsprechende Fachspezialisten, soweit es solche gab, weitergeleitet. So wurde auch die Benennung der Rhododendronsorten der Royal Horticultural Society anvertraut, deren Erfahrungen und Aufzeichnungen viele Jahre zurückgehen.

Die USA haben eine angesehene Efeugesellschaft* und zeigen viel Initiative in Efeu-Angelegenheiten; folglich ernannte die Internationale Kommission für Nomenklatur diese Efeugesellschaft zur weltweit maßgebenden Körperschaft für die Efeunomenklatur. Das bedeutet, daß jeder neue Name, der einer Efeusorte gegeben wird, registriert und von dieser Gesellschaft genehmigt werden muß. Sie kann Namen ablehnen, die bereits anderen Sorten gegeben wurden, leicht mit anderen Namen zu verwechseln sind oder den internationalen Regeln nicht entsprechen. Diese Gesellschaft besteht hauptsächlich aus Amerikanern, sie nimmt jedoch auch Mitglieder aus Übersee auf. Viermal im Jahr bringt die Gesellschaft ein informatives Nachrichtenblatt heraus, das sich mit Efeufragen befaßt und von jedem gelesen werden sollte, der sich mit Efeu beschäftigt.

---

* The American Ivy Society (AIS), National Center for Horticulture, Mt. Vernon, Virginia, 22121, USA.

14

Botanische Namensgebung

Die Systematik oder Taxonomie, ein Fachgebiet der allgemeinen Botanik, das der Einordnung der Pflanzen in ein bestimmtes System dient, geht in erster Linie von den Ähnlichkeiten zwischen den blühenden Teilen verschiedener Pflanzen aus. Alle Gattungen innerhalb einer Familie werden in dieser Hinsicht somit eine deutliche Ähnlichkeit aufweisen. Während die Ähnlichkeiten der blühenden Teile beständig sind, können Blätter und Pflanzenhabitus beträchtlich variieren.

Die unterschiedlichen Pflanzen einer Gattung werden als Spezies bezeichnet. Alle Mitglieder einer Gattung tragen somit den Namen dieser Gattung: z. B. gehören alle Efeusorten zur Gattung *Hedera*, während jede Art ihren eigenen, spezifischen Namen hat: *Hedera helix*, der gewöhnliche Efeu, oder *Hedera colchica*, der persische Efeu.

Vor der Arbeit des schwedischen Botanikers Linné (1707–1778), dem »Vater« der systematischen Botanik, waren Pflanzen mit lateinischen Umschreibungen benannt worden. Linné brachte durch die Einführung des binären oder Zwei-Namen-Systems Ordnung in dieses Chaos. Es war auch Linné, der in seinem Buch »Species Plantarum« (1753) den Gattungsnamen des Efeu als *Hedera* definierte, indem er den alten lateinischen Namen benutzte. Für den Artnamen gebrauchte er *helix*, den Plinius für die Kletterpflanze, die er damals kannte, verwandt hatte.

Der allgemeine italienische Name »Edera« und der spanische »Hiedra« zeigen den Zusammenhang mit der Vergangenheit. Der französische Name ist »Lierre«, der russische »Bljustach«. Der deutsche Name »Efeu« ist sprachlich verwandt mit dem englischen »ivy«. Der holländische Name »Klimop« ist für englische Ohren vertraut und bedeutet »hochklettern«. Es ist möglich, daß der allgemeine Name »Efeu« sich vom lateinischen »ibex« ableitet, was »Kletterer« bedeutet.

Manchmal gibt es Veränderungen innerhalb der Art, die dann durch Unterteilung in weitere Kategorien wie Unterarten oder Sorten unterteilt werden. Diese botanischen Kategorien stehen allgemein zur Bezeichnung morphologisch oder geographisch bedingter Varietäten einer Art zur Verfügung. Ein Beispiel hierfür ist *Hedera helix* var. *poetica*, eine Varietät des gewöhnlichen Efeu mit gelb-orange gefärbten Fruchtständen, die in Südost-Europa und im Kaukasus gefunden wurde.

Neben den natürlich entstandenen, botanischen Varietäten haben Gärtner im Laufe der Zeit eigenständige Pflanzen aus Wildformen ausgelesen. Diese wurden mit eigenen Namen versehen und vermehrt und werden Cultivar oder Sorte genannt. Ein Beispiel beim Efeu ist eine Sorte von *H. colchica*, die 'Dentata' benannt ist und einen gezähnten Blattrand aufweist. Ein etwas anderes Beispiel ist der Irische Efeu, *H. helix* 'Hibernica'. Er ist tetraploid und die Chromosomen sind bei ihm anders angeordnet als beim gewöhnlichen Efeu; hierauf beruhen seine größere Robustheit und die größeren Blätter.

Die meisten kultivierten Efeusorten sind in der Tat Klone, d. h. eine Kategorie von Pflanzen, die durch ihre genetische Einheitlichkeit gekennzeichnet sind und durch vegetative Vermehrung von einer einzigen Mutterpflanze abstammen. Ein solcher Klon mag ursprünglich aus einem Trieb entstanden sein, der mutiert ist, da irgendeine Änderung in der Anordnung der Zellen, die für Farbe oder Form zuständig sind, stattgefunden hat. In der Natur würde eine solche Veränderung nur erhalten bleiben, wenn sie zum Vorteil der Pflanze wäre und ihre Überlebenschancen dadurch vergrößert würden, z. B. daß sie mehr Licht oder mehr Ausbreitungsraum erringen könnte. Nur wenige der Veränderungen, die einen Efeu für den Gärtner interessant machen, sind für die Pflanze selbst von Nutzen. Sie würde unter natürlichen Bedingungen aussterben, da sie von den normalen und wüchsigeren Formen zurückgedrängt würde. Von geschulten Gärtnern werden Mutationen

jedoch sofort erkannt. Stecklinge werden geschnitten, durch die folgende Vermehrung wird ein ganzer Satz von einheitlichen Pflanzen herangezogen und mit einem eigenen Namen versehen. Heute müssen dies »tatsächliche« Namen sein, nicht mehr wie früher lateinische Umschreibungen, obwohl auch diese, wie bei der Benennung 'Dentata', ihre Gültigkeit behalten und nicht mehr durch andere Bezeichnungen ersetzt werden können, sofern sie vor dem 1. Januar 1959 veröffentlicht wurden.

3 *Hedera helix* mit Blüten.

Gelegentlich entstehen sehr ähnliche Sorten aus verschiedenen Herkünften, und das macht eine genaue Unterscheidung schwierig. Um eine Unordnung, die durch die Einzelbenennung jeder neuen Sorte entstehen würde, zu vermeiden, ist es nach dem Code für die Benennung der Kulturpflanzen zulässig, einen Gruppennamen zu verwenden. Ein Beispiel ist die *Hedera helix*-Gruppe, die eine Anzahl sehr ähnlicher Klone beinhaltet. Die Verwendung des Ausdrucks »Gruppe« weist darauf hin, daß der Name nicht nur einen einzelnen stabilen Klon bezeichnet und daß leichte Abweichungen innerhalb der Gruppe auftreten können. Natürlich wird man einen Klon, der sich vom gemeinsamen Charakter der Gruppe abhebt, mit einem eigenen Namen belegen.

Viele Efeusorten, darunter alle kletternden Sorten, können zwei verschiedene Blattformen entwickeln, eine Jugend- und eine Erwachsenen- oder Altersform. Die Mehrzahl aller Pflanzen behält eine bestimmte Blattform bei, wenn sie einmal dem Sämlingsstadium entwachsen ist; abgesehen von der Tatsache, daß die sich zuerst entwickelnden Blätter, die sogenannten Kotyledonen, sich in ihrer Form von den späteren Blättern unterscheiden. Einige wenige Gattungen beinhalten jedoch ein paar Arten, deren Blätter in verschiedenen Lebensstadien eine unterschiedliche Form annehmen, ein Phänomen, das als Dimorphismus (Heterophyllie) bezeichnet wird. *Hedera* gehört zu jenen Gattungen.

Wenn manche *Hedera*-Arten eine gewisse Höhe und einen bestimmten Reifezustand erreicht haben, verlieren die oberen Blätter ihren typischen gelappten Umriß und bekommen eine eliptische Form. Die Pflanze entwickelt dann Kurztriebe und jene wohlbekannten Blütenstände, die im Herbst von Fliegen, späten Wespen und vereinzelt von Bienen umschwirrt werden. Die Gründe für den Dimorphismus sind bislang noch nicht ganz geklärt, aber man kann annehmen, daß ein gelapptes Blatt sich besser zum Auffangen des für die Photosynthese wichtigen Lichts eignet. Es könnte solange eine nützliche Anpassung für eine am Waldboden kriechende Pflanze sein, bis sie in höheren Bereichen Luft und Licht erreicht, die notwendig für die Entfaltung von Blüten sind.

Dort hat sie dann eine sichere Position, um Fliegen anzulocken, die im Herbst für die Bestäubung der Blüten sorgen.

Im langen und komplizierten Lauf der Entwicklungsgeschichte könnte der Zufall andererseits ergeben haben, daß sich Blätter, sobald sie freien Zugang zu Licht und Luft erreicht haben, mit schmaler, ungelappter Blattspreite als der Trockenheit besser angepaßt erwiesen haben als große gelappte Blätter. Vieles davon ist nur Mutmaßung. Für den Gärtner ist nur von Bedeutung, daß die Blätter in ihrer Jugendform gewöhnlich weitaus hübscher sind.

Der Dimorphismus der Pflanze hat jedenfalls auch eine gute Seite: wenn Stecklinge von Trieben mit Blütenständen gewonnen werden, bleiben die ungelappten Blätter der ausgewachsenen Pflanze und die Alterswuchsform erhalten. Sie wachsen tatsächlich in der Baumefeu-Form weiter und können zu beachtlichen, freistehenden Büschen bis zu einer Höhe von 1,80 m heranwachsen. Im größten Teil der Efeu-Literatur des 19. Jahrhunderts und sogar häufig auch in der modernen

4 *Hedera helix* 'Arborescens' mit Früchten.

Folgeliteratur wird den Baumefeu-Formen ein zusätzlicher lateinischer Name, in der Regel *arborea* oder *arborescens* beigefügt. Bei entsprechender Pflege und guten Vermehrungsmöglichkeiten können die ausgewachsenen Triebe jedes kletternden Efeus bewurzelt und eine Baum-Wuchsform entwickelt werden, so daß man die Bezeichnung *arborescens* eigentlich bei jedem kletternden Efeu hinzufügen könnte. Dies ist in diesem Buch unterblieben. Die Erziehung von Baumefeu-Formen weist nämlich ebenso auf die Hand des Fachmanns hin wie ein Efeuhochstämmchen auf die Erfahrung des veredelnden Gärtners.

Die Eigenart des Dimorphismus, nämlich die Entwicklung ungelappter Blätter im ausgewachsenen Zustand sowie von Trieben mit Fruchtständen, beschränkt sich auf die kletternden oder rankenden Formen des Efeu. Die selbstverzweigenden Efeusorten, bei denen sich Triebe aus fast jeder Blattachsel entwickeln und die dazu neigen, in buschiger Form zu wachsen oder nur sehr langsam zu klettern, bilden offenbar keine Blütenstände und auch keine Blätter der Altersform. Die selbstverzweigenden Efeusorten, von Bates, dem amerikanischen Autor gartenbaulicher Schriften, ramulös genannt, stammen aus Amerika. Für den Gärtner sind sie wertvoll und interessant wegen der möglicherweise vorhandenen Fähigkeit des Efeu, in einer neuen Umgebung wie Nordamerika, mehr Mutationen zu bilden als in seiner ursprünglichen Heimat. Eine ähnliche Erscheinung ist von Koniferen bekannt. Die von Nordamerika nach Europa eingeführten Spezies haben mehr Varianten in Blatt- und Wuchsform gebildet als sie dies in ihrer ursprünglichen Umgebung in Amerika taten.

Der Efeu ist eine Pflanze der alten Welt mit einer ausgedehnten Verbreitung von Japan im Osten bis zu den Azoren im Westen, von Nordeuropa bis Nordafrika. Die Botaniker stimmen allgemein darin überein, sechs Arten (Spezies) zu unterscheiden: In ihrer geographischen Verteilung sind dies von Ost nach West:
- *Hedera nepalensis* im Himalaya-Gebiet,
- *Hedera colchica* südlich des Kaspischen Meeres und westlich der Türkei beheimatet,
- *Hedera pastuchovii* mit ähnlichem Verbreitungsgebiet wie *Hedera colchica*,
- *Hedera helix* heimisch in Europa, im Norden bis Südskandinavien, im Westen bis Großbritannien, im Osten bis in den westlichen Teil Rußlands und im Süden bis zum Kaukasus,
- *Hedera canariensis*, heimisch auf den Kanarischen Inseln, den Azoren, in Portugal und Nordwestafrika bis Algerien.

Der Efeu kommt weder auf dem amerikanischen noch auf dem australischen Kontinent wild vor. Der deutsche Botaniker Tobler (1912) vermutete, daß der Efeu möglicherweise aus dem Himalaya-Gebiet stammte und sich westwärts verbreitet habe. Falls Toblers Theorie stimmt, wären *H. rhombea*, *H. nepalensis* und *H. colchica* die älteren Arten. Das scheint nicht ganz abwegig, denn diese Arten erweisen sich stabiler und zeigen eine geringe Neigung, in irgendeiner Weise zu variieren, während *H. helix*, der »Neuling«, äußerst variabel in Blatt- und Wuchsform ist. Es gibt in Rußland Formen, die als Verbindungsglied (linking form) zwischen *H. colchica* und *H. helix* gelten können; in neuerer Zeit wurden auch in Spanien und Nordafrika Zwischenformen (intermediate forms) gefunden. Die Botaniker früherer Zeiten nahmen die verschiedensten Pflanzen in die Gattung *Hedera* auf, einschließlich des »Virginia creeper« (Wilder Wein, *Parthenocissus quinquefolia*).

Dr. Berthold Seemann gebührt der Verdienst, im Jahre 1864 in der Zeitschrift »Journal of Botany« eine detaillierte Überarbeitung der Familie Araliaceae oder Hederaceae, wie sie damals genannt wurde, veröffentlicht zu haben, eine Familie, zu welcher die Gattung *Hedera* gehört. Seemann ging nach England und fand eine Anstellung in den Königlichen Botanischen Gärten in Kew als Gartenbau-Student; er blieb in England und wurde dort ein bedeutender Botaniker. Er unterschied drei Hauptarten: *H. helix*, *H. canariensis* und *H. colchica*. Diese Einteilung blieb, abgesehen von Ergänzungen, bis zum heutigen Tag erhalten, obwohl sie größtenteils von Hibberd (1872) übergangen wurde.

In den letzten Jahren zeichnet sich erneut Interesse für den Efeu ab und eine verständliche Übersicht der Arten wäre willkommen.

Efeu für Haus, Garten und Landschaft

Seit mehr als einem Jahrhundert haben Schriftsteller und Landschaftsgärtner die vielseitige Verwendbarkeit des Efeu in der Gartengestaltung betont. Dennoch muß man sich fragen, ob alle Aspekte dieser höchst anpassungsfähigen Kletterpflanze schon in Betracht gezogen worden sind.

Der Efeu stellt bemerkenswert geringe Ansprüche, gedeiht aber im allgemeinen am besten auf alkalischen Böden. Dieses Milieu wird oft durch Kalk oder Mörtel in und an den Fundamenten von Garten- und Hausmauern geschaffen. Wenn der Untergrund, auf dem der Efeu wächst, nicht aus Mauerschutt besteht, die Bepflanzung als Bodenbedeckung oder für Steingärten gedacht und der Boden sauer ist, sollte man sinnvollerweise Kalk in irgendeiner Form, vorzugsweise alten Mörtelschutt oder gemahlenen Kalk, hinzufügen. Dies verbietet sich allerdings dann, wenn auch noch säureliebende Moorbeetpflanzen wie Heidekraut oder Rhododendron vorgesehen sind. Schließlich werden die meisten Efeusorten aber die saure Erde vertragen und zufriedenstellend wachsen.

Das Auspflanzen erfolgt ähnlich wie bei anderen Sträuchern oder Kletterpflanzen. Es ist ein Loch auszuheben, das etwas größer als der Wurzelballen der Pflanze ist, und die Wurzeln der Pflanzen werden behutsam darin ausgebreitet. Der Wurzelhals darf nach dem Füllen des Loches und dem Festigen der Erde um die Wurzel herum gerade noch über der Erde liegen. Frühling und Herbst sind die besten Jahreszeiten zum Pflanzen, im Topf wachsende Efeusorten können jedoch zu jeder Zeit ausgepflanzt werden. Bei trockenen Verhältnissen wird das Loch vor der Pflanzung mit Wasser gefüllt; es ist sorgfältig darauf zu achten, daß die Pflanze während der ersten Tage nicht austrocknet. Pflanzen, die an Mauern hochwachsen sollen, werden so nahe wie möglich an der Wand und mit dem Haupttrieb zur Mauer hin eingepflanzt. Wenn der Trieb lang ist, kann er mit lockeren Schleifen an Wandnägeln oder ähnlichen Befestigungen angeheftet werden. Nachdem man diese behutsame Führung gegeben hat, werden sich bald die Klettereigenschaften des Efeu zeigen.

Es muß betont werden, daß Efeu primär eine Waldpflanze ist, die leichten Schatten bevorzugt. Als Hauspflanze bekommt ihr eine Temperatur von 7 bis 16°C sehr gut. Topfpflanzenbetriebe ziehen Efeu oft bei höheren Temperaturen, um eine schnellere Entwicklung zu erzielen und um mehr Sätze zu produzieren. Man wird bisweilen einen Efeu sehen, der am Fenster dem vollen Sonnenlicht ausgesetzt ist, der trocken steht und Temperaturen über 27°C aushalten muß. Er wird zwar nicht absterben, aber er wird verholzen und untypisch werden, da die Blätter sich unter den ungünstigen Bedingungen rot oder rot-violett verfärben. Außerdem wird der Milbenbefall begünstigt. Leichter Schatten, mäßige Temperaturen und Feuchtigkeit sind die Schlüssel zum Erfolg im Umgang mit Zimmerefeu.

Haus-, Gartenmauer- und Hintergrundbepflanzung

Es ist eine Tatsache, daß Efeu keinen Schaden an Gebäuden anrichtet, die in gutem Zustand sind, obwohl es oft bestritten wird. Die Museumsgebäude in den Königlichen Botanischen Gärten in Kew oder in der Grafschaft Surrey sind seit fast einhundert Jahren von Efeu bewachsen, ohne daß irgendwelche Probleme auftraten. Alte, von Efeu bedeckte Gebäude sind oft frei von Feuchtigkeit, was sicherlich zunichte gemacht würde, wenn man diese Isolierung aus Blattwerk entfernte. Kräftige *H. helix*-Sorten, die das obere Ende von Mauern oder Häusern erreicht haben, profitieren von einem Rückschnitt, der alle zwei, gelegentlich auch jedes Jahr erfolgen sollte, um alte Blätter und insektenbefallene Stellen zu beseitigen. Diese Arbeit wird am besten zu Beginn des Frühlings, noch bevor Vögel die Gelegenheit nutzen, Nester zu bauen, ausgeführt. Die Pflanze wird rasch mit frischen Austrieben reagieren. Dieser Rückschnitt ist bei *H. colchica*- oder *H. nepalensis*-Sorten nicht notwendig, es sei denn, sie haben sich zu sehr ausgedehnt. Dann stutzt man sie am besten mit einer Baumschere. Für *H. canariensis*-Sorten ist das Zurückschneiden wahrscheinlich nur nach einem strengen Winter, in dem die Blätter ausgedörrt und gebräunt worden sind, nötig. Efeu wächst auch an Südmauern, aber er ist sehr viel mehr für Nord-, Ost- oder Westseiten geeignet. Auf jeden Fall reserviert man Südwände besser für Kletterpflanzen, die die Sonnenwärme brauchen.

Wenn man Sorten betrachtet, die sich für das Bewachsen von Hauswänden eignen, muß an Blattgröße, -gestalt und -farbe gedacht werden. Die großblättrigen Varietäten wie *H. colchica* 'Dentata' und *H. helix* 'Hibernica' sind vortrefflich für große Häuser oder ausgedehnte Mauerflächen geeignet. Für kleinere Flächen sind Varietäten oder Sorten mit kleineren Blättern zu empfehlen, wie etwa 'Deltoidea' mit ihren interessanten, schildförmigen Blättern, während der vogelfüßige Efeu, *H. helix* 'Pedata' durch seine besondere Blattform einen Kontrast zu den breiterblättrigen Arten bildet. Der panaschierte Efeu *H. helix* 'Cavendishii' sieht gut gegen roten Backstein aus, ebenso die Sorte 'Buttercup' mit ihren lindgrünen bis gelben Blättern. 'Atropurpurea' oder 'Glymii' wirken mit ihren rotvioletten gefingerten Blättern am besten vor weißen Mauern oder vor Steinmauern.
Falls Beete vor der Wand, an der Efeu eingepflanzt wird, angelegt sind, sollten sowohl die Efeusorten, als auch die Pflanzen, die davor wachsen, richtig aufeinander abgestimmt sein: z. B. ergibt 'Buttercup' als Hintergrund für die Sorten des blauen Strauches *Caryopteris* oder den blaublütigen *Ceratostigma* ein prächtiges Bild.

5 *Hedera colchica,* ein sehr winterharter Efeu.

6 Harmonie: Efeu und Natursteinmauer.

▷

7 Das klassische Bild:
Efeu vor einer Backsteinmauer.

Ebenso ergibt aber auch eine blaue *Clematis*, z.B. die Sorte 'Perle d'Azur', wenn sie sich über den Efeu ausbreitet, einen ähnlich wirkungsvollen Farbkontrast. Das Winterlaub und die Stengel der Waldrebe können gut weggeschnitten werden, um das auch im Winter beständige Lindgrün des Efeus zu enthüllen. Die Sorte 'Buttercup' stellt ebenfalls einen herrlichen Hintergrund für rotviolette Laubsträucher wie *Cotinus coggygria* 'Notcutt's Varietät' oder für die Sorte 'Kromhout' dar.

Die rot-violetten Efeusorten 'Atropurpurea' oder 'Glymii' ergeben jeweils einen guten Hintergrund für graublättrige Büsche wie *Senecio laxifolius* oder die gelbbeerigen Sorten von *Pyracantha*. Eine andere reizende Kombination wird durch die Sorte 'Glacier', die durch *Cotoneaster horizontalis* hindurchwächst, erzielt. Die silbrigen, graugrünen Blätter ergeben einen hübschen Hintergrund für die roten Beeren. *Hedera canariensis* 'Gloire de Marengo' ist eine Kletterpflanze für ziemlich große Mauern und kann eine unansehnliche Hauswand in eine Besonderheit verwandeln. Da sie nicht so winterhart ist wie der *Helix*-Typ, muß man in Großbritannien und ähnlichen Temperaturzonen in harten Wintern mit Blattschäden rechnen.* Für jede Wandfläche über 2,5 m² gibt es die hervorragende, winterfeste und leuchtend bunte Sorte *H. colchica* 'Dentata Variegata', wahrscheinlich die beste panaschierte Kletterpflanze, die existiert. Mit ihr kann nur die prächtige *Helix*-Sorte 'Goldheart' konkurrieren. Sie eignet sich für große und kleine Wände, obwohl sie ihre Farbkombination von grün und gelb offenbar besser an größeren Wänden behält, wenn sie noch aufwärts wachsen kann. Jegliche ins Grüne zurückgeschlagenen Triebe sollten, sobald sie zu erkennen sind, herausgeschnitten werden.

Der Himalaya-Efeu, *H. nepalensis*, ist eine vorzügliche Pflanze für Nordwände. Die Blätter haben eine charakteristisch abgestuften Umriß und hängen so herab, daß sie einen Effekt fast wie

eine ziegelverkleidete Wand erzielen. Die leicht rostfarbenen Triebe und die olivgrünen Blätter ergeben einen guten Hintergrund für Pflanzen wie z. B. malvenfarbene oder blaue *Aster*-Sorten bzw. orangegelbe Blumen wie *Helenium* oder *Crocosmia*.

Die sanfte zart beige-graue Farbe der 'Sulphurea' bildet einen idealen Hintergrund für scharlachrote oder blaue Blumen wie *Phlox*, rote Rosen oder Rittersporn. Wenn kletternde rote Rosen bevorzugt werden, aber nur eine rote Backsteinmauer vorhanden ist, an der sie nicht zur Geltung kommen, kann man als erfreulichen Anblick im Winter und als Hintergrund für die Rosen einen »Vorhang« von 'Sulphurea' an der Wand hochwachsen lassen. In derselben Weise verliert *Clematis × jackmanii*, die gegen eine weiße Mauer gepflanzt malerisch aussieht, viel von ihrer Anziehungskraft, wenn sie vor einer roten Backsteinwand steht. Hat sie jedoch die Möglichkeit, sich an einem Efeu hochzuranken, beispielsweise an 'Glacier' oder 'Sulphurea', dann kommen die tiefroten Blüten vorteilhaft zur Geltung.

Die bunten und gefärbten Efeusorten sollten nicht geschnitten werden, es sei denn, sie sind zu groß geworden.

Bedeckung für Schuppen, Garagen und andere Gebäude

Normalerweise besitzen Haus- und Gartenmauern zumindest einen architektonischen Wert. Dies ist aber nicht immer bei Garagen oder Gartenhütten der Fall. Eine schnellwachsende, immergrüne Kletterpflanze wird dann oft benötigt und Efeu ist für diesen Zweck unübertroffen. Aufdringlicher Beton, billige Backsteine oder Eternit können mit dem Flair der »alten Welt«, den Efeu vermitteln kann, höchst anziehend wirken.

Für ein größeres Gebäude sind nur wenige Varietäten gleich gut geeignet wie die schnellwachsende, kräftige *Hedera helix* 'Hibernica'. Es lohnt sich, die bunte Sorte zu verwenden. Sie ist kaum weniger robust als der einfache *Helix*-Typ. Wenn

---

* In Deutschland ist *Hedera canariensis* 'Gloire de Marengo' generell nicht zu empfehlen, schon gar nicht an einer Mauer. Winterhart sind dagegen *H. canariensis* 'Dentata Variegata' und *H. helix* 'Goldheart'.

22

auch die meisten Triebe grünblättrig sind, so ergeben sich doch gelegentlich Triebe von bestechend zartbeiger Panaschierung. Die glänzend grünen Blätter machen *H. helix* 'Angularis' für diesen Fall auch zu einer geeigneten Sorte. Da er kleinere Blätter hat, ist er an kleinen Gebäuden vorzuziehen. Hier wiederum lohnt sich auch das Pflanzen von *H. helix* 'Angularis Aurea', bei der einige Blätter mit einem schönen Gelbton überzogen sind. Die eindrucksvolle Panaschierung von *H. colchica* 'Dentata Variegata' wird dem gewöhnlichsten Gartenhäuschen den Ausdruck einer Besonderheit verleihen. Dieser Effekt sollte beim Pflanzen berücksichtigt werden. Wenn die Absicht besteht, das Gebäude zu verkleiden und mit dem Hintergrund verschmelzen zu lassen, sollte man eher auf 'Hibernica' oder 'Angularis' zurückgreifen. Die Sorten 'Digitata' und 'Triloba' wachsen schnell, sind angenehm grün und für denselben Zweck geeignet.

Efeu, der zur Verkleidung von Schuppen dient, braucht nicht unbedingt gestutzt zu werden, wie dies für den an Mauern hochwachsenden Efeu vorgeschlagen wurde. Wenn der Efeu das Dach erreicht, treibt er kräftig in seiner Altersform aus. Allgemein ist es am besten, ihn sich selbst zu überlassen und den Austrieb nur wegzuschneiden, wo er vielleicht die Nutzung des Schuppens oder Gebäudes behindert.

Bodendecker

Der Ausdruck »Bodendecker« wird für Pflanzen angewendet, die sich flach am Boden ausbreiten und mit ihrem dichten Wuchs aufkeimendes Unkraut unterdrücken. Wenn auch eine Bodenbedeckung tatsächlich mehrjähriges Unkraut zurückzudrängen vermag, so muß doch betont werden, daß sie dieses nur selten ausrottet. Für die Bepflanzung vorgesehene Flächen sollten deshalb von mehrjährigen Wurzelunkräutern frei sein. Die Bedeckung wird jedoch dem Aufgehen von einjährigen Unkräutern vorbeugen. Wenn sie dicht genug ist, wird auch die durch Samen ver-

ursachte Ausbreitung von Wurzelunkräutern behindert. Efeu ist in einer Zeit der ständig höher werdenden Kosten für die Gartenpflege sehr als Bodendecker geeignet und wird immer mehr verwendet. Die Idee ist nicht neu: Von Efeu bewachsene Ufer und Beete waren oft ein charakteristisches Merkmal großer Gärten im viktorianischen Zeitalter. Interessanterweise empfahl M. Delchevalerie, Chef de Culture au Fleuriste der Stadt Paris, in einer Veröffentlichung in »La Belgique Horticole« 1868 »Le Lierre d'Irlande«, d. h. *H. helix* 'Hibernica' für die Verwendung in Städten. Sein Ratschlag fand tatsächlich Anklang, wie in Paris und vielen anderen europäischen Städten zu sehen ist.

Die für bodenbedeckenden Efeu erforderlichen Eigenschaften sind dichtes Blattwerk, flächiger Wuchs, Frosthärte und allgemeine Widerstandsfähigkeit. Es gibt nicht allzuviele Varietäten oder Sorten, die alle Erfordernisse erfüllen, obwohl ein Spaziergang durch fast jeden Wald in Nordeuropa und Großbritannien die Eignung des gewöhnlichen Efeus *Hedera helix* für diesen Zweck zeigt. Es gibt jedoch bessere Sorten für das Auspflanzen im Garten. Das wird erstmals von M. Delchevalerie erwähnt, und zwar für die Sorte 'Hibernica'. In Europa und Großbritannien wird sie selten vom Frost angegriffen und in Amerika in großem Umfang angepflanzt. Ihre leicht gewellten, etwas mattgrünen Blätter sind dicht genug, um eine gute Bodenbedeckung zu erzielen, während ihr kräftiger Wuchs eine zufriedenstellende Ausbreitung garantiert. Sie erträgt die ungünstigsten Wachstumsbedingungen und schattigen Standorte in der Stadt und hat oft schon dazu gedient, einen öden Platz zu verschönen.

Für größere Flächen ergeben die eindrucksvollen Blätter der *Hedera colchica* 'Dentata' (engl. Elephant Ear's), bei deren Anblick man an Elefantenohren denken mag, eine interessante und wirkungsvolle Bodenbedeckung. Die Pflanze wächst ausladender, aber weniger üppig als 'Hibernica' und braucht vergleichsweise bessere Erde. Sie ist ebenso winterfest wie ihre bunte Sorte 'Dentata Variegata', die Licht in jeden tristen Winkel bringt. Die Art *H. colchica* selbst ist wegen ihrer kleineren Blätter weniger geeignet, und man sollte darauf achten, sie nicht irrtümlich zu kaufen. Eine andere winterfeste, bodenbedeckende Efeusorte ist 'Sulphurea'. Ihr grau-grünes und zartbeiges Blattwerk ist nicht ganz so dicht, wie das der vorher genannten Beispiele, aber für kleinere Flächen geeignet und angemessen. Andere *Helix*-Sorten für solche Flächen sind 'Parsley Crested', 'Manda's Crested' und 'Königers Auslese'. Alle haben sich gegen Frost als widerstandsfähiger erwiesen, als man erwarten könnte. Durch die Verschiedenheit ihrer Belaubung ergeben sich interessante Gegensätze in der Bodenbedeckung.

Für Gebiete, die keinen strengen Winterfrost oder austrocknende Winde haben, gibt es eine größere Auswahl. Anstatt der *H. helix*-Sorten kann man die saftigen, belaubten *Canariensis*-Sorten verwenden, wie etwa den silberbunten 'Gloire de Marengo' oder 'Striata' mit einer leichten Goldmusterung im Blattzentrum sowie *Hedera canariensis* selbst oder seine breitblättrige Variante 'Ravenholst'.

8 Efeu als Bodendecker in einem Innenhof.

Die Pflanzabstände werden von der Schnelligkeit, mit der die Bedeckung erfolgen soll, bestimmt. Eine Pflanze von *H. helix* 'Hibernica' wird in 3 bis 4 Jahren ungefähr 9 m^2 bedecken. Besonders Landschaftsarchitekten und Gartenbauämter wünschen eine schnellere Bedeckung und dafür sollte man mit einer Pflanze auf 60 cm^2 rechnen. Die Pflanzen werden gewöhnlich im Topf angezogen, aber einige geschäftstüchtige Baumschulisten benutzen die »Nisula-Rolltechnik«, wie sie bei der Anzucht von Waldbaumbeständen verwendet wird. Bewurzelte Stecklinge werden auf ein längeres Stück schwarzer PE-Folie gelegt, die etwa 30 cm breit ist. Eine dünne Schicht eines Torf-Sand-Gemisches wird auf die Stecklinge gelegt, deren Wurzelhals sich ungefähr 5 cm unter der Oberkante des Streifens befindet und deren Blätter demzufolge sich außerhalb des Plastikstreifens ausdehnen. Der Streifen wird aufgerollt und das Ende mit einer Klammer festgeheftet. Auf einer Betonstandfläche abgestellt, erscheint die Rolle jetzt wie ein großer Plastiktopf, bepackt mit konzentrischen Ringen von Stecklingen. Die Rollen werden bewässert und ganz wie Töpfe behandelt. Wenn das Wachstum eingesetzt hat, werden die Rollen entsprechend der Anzahl von Pflanzen, es können 25 bis 50 sein, verkauft.

Der Vorteil für die Landschaftsgestalter oder Gartenbauämter liegt in der Bequemlichkeit des Transportes und in der Einfachheit des Pflanzvorgangs. Die Pflanzen können in die Lücke des Spatenstichs gepflanzt werden; es muß kein Pflanzloch ausgehoben werden wie bei Topfpflanzen und es bleiben keine Töpfe zurück, die weggeräumt werden müssen. Für die Bepflanzung großer Flächen steht die Wirtschaftlichkeit dieser Methode außer Frage.

Dieses System scheint in Deutschland jedoch nicht bekannt zu sein. Infolge des andersgearteten Klimas (längere Trockenperioden) wird man mit Ballenpflanzen (Topfpflanzen) bessere Ergebnisse erzielen. Diese werden von den Baumschulen mit 3 bis 10 Stecklingen, je nach Topfgröße, angeboten. Die mehrtriebigen Pflanzen erbringen den Vorteil, daß pro Flächeneinheit weniger Pflanzen benötigt werden, was wiederum die Unkrautbekämpfung in der ersten Zeit erleichtert.

Steingärten

Für die Anlage von Steingärten existieren zwei hauptsächliche Stilrichtungen. Die erste gründet sich auf die Tradition von Reginald Farrer, die den Steingarten als Gemeinschaft von Alpenblumen entsprechend dem natürlichen Vorbild versteht und somit einen Standort für echte Alpenpflanzen bietet. Die andere könnte man als jene Stilrichtung beschreiben, die beim öffentlichen Grün praktiziert wird. Hier treten oft zwar eindrucksvolle, aber nur natürlich wirkende Stein- und Wassereffekte auf. Trotz der vorherrschenden alpinen Flora wird auch eine vielfältige nichtalpine Flora miteinbezogen, um so lange wie möglich ein abwechslungsreiches Farbspiel zu bieten.

Die wahrscheinlich einzigen Efeuarten, die sich für den ersten Typ des Steingartens eignen, sind die kleinblättrigen Sorten von *H. helix*, die um kleinere Knollenpflanzen herum eine gute Bodenbedeckung ergeben, so besonders bei frühen Krokusarten oder um die zarten Blüten von *Leucojum autumnale* vor Schlammspritzern zu schützen. Kleinblättrige Efeusorten wie 'Walthamensis', 'Professor Friedrich Tobler' oder die winzige 'Spetchley' sind für diesen Zweck sehr zu empfehlen. Drei Efeusorten, nämlich *H. helix* 'Conglomerata', 'Erecta' und 'Congesta' kann man oft in Steingärten sehen, sogar in reinen Alpinen. Die Sorte 'Conglomerata' bedeckt den Stein mit ihren stummelartigen Trieben und welligen Blättern, während die aufrechten, freistehenden Triebe von 'Erecta' und 'Congesta' – die letztere von zartem Wuchs und mit kleineren Blättern – sehr wirksam als Einzelpflanzen sind. Während in einem reinen Alpinum oder Steingarten keine bunten Efeusorten vorkommen sollten, braucht der mehr als Blickfang gedachte »öffentliche« Typus des Steingartens sich nicht derartigen Einschränkungen zu unterwerfen. Bei großen Steingärten kann eine hintergrundbildende Sorte oder eine Fläche immergrüner Pflanzen vorteilhaft wirken und ihn in die umliegende Landschaft einfügen. Für diese Zwecke können nur wenige Efeusorten *H. colchica* 'Sulphur Heart' übertreffen, die großblättrig und bunt genug ist, um Interesse hervorzurufen, ohne aufdringlich zu wirken. Auf Steinen oder in steinumsäumten Nischen ergeben die kleinen bunten Sorten 'Eva', 'Harald' und 'Sagittifolia Variegata' schöne Farbkontraste und einen guten Hintergrund für einjährige Pflanzen und blühende Knollenpflanzen mit leuchtenden Farben. Die glänzend grüne Sorte 'Ivalace' mit ihren ausgeprägten, gekräuselten Blättern kann ebenfalls für diesen Zweck, auch zum Hochklettern oder Herabhängen über große Steine verwendet werden.

Zimmerpflanzen

Der Vorzug des Efeu als Zimmerpflanze ist inzwischen wohl nachgewiesen und kann als willkommene Bereicherung des Pflanzensortiments angesehen werden. Seine Eignung für die Anzucht im Haus, in Töpfen, Glaskästen oder auch im Wintergarten wurde in Europa und Großbritannien im Viktorianischen Zeitalter erkannt. Der heutige Zimmerpflanzenhandel hat jedoch für diese Zwecke eine weitaus größere Auswahl an Sorten anzubieten. Dazu hat vor allem das Interesse der Amerikaner am Efeu zwischen den beiden Weltkriegen beigetragen, was auch die Einführung der Sorte 'Pittsburgh' und anderer selbstverzweigender Sorten mit sich brachte. Diese wurden in Europa eingeführt und nach dem Zweiten Weltkrieg in ansehnlichen Mengen produziert. Durch die hohe Vermehrungsrate der mutationsfreudigen *Hedera helix* bestand eine erhöhte Chance für das Entstehen neuer Sorten durch natürliche Mutation, eine Möglichkeit, die auf beiden Seiten des Atlantiks mit gespannter Erwartung begrüßt wurde.

Efeu wird als Zimmerpflanze in Töpfen verkauft, meist mit 3 bis 5 bewurzelten Ablegern im 12-cm-Topf. Der im Topf gezogene Efeu ist schon für sich allein eine dekorative Zimmerpflanze, andererseits können auch mehrere Sorten zusammen in eine Pflanzschale gesetzt werden. Geeignet sind gedrungene Sorten wie 'Eva', 'Harald', 'Luzii', 'Glacier', 'Stift Neuburg', 'Ivalace', 'Green Feather' und 'Merion Beauty'. Wenn man

die Schale als Raumteiler verwenden will, kann man sie gegen eine Gitterwand aus Holz oder Metall stellen und die Pflanzen so setzen, daß sie am Gitter hinaufklettern. Die rankenden Sorten *H. canariensis* 'Gloire de Marengo', *H. helix* 'Cavendishii', 'Manda's Crested' und 'Green Ripple' können in diesem Falle ausprobiert werden. Wegen des mehr oder weniger ständigen Wachstums müssen an der Gitterwand einigermaßen gute Lichtverhältnisse herrschen; Lichtmangel kann zu schwächlichem Wachstum führen.

Es gibt viele neue Sorten, die als Topfpflanzen mit ihrer ungewöhnlichen Blattform und Panaschierung ein ausgezeichneter Blickfang sind. Zusätzlich zu den oben erwähnten sind die folgenden Sorten noch in die nähere Auswahl zu ziehen: 'Ardingly', 'Big Deal', 'Boskoop', 'Bruder Ingobert', 'Cockle Shell', 'Golden Pittsburgh',

9 *Hedera helix* 'Luzii', ein dekorativer Zimmerefeu.

'Fantasia', 'Fluffy Ruffles', 'Kolibri', 'Kurios',
'Old Lace', 'Sinclair Silverleaf', 'Small Deal',
'Trinity', 'Triton', 'Williamsiana' und 'Zebra'.

Säulenefeu

Elegante Efeusäulen bieten sich als augenfällige
Schaustücke im Haus, als gestalterisches Element
in großen Räumen und für ähnliche Zwecke an.
Dabei wird der Efeu um Moosstäbe herumgelegt.
Früher benutzte man Bambusstöcke, heute verwendet man steife Plastikröhren, wie man sie für
Wasserleitungen verwendet. Die empfohlene
Länge liegt bei 1 bis 2 m und variiert je nach Ver-
wendungszweck; der Durchmesser des Stabes
sollte ungefähr 4 cm betragen. Sphagnummoos
wird mit Zwirnfaden so um das Rohr gebunden,

11   Verschiedene Efeuarten als Balkonkasten-Pflanzen.

10   Säulenefeu als augenfälliges Schaustück.

daß ein Moosmantel entsteht. Den Stab steckt man
in einen mit Substrat gefüllten Topf, der entsprechend zur Stablänge einen Durchmesser von
15 bis 25 cm hat. Ein oder zwei Efeupflanzen
werden gesetzt und die Triebe mit zunehmender
Länge um den Moosstab herum hochgewunden.
Der Stab sollte feucht gehalten werden. Warm-
feuchte Wachstumsbedingungen sind am günstig-
sten, um die Pflanze zum Wachsen zu bringen und
intensivieren die Bildung der Haftwurzeln.
Eine Variante der oben beschriebenen Methode
stellt die bekannte Pyramidenform dar, die man
durch Einsetzen von drei oder vier dünnen Stäben
an den Seiten eines mit Substrat gefüllten Topfes
bildet, wobei die Stabenden an der Spitze zusam-
mengebunden werden. Ebenso können Bögen aus
starrem Draht verwendet werden. Alle diese Rahmen erfordern kletternde Efeusorten. Mit Erfolg
wurden verwendet: *H. canariensis* 'Gloire de
Marengo', 'Margino-Maculata' und die *Helix*-
Sorten 'Green Feather', 'Shamrock', 'Glacier',
'Parsley Crested' und 'Green Ripple'. Auch
'Goldheart' kann verwendet werden, muß aber
schnell hochgebunden werden. Von allen ist
'Gloire de Marengo' die am meisten verwendete
Sorte, und aufgrund ihrer häufigen Vermehrung

27

möchte man fast annehmen, daß sie in jedem Haus, jedem Büro oder öffentlichen Gebäude zu finden sei. Sie ist populär, paßt sich gut den genannten Bedingungen an und zeigt eine prächtige Panaschierung.

Ampelpflanzen

Sie sind eine interessante Form der Dekoration von Veranden oder Innenhöfen und oft ein Blickfang an ihrem Platz. Für eine gute Wirkung benötigen sie leuchtend farbige Blumen als Begleitung, aber diese ranken nicht immer so schnell und hängen so, wie es erforderlich wäre.
Kleinblättrige Efeusorten eignen sich sehr gut für diesen Zweck. Nachdem sie im Haus oder Gewächshaus in 8- bis 10-cm-Töpfen gezogen und dann zu drei oder zu vier je Korb gepflanzt wurden, geben ihre Ranken für Pelargonien und Fuchsien eine angenehme Untermalung ab, bis Lobelien, Lysimachien oder ähnliche blühende Pflanzen zu ranken beginnen und sich mit dem Efeu verbinden. Es ist natürlich möglich, eine Ampel nur mit Efeu zu bepflanzen, indem man die rankenden Formen durch gedrungene, bunte Sorten im Zentrum des Korbes ergänzt. Die Sorte 'Professor Friedrich Tobler' ist als Ampelpflanze unübertroffen: Sein tiefgespaltenes Blatt ist sehr ungewöhnlich und weckt sogleich die Neugier. Für die Korbmitte sind Sorten wie 'Ardingly', 'Williamsiana', 'Luzii' und 'Eva' sehr geeignet.

Formbäume
(Zierhecken, Topiary)

Gegenwärtig scheint die Mode der Efeu-Formbäume ausschließlich für Amerika kennzeichnend zu sein, obwohl es Hinweise gibt, daß die Briten der viktorianischen Zeit ihren Efeu offensichtlich auch in dieser Art und Weise gezogen haben. Vielleicht wird diese kurze Beschreibung ihre Verbreitung fördern.
Formbäume aus Draht werden als Tiere, Kegel, Schirme, Kugeln gestaltet und verkauft. Sie kön-

nen tatsächlich in fast jede vorstellbare Form gebracht werden. Die ausgewählte Form wird mit Moos, das in einer Düngerlösung eingeweicht wurde, ausgefüttert und mit einer Reihe von wurzelnden Ablegern geeigneter, gedrungen wachsender Sorten wie 'Ivalace', 'Shamrock', 'Glacier', 'Eva' oder 'Green Feather' bepflanzt. Das Moos wird mit Wasser, das einen entsprechend abgestimmten Flüssigdünger enthält, versorgt. Das häufige Besprühen von oben mit Wasser aus einer feinen Gießkanne oder mit einem Handzerstäuber hält das Moos feucht und hilft, Milben abzuwehren. Die Pflanzen werden in regelmäßigen Abständen und ziemlich eng an der Form anliegend gepflanzt. Während sie wachsen, werden die Seitenschößlinge abgezwickt und ausgeputzt, so daß schließlich eine efeuüberzogene Figur entsprechend der gewählten Form entsteht.
Geeignete Drahtgerüste werden in den USA verkauft und zweifellos auch in Europa auf den Markt kommen, sobald eine Nachfrage besteht. In Ermangelung vorgefertigter Formen kann der Liebhaber mit etwas Geschick auch selbst Formen herstellen.

Flaschengärten und Terrarien

Die Tatsache, daß ein nahezu geschlossenes Glasgefäß Pflanzenleben über eine lange Zeitspanne bei minimalem Aufwand ermöglicht, ist seit weit über einem Jahrhundert bekannt. Das Prinzip wurde in der Form des »Wardschen Kastens« überall angewandt und für den Fernversand von Pflanzen vor dem Aufkommen des schnellen Lufttransports benutzt. Die derzeit sehr in Mode befindlichen Flaschengärten beruhen auf dem gleichen Prinzip.
Glasflaschen mit einem breiten Boden von etwa 30 cm im Durchmesser und ungefähr der gleichen Höhe laufen in einen 8 cm weiten, offenen Hals aus. Eine Schicht aus feuchtem, rein organischem Substrat ohne Erdzusatz wird auf den Flaschenboden gebracht und mit einer langen Pinzette oder Zange werden drei bzw. vier Pflanzen in geeigneter Zusammenstellung in das Substrat gesetzt und leicht bewässert. Oft gebrauchte Pflanzen

sind die kleineren Dracaenen, *Cryptanthus*, Blattbegonien und natürlich *Hedera*, üblicherweise eine bunte Sorte, z. B. die Sorte 'Harald'. Wenn man die anderen Pflanzen nicht verwendet, ist es dennoch möglich, einen recht bemerkenswerten Flaschengarten mit derselben Technik, nur unter Verwendung der Gattung *Hedera*, zu schaffen. Geeignete Sorten sind 'Harald', 'Kolibri', 'Stift Neuburg', 'Bruder Ingobert', 'Ardingly', 'Spetchley', 'Williamsiana', 'Cockle Shell', 'Eva' und 'Adam'. Wie bei allen Flaschengärten werden Überfüllungsprobleme auftauchen, die anfangs durch vorsichtiges Stutzen kontrolliert werden können, aber schließlich doch eine Neubepflanzung erforderlich machen.

Terrarien sind ähnlich wie Aquarien für den Hausgebrauch und wie der ursprüngliche Wardsche Kasten aus Glas. Pflanz- und Aufzuchtmethoden sind dieselben wie für Flaschengärten, aber da der obere Teil offen ist oder einen abnehmbaren Deckel hat, ist der Zugang leichter und ein reichhaltigeres Sortiment kann gezogen werden.

Efeu als landschaftsgestaltendes Element

Shirley Hibberd, der viktorianische Autor gartenbaulicher Werke, erklärt in seinem Buch »The Ivy« (Der Efeu, 1872), wie im Topf gezogene Exemplare des »Baum-Efeu« (Tree Ivy) und Efeu-Hochstämmchen (Standard Ivy) im Winterbeet genutzt werden können. Die steigenden Preise von traditionellen Winterbeetpflanzen wie Narzissen und Tulpen könnten sogar zu einer Wiederbelebung dieser Praxis führen.

Um einen Baumefeu zu erziehen, nimmt man Stecklinge von Trieben, die die Altersform erreicht haben und setzt sie, nachdem sie bewurzelt sind, in größere Töpfe bis hin zu 23 cm Durchmesser. Anfangs wird ein Rohr oder ein Stab notwendig sein, um ein ungeordnetes Wachstum der rankenden Triebe zu vermeiden. Innerhalb von 3 Jahren wird ein ansehnlicher, strauchförmiger Topfefeu entstanden sein, der, wie Hibberd vorgeschlagen

hat, ausgepflanzt oder für andere gestalterische Zwecke verwendet werden kann.

Höher wachsende Pflanzen und vielfältigere Verwendungsmöglichkeiten lassen sich durch Efeu-Hochstämme erreichen. Sie entstehen durch Pfropfen von Trieben einer ausgewählten Sorte auf Stämme von × *Fatshedera lizei*. Diese Unterlage ist leicht aus Stecklingen heranzuziehen. × *Fatshedera* entstand aus einer Kreuzung der beiden Arten *Fatsia japonica* × *Hedera helix*. Die Unterlage sollte im Topf herangezogen werden, bis einzelne Triebe die erforderliche Höhe von 0,6 bis 1,2 m erreicht haben. Das Veredeln erfolgt im Gewächshaus durch Rinden- oder Spitzenpfropfung mit mehreren Reisern. Eine mindestens 16 °C warme und feuchte Umgebung fördert das erfolgreiche Zusammenwachsen.

Die von Hibberd vorgeschlagene Methode für die Anzucht von Efeu-Hochstämmen ist wahrscheinlich leichter. Gut bewurzelte Stecklinge der ausgewählten Sorte werden getopft und der Austrieb an einem Stab hochgezogen. Alle Augen, die zu späteren Seitentrieben auswachsen könnten, werden geblendet, bis der Haupttrieb die gewünschte Höhe erreicht hat. Er wird dann gestutzt, aber man läßt einige Knospen unterhalb der Schnittstelle austreiben, um die Krone zu bilden. Da die Pflanzen ständig neue Wurzeln bilden, können sie weiterhin umgetopft werden, bis sie schließlich auch einen 23 cm weiten Kübel ausfüllen. Sollten sie für Winterbeete verwendet werden, dann wird die Pflanze zusammen mit dem Topf in den Boden eingelassen. Wie bei Rosenhochstämmen ist für jede Pflanze ein Stab zu Unterstützung erforderlich. So bilden sie eine wirkliche Zierde für Gewächshaus und Zimmer.

Im Gegensatz zu den viktorianischen Beetanlagen verlangen die formalen Grünflächen bei modernen Bürokomplexen, Sportstadien, Einkaufszentren und ähnlichen Anlagen eine Bepflanzung, die nur niedrige Unterhaltskosten verursacht. Bodendecker werden im allgemeinen zusammen mit dornigeren Pflanzen wie *Berberis* und *Mahonia* für Flächen verwendet, auf denen das Betreten verboten ist. Für große Flächen, besonders für schattige zwischen benachbarten Gebäuden, kann

12   Efeu in Ampeln bilden einen dichten Vorhang.

eine originelle Bepflanzung mit Efeu sehr ein-
drucksvoll wirken. Inmitten der flächig angepflanzten Sorte *Hedera helix* 'Hibernica' können
z. B. einige Einzelpflanzen der Altersform von
H. colchica 'Dentata Variegata' stehen. Dieses
Muster kann auch umgekehrt werden, besonders
wenn eine schattige Ecke erhellt werden soll.
Junge Pflanzen von 'Dentata Variegata' oder
'Sulphur Heart' bilden die Bodenbedeckung und
die Altersform von *Hedera helix* 'Hibernica' wird

nur an einigen Stellen gepflanzt. 'Erecta' oder
'Congesta' können als ornamentale Pflanzen verwendet werden, z. B. auf jeder Seite am Beginn
einer Flucht von Gartentreppen, als Einzelpflanze
in kleineren Beeten und als Unterpflanzung ein
panaschierter Efeu wie 'Sulphurea'. Ein land-
schaftsgestalterisches Element, das aus einer Zeit
stammt, in der mehr Mußestunden als heute den
Tag bestimmten, ist eine grüne »Mauer«, die aus
eng angepflanztem Baumefeu erzogen wird. Ein

eindrucksvolles Beispiel dafür ist die »Mauer«, die die Terrasse in Kew Gardens, Surrey, umgibt, auf der das große Palmenhaus steht. Viele Leute nehmen an, daß es sich um eine niedrige, efeubedeckte Mauer handle, aber es ist in Wirklichkeit eine kurzgeschnittene Hecke von 'Hibernica'-Pflanzen.

Eine Zaunhecke ist als Kombination aus Zaun und Hecke beschrieben. Sie besteht gewöhnlich aus Kletterpflanzen, die einen Drahtzaun, ein Rutengeflecht oder einen Lattenzaun umranken. Kletternde Efeuarten eignen sich für diesen Zweck ausgezeichnet. Anfangs müssen die Triebe vielleicht ein wenig angebunden werden, um das Hochranken zu erleichtern, aber Sorten wie 'Deltoidea', 'Sulphurea', 'Digitata' oder 'Palmata' bilden schnell ein immergrünes Kleid und bedecken das, was zuvor einen wenig einladenden Anblick abgegeben haben mag. In der gleichen Art zeigen viktorianische Bücher über die Gartenarbeit oft efeubedeckte Lauben. Ein Sitzplatz nur roh von einem Holzgerüst eingerahmt, kann anziehend werden, wenn dieses mit Efeu überzogen ist. Bei beiden, der Zaunhecke und der Laube, kann ein Rückschnitt notwendig werden.

Es sei darauf aufmerksam gemacht, daß ausgewachsene Pflanzen eine buschige Krone bilden und damit den Rahmen kopflastig machen können.

13   Efeu veredelt auf × *Fatshedera lizei*.

Kultur

Vermehrung

Die meisten Efeusorten sind leicht zu vermehren. Sie entwickeln Ranken, die an den Knoten, wenn sie auf der Erde liegen, Wurzeln bilden. Teile dieser Ranken wurzeln auch oft sehr leicht, nachdem sie abgeschnitten wurden und können dort, wo sie anwachsen sollen, sofort eingepflanzt werden. Der Fachmann setzt sie zuerst in einen Kasten mit sandiger Erde.

Für den Erwerbsgärtner oder allgemein für den Fall, daß ein großer Bedarf an Pflanzen besteht, ist diese Methode kaum ausreichend. Sie ist in jedem Falle für Baum-Efeu, *H. canariensis*- oder *H. colchica*-Sorten oder auch nichtrankende *Helix*-Sorten ungeeignet. Für die Vermehrung dieser Sorten und die schnelle Produktion großer Mengen von Pflanzen sollte man sich der Teilstecklinge bedienen. Diese entnimmt man von Ranken oder jungen Trieben, die so geschnitten werden, daß ein Knoten am Fuß des Stecklings liegt und mindestens zwei Blätter am nächsten oder übernächsten Knoten sitzen (s. Abb.).

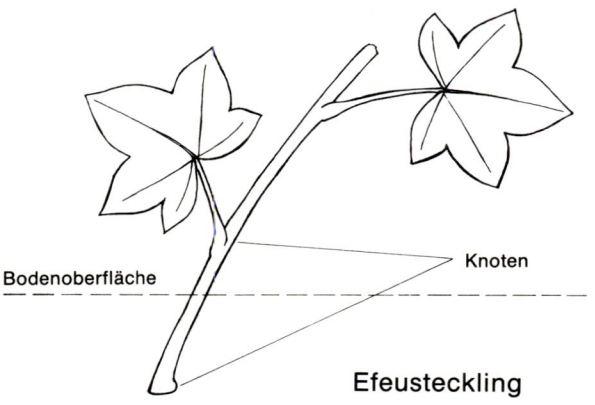

Bodenoberfläche — Knoten

Efeusteckling

Beim Schneiden des Materials sollte bedacht werden, daß Stecklinge von ausgewachsenen reifen Trieben, das heißt Triebe mit Blütenständen oder solche oben an einer Pflanze, die schon Blüten hervorgebracht haben, Baum- oder Strauchwuchsformen ergeben. Es ist auch schwieriger, sie zum Wurzeln zu bringen.

Teilstecklinge können von Oktober bis November in einen kalten Kasten eingepflanzt werden, wobei die Stecklinge ungefähr 12 cm lang sein und von einjährigen Trieben genommen werden sollten. Im anderen Fall können im Juli geschnittene Stecklinge auf einen warmen Tisch in einem schattierten Gewächshaus gestellt werden; sie sollten 7 bis 10 cm lang sein und von halbverholzten Trieben stammen. Ein Gemisch aus Sand und Torf ist als Substrat geeignet. Die Herbststecklinge werden im folgenden April ausgepflanzt oder getopft, die Sommerstecklinge nach ungefähr 6 Wochen.

Der Topfpflanzenhandel muß einen Efeu mit gut ausgebildeten Ranken anbieten, der möglichst schnell angezogen wurde, um Heizungskosten zu sparen und einen schnellen Umsatz zu garantieren. Zu diesem Zweck werden 5 bis 7 kleine Teilstecklinge in einen 7-cm-Topf gesetzt, der mit normaler Topfpflanzenerde, gewöhnlich einer Sand-Torf-Mischung mit Düngerzusatz, gefüllt ist. Die Töpfe werden dicht aneinandergestellt, oft unter Polyäthylenzelten innerhalb eines Gewächshauses und bei einer Durchschnittstemperatur von 18 bis 21°C gehalten. Die Stecklinge hält man feucht, indem man sie mit einer Gießkanne oder einem Zerstäuber besprüht. Sobald sie bewurzelt sind, wird die PE-Folie entfernt und die Töpfe in ein kühleres Haus gebracht oder die Temperatur zum Weiterwachsen auf 15 bis 18°C gesenkt. Diese

Methode ist bei Sorten wie 'Ivalace', 'Harald' und 'Anna Marie' wirksam. *H. colchica*-Sorten brauchen zum Bewurzeln länger und reagieren nicht sofort auf hohe Temperaturen. Am besten bewurzeln Blattstecklinge der *H. colchica*-Sorten in kleinen Kästen oder in Sandbeeten auf einem Gewächshaustisch unter Sprühnebel.

Wenn man Sorten vermehrt, die eine charakteristische Wuchsform haben, sei es Blattpanaschierung oder Blattform, sollte man sorgfältig darauf achten, daß man nur Pflanzenmaterial verwendet, das typisch für die Sorte ist. Der Erfolg einiger Baumschulen in der Produktion von großen Mengen guter und einheitlicher Efeupflanzen liegt hauptsächlich in ihrer Sorgfalt bei der Auswahl des Vermehrungsmaterials. Selbst nur geringfügig untypisches Material kann ganze Vermehrungssätze uneinheitlicher Pflanzen zur Folge haben. Solche Pflanzen entsprechen nicht mehr den Vorstellungen des Käufers und sind manchmal nur schwerlich als die Sorte zu erkennen, unter deren Namen sie verkauft werden.

Pflanzenerde, Substrat

Abgesehen von Formbäumen (Zierhecken, Topiary) und Pflanzungen im Freiland ist ein abgestimmtes Pflanzsubstrat für alle anderen Formen der Anzucht erforderlich. In der Vergangenheit wurde Topfpflanzenerde aus Lehm- oder Gartenerde und Sand mit Zusätzen von Knochenmehl, Kalidünger und Kalk je nach Bodenansprüchen der Pflanze verwendet, während manche Gärtner auf Substrate mit verschiedensten organischen Zusätzen schworen, die oft schon ein wenig merkwürdig waren. Die Ergebnisse waren stets unsicher. Einige Jahre vor dem Zweiten Weltkrieg entdeckte W. J. C. Lawrence, der am John-Innes-Forschungsinstitut in England arbeitete, einige wichtige Kriterien für stetiges Wachstum und die Vermeidung bodenbürtiger Krankheiten. Er erreichte dies durch die teilweise Entkeimung des Lehms, das Ersetzen der Lauberde durch Torf und durch geringe Düngezugaben. Das so hergestellte Substrat wurde »John Innes« genannt und intensiv im Erwerbsgartenbau verwendet, obwohl ursprünglich für experimentelle Arbeiten gedacht.

Lehm ist jedoch keine einheitliche Bodenart, und auf der Suche nach einem möglichst standardisierbaren Kultursubstrat stellte die Universität von Kalifornien in den 50er Jahren Substrate aus Torf und Sand mit ausgewogenem Nährstoffgehalt her. Diese fanden, leicht abgeändert, eine weite Verbreitung. Obwohl auf Lehm basierende Substrate noch für bestimmte Anwendungsgebiete gebraucht werden, wird der Großteil der in Amerika, Großbritannien und Europa produzierten Topfpflanzen in einem Torf-Sand-Gemisch angezogen. Diese Substrate werden zwar oft unter verschiedenen Markennamen hergestellt, aber die Bestandteile normalerweise auf der Verpackung aufgeführt. Für die Anzucht sind diese Substrate gut geeignet, aber man darf nicht vergessen, daß die langsam freiwerdenden Nährsalze mit zunehmendem Wachstum der Pflanze aufgebraucht werden und durch Zugabe von wasserlöslichen Düngern ergänzt werden müssen. Man muß bedenken, daß Torf, einmal ausgetrocknet, nur schwer wieder anzufeuchten ist; daher sollte man Pflanzen in torfhaltigen Substraten nie ganz trocken stehen lassen.

In Deutschland entwickelte Professor Dr. Anton Fruhstorfer ab 1945 die deutsche Einheitserde. Er wurde dazu angeregt durch das Buch von Lawrence, »Seed and Potting Composts«. Die Einheitserde besteht aus Untergrundlehm (Ton), Hochmoortorf und Mineraldünger. Sowohl die Einheitserde wie auch die neueren Torfkultursubstrate (TKS) werden mit Erfolg in der *Hedera*-Kultur verwendet.

Krankheiten und Schädlinge

Die Kultur des Efeu ist unproblematisch, ein Vorzug, den jeder Gärtner zu schätzen weiß. Ob draußen oder als Zimmerpflanze, der Efeu wird eine geringe Pflege noch verzeihen, während viele andere Pflanzen nicht überleben würden. In gewisser Hinsicht ist dies nachteilig, weil es zu Nachlässigkeit verführen kann, sei es, daß die Pflanzen in ungeeigneter Erde und schlechtem Zustand dahinvegetieren, oder daß sie von Schädlingen geschwächt werden.

Die Erde für Freilandefeu sollte verhältnismäßig locker und mit organischem Material angereichert, aber nicht zu reich an Stickstoff sein, der das vegetative Wachstum fördert. Zu viel Stickstoff erzeugt große, weiche Blätter, die für Krankheitserreger anfällig sind. Organisches Material ist notwendig, da der Efeu im Grunde eine Waldpflanze ist, die in humusreichen Böden gut gedeiht. Obwohl Efeu manchmal in der Natur in weniger günstigen Lagen wächst, sind leicht alkalische Kalksteinböden die besten Standorte. Ein pH-Wert von ca. 7,5 bis 8,5 wäre ausgezeichnet.

Schädlinge

Der Efeu ist zwar eine Schattenpflanze, aber man sieht ihn manchmal an Südmauern gepflanzt, wo er ein Raub der Milben wird, die solche Bedingungen sehr schätzen. Diese Massenschädlinge gibt es weltweit, und sie werden wohl fast alle Pflanzen befallen. Am zerstörerischsten wirkt die »Rote Spinne« (*Tetranychus urticae*). Es gibt verschiedene Arten dieser und anderer Milben, das Schadbild aber ist stets das gleiche. Zunächst ist an verschiedenen Stellen eine hellgelbe, feine Punktierung zu sehen, die aber nach und nach das ganze Blatt bedeckt. Manchmal wirkt dies ähnlich wie die hellgetönte Panaschierung von Sorten wie 'Trinity' oder 'Sinclair Silverleaf'. Eine Kontrolle kann leicht vorgenommen werden, indem man das Blatt umdreht und es mit Hilfe einer Lupe näher untersucht. Die gelblichen, achtfüßigen und etwa 1 mm langen Milben sind leicht zu erkennen. Bei schwerem Befall können die Blätter mit einem feinen Gespinst bedeckt sein, auf dem sich die Milben lebhaft bewegen. Der Terminus »Rote Spinne« bezieht sich auf das Ruhestadium und die bräunlichrote Farbe, die die Milben annehmen, wenn sie sich in den Rissen des Pflanzengewebes oder im Holzgerüst des Gewächshauses verborgen halten. Sie sollten nicht mit der harmlosen, größeren, lebhaften, scharlachroten Spinne ver-

wechselt werden, die man gelegentlich sieht. Die Ausbreitung wird durch Trockenheit gefördert.

Feind Nummer 2 für Mauer- und Zimmerefeusorten sind ohne Zweifel Schildläuse, eine ebenfalls weltweit verbreitete Plage. Es treten neben anderen vor allem die Schildlausarten *Coccus hesperidum* (Weiche Schildlaus), *Eulecanium corni* (Zwetschenschildlaus) und *Aspidiotus hederae* (Oleanderschildlaus) auf. Für den gelegentlichen Betrachter ist das erste Anzeichen eines Befalls oft eine dunkle Ablagerung auf manchen Blattoberflächen. Dies ist in Wirklichkeit ein Rußtaupilz, der sich auf den klebrigen Absonderungen ansiedelt, die von den Tieren bei Saugen des Pflanzensaftes hinterlassen werden. Diese Schuppeninsekten haben ein gemeinsames Merkmal: Das Weibchen ist ein rundes oder flaches, dunkel- bis hellbraunes Insekt von ungefähr 3 bis 4 mm Länge, das gewöhnlich an der Unterseite des Blattes haftet. Unter diesem Schild werden die jungen Läuse aufgezogen und kommen schließlich als »krabbelnde Pünktchen« hervor, die zu anderen Blättern wandern und sich festsetzen. Sobald sich der Bewegungsapparat zurückbildet, entwickeln sie ihr schützendes Schild und produzieren nun ihrerseits weitere Jungtiere. In diesem Stadium sind sie empfindlich gegen Insektizide. Einige Insektizide haben systemische Wirkung, das heißt, sie werden, entweder als Pflanzensprays angewandt oder in die Erde gegeben, mit dem Nährstoffstrom aufgenommen. Milben und Blattläuse, die mit ihren Mundwerkzeugen die Pflanze anstechen und den Saft saugen, nehmen mit dem Saft das Gift auf und sterben ab. Dieser Typ von Insektiziden ist in der Regel ziemlich lange wirksam, aber die Abgabe und Anordnungen bezüglich des Gebrauchs sind von Land zu Land verschieden und können sich im Zuge der Gesetzgebung immer wieder ändern.

Blattläuse – Grüne oder Schwarze Blattlaus, man kann sie nennen wie man will – kennen keine Grenzen. Es sind saugende Insekten, von denen wahrscheinlich die Grüne Blattlaus auf Rosen und die Schwarze Blattlaus auf Saubohnen am bekanntesten sind. Während des Sommers gebären sie durch Parthenogenese (Fortpflanzung durch unbefruchtete Eizellen) lebende Junge, und durch diese ungeheure Reproduktivität werden sie zu einer Plage. Wie bei Schildläusen ist das Auftreten von dunklem Schimmel auf dem Blatt das erste Befallsanzeichen. Auf Efeu neigen die Blattläuse dazu, die jungen Sproßspitzen zu besiedeln und können im Freiland auf 'Erecta' und ähnlichen Sorten eine ernste Plage sein; man sollte sich deshalb nach brauchbaren Pflanzenschutzmaßnahmen erkundigen.

Krankheiten

Es trifft wohl zu, daß Efeusorten, die an Mauern hochranken, weniger von Pilz- oder bakteriellen Krankheiten heimgesucht werden als bodendeckende oder Zimmerefeusorten. Dies ist hauptsächlich darauf zurückzuführen, daß Feuchtigkeit die Efeupflanzen am Boden oder in Töpfen allgemein für Pilz- oder bakterielle Krankheiten anfälliger macht und das ohne Unterschied sowohl in Amerika als auch in Europa.

Das Vorhandensein von sehr schwarzen, oft etwas eckigen Flecken auf den Blättern ist symptomatisch für den Bakteriellen Blattfleck *Xanthomonas hederae*. In Großbritannien ist dieses Bakterium glücklicherweise nicht oft auf Gewächshausefeu und nur selten im Freien zu sehen. Bakterielle Krankheiten sind nicht so leicht durch Spritzmittel unter Kontrolle zu halten. Wenn eine seltene oder liebgewordene Pflanze befallen wird, kann das Entfernen und sofortige Verbrennen der infizierten Blätter die Ausbreitung eindämmen, sonst wird die Vernichtung der Pflanze durch Verbrennen unvermeidbar.

Eine häufigere Blattfleckenkrankheit des Efeu wird von *Colletotrichum trichellum* oder *Ameriosporium trichellum* verursacht. Die Symptome sind weiche, braune Flecken auf dem Blatt bis zu 1 cm im Durchmesser, die in schlimmen Fällen ineinander übergehen und so den Zerfall des ganzen Blattes verursachen. Die Krankheit wird hauptsächlich durch Wasserspritzer verbreitet, und wenn Efeu dauernd naß steht, kann das feuchte Milieu zum Problem werden. *Colletotrichum* kann im Freiland zerstörend wirken,

besonders bei Jungpflanzen während feuchter Herbstzeiten. Der Einsatz von Fungiziden zur Kontrolle dieser Krankheit ist im Erwerbsanbau oft die übliche Praktik. Im Haus oder Garten können vorbeugende Spritzungen sinnvoll sein, sobald die Krankheit erkannt wird und unter der Voraussetzung, daß die zu behandelnde Fläche klein ist.

Eine weniger verbreitete Krankheit ist die Schwarze Blattfleckenkrankheit (*Phyllosticta hedericola*). In Großbritannien tritt sie nur selten auf, man findet sie hauptsächlich auf *Hedera colchica* und deren Klone, und sie erfordert nur gelegentlich Schutzmaßnahmen. Die Krankheit macht das Blattwerk unansehnlich, und man sollte sich, wenn sie verbreitet auftritt, Auskunft über entsprechende Pflanzenschutzmittel einholen. Die Flecken sind 0,5 bis 1,5 cm groß, rund, tiefschwarz und fühlen sich krustig an.

In England hat sich der falsche Mehltau (*Oidium sp.*) unter Glas gelegentlich als Problem erwiesen; seltsamerweise befällt er nur die glänzend-blättrige Form von *Hedera canariensis*. Aus den USA wird von einem anderen Mehltau (*Erysiphe cichoracearum*) berichtet, aber er scheint kein Problem darzustellen.

Viele Pflanzen, die vegetativ vermehrt werden, sind von Viren befallen, aber es ist wenig über Viruskrankheiten bei Efeu bekannt. Virusteilchen wurden aus einigen flächig panaschierten Efeusorten isoliert, und sie können in dieser Hinsicht sogar als »nützlich« betrachtet werden, wie z.B. auch die Blattflecken des *Abutilon* 'Thomsonii' hervorrufen und ihn so zu einer nützlichen Beetpflanze machen, oder die eindrucksvolle Gelbaderung der *Lonicera japonica* 'Aureo-reticulata' verursachen. Auf Grund von Nachforschungen ist anzunehmen, daß die Sorte *H. helix* 'Tesselata', die mysteriöserweise etwa ein Jahr, nachdem sie einen Ehrenpreis erhalten hatte, ihre Eigenart verlor, in Wirklichkeit eine Pflanze mit vorübergehender Virusinfektion war, die eine gelbe Aderung ähnlich der bei *Lonicera* hervorgerufen hat. Obwohl sie zur damaligen Zeit beeindruckend war, hatte sie keinen Bestand. Gegenwärtig scheint es keinen Virus mit nachteiligen Wirkungen auf die gärtnerisch verwendeten Efeusorten zu geben.

Kontrollmaßnahmen

Die Fortschritte in der Kontrolle von Schädlingen und Krankheiten werden ständig vorangetrieben und spezielle Empfehlungen, die jetzt gegeben werden, können in kurzer Zeit schon überholt oder ungültig sein, da die gesetzlichen Bestimmungen über den Umgang mit Pflanzenschutzmitteln immer umfassender werden. Die in diesem Kapitel gegebenen Informationen sollten daher die Probleme nur etwas erleichtern und eine Hilfestellung bei der Wahl von Pflanzenschutzmaßnahmen geben. Die allgemeine Öffentlichkeit kann sich an Gartenbauämter, örtliche Gartenbauvereine oder zuverlässige Gartenbaufachleute wenden. Auskünfte gibt auch die Efeugesellschaft, die außerdem speziellen Rat für die jeweiligen Klima- und Wachstumsbedingungen weiß. In der BRD hat jedes Bundesland ein Pflanzenschutzamt. In Baden-Württemberg sind darüber hinaus an den Regierungspräsidien Pflanzenschutzdienste eingerichtet.

Arten, Varietäten und Sorten

Die folgende Aufzählung von Arten, Varietäten und Sorten soll über Herkunft, Geschichte, Richtigkeit des Namens und Eigenheiten des Efeu informieren sowie Hinweise auf seinen Zierwert geben.

Die Blattfarbe des Efeu kann durch Boden, Standort, Jahreszeit und Kultur beeinflußt werden. Die angegebenen Farben sind in der Regel im Spätsommer nach vollständiger Ausformung auftretende Farben. Bei den Zimmerpflanzen sind die Farben von kühlgehaltenen, nicht getriebenen Pflanzen zugrunde gelegt. Bücher und Kataloge sprechen oft von Gold- und Silberpanaschierung, tatsächlich aber entspricht dies verschiedenen gelben, weißen oder zartbeigen Schattierungen unterschiedlicher Stärke. So ist ein ausdrückliches »Gold« hier als Gelb oder vielleicht zart gelb-beige, falls von hellerer Schattierung, beschrieben. »Silber« ist als Weiß oder möglicherweise als zart weiß-beige zu verstehen, wobei die erste Farbe stets die Grundfarbe angibt. In gleicher Weise werden die Grün-Tönungen als dunkel-, mittel-, hell-, grau-grün oder möglicherweise grün-grau beschrieben. Die Farbe der

Das Efeublatt

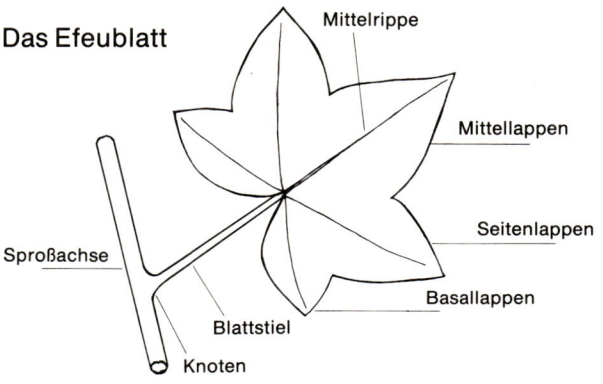

Mittelrippe
Mittellappen
Seitenlappen
Basallappen
Sproßachse
Blattstiel
Knoten

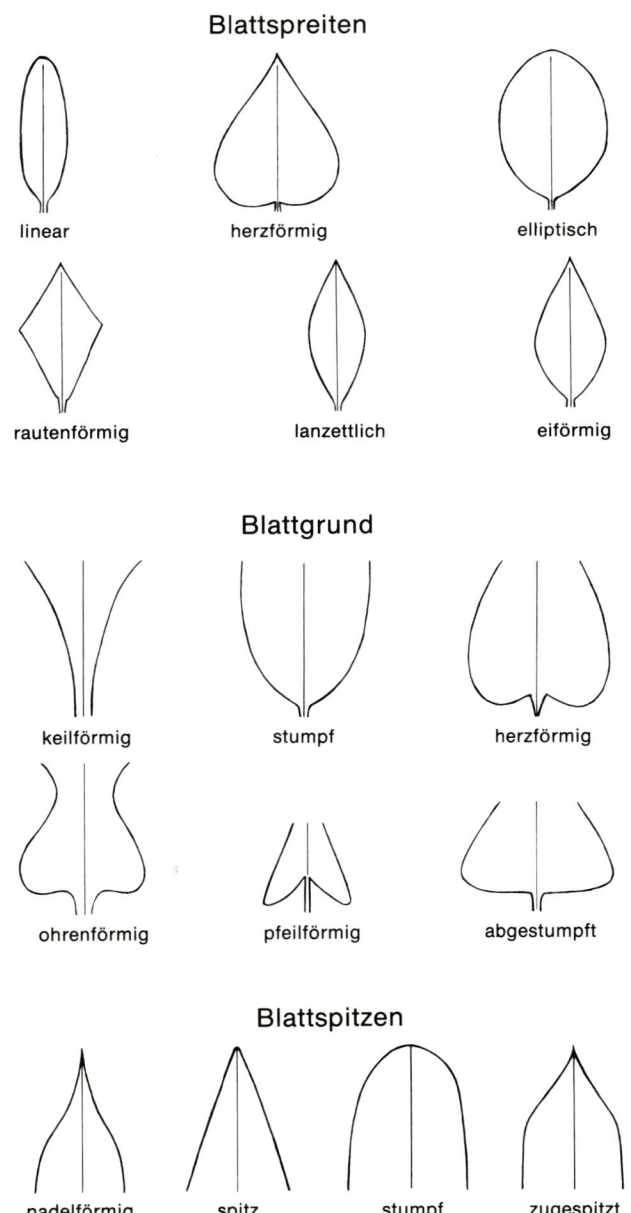

Blattspreiten

linear — herzförmig — elliptisch
rautenförmig — lanzettlich — eiförmig

Blattgrund

keilförmig — stumpf — herzförmig
ohrenförmig — pfeilförmig — abgestumpft

Blattspitzen

nadelförmig — spitz — stumpf — zugespitzt

37

Triebe wird oft als grün-violett beschrieben oder umgekehrt, um die vorherrschende Farbtönung herauszustellen.

Efeu ist eine variationsreiche Pflanze, und dies hat die Identifizierung von Varietäten und Sorten stets schwierig gemacht. Man wird sehen, daß die Bestimmungen und die Richtigkeit der Namen mit Nachdruck gehandhabt wird. Falsche Namen, die aufgegeben werden sollten, werden ebenfalls angezeigt. So ist zu hoffen, daß die Beschreibungen nicht nur für den Hobbygärtner von Wert sein werden, sondern auch für Baumschulisten sowie für Käufer und Verkäufer, die exakt wissen müssen, welche Pflanze mit welchem Namen gemeint ist. Nicht alle Sorten und Varietäten, die in diesem Buch beschrieben werden, sind im Handel erhältlich, und wenn man beim Kauf einer Pflanze auf Schwierigkeiten stößt, können Nachfragen an die Efeugesellschaft* gerichtet werden.

Da in Deutschland die Klimata sehr verschieden sind, wird bei jeder Sorte der Grad der Winterhärte angegeben. Dabei gilt folgendes:

× × × = Sehr gute Winterhärte. Die Sorte kann überall dort angepflanzt werden, wo auch in der Natur noch Efeu vorkommt.

× × = Gute Winterhärte. Die Sorte ist in den rauhesten Klimata Deutschlands nicht mehr zu gebrauchen.

× = Mäßige Winterhärte. Sorte nur für mildestes Klima (Weinbauklima) geeignet.

○ = Ungenügende Winterhärte für deutsche Verhältnisse. Sorte im Freiland nicht zu gebrauchen, außer an geschützten Stellen (Zimmerpflanze).

---

* Da es in der Bundesrepublik noch keine Efeugesellschaft gibt, können Anfragen an Bruder Ingobert Heieck, Gärtnerei Abtei Neuburg, Stiftweg 2, 6900 Heidelberg 1, gerichtet werden.

Hedera canariensis

Diese Pflanze, die gewöhnlich Algerischer, Afrikanischer oder auch Efeu der Kanarischen Inseln genannt wird, wurde 1808 von dem deutschen Botaniker Willdenow benannt, wobei sein Exemplar aus einer Sammlung von Efeusorten der Kanarischen Inseln stammte. Die Pflanze erhielt eine Reihe verschiedener Namen. Sie wurde als *H. algeriensis* (Hibberd 1864), *H. maderensis* (Koch 1869), *H. grandifolia* (Hibberd 1872), *H. azorica* (Carrière 1890), *H. sevillana* (Sprenger 1903) und *H. canariensis* var. *azorica* (Bean 1914). Seemann (1864) erkannte die Pflanze als *Hedera canariensis*, brachte sie aber strittigerweise mit dem Irischen Efeu *H. helix* 'Hibernica' in Verbindung.

Lawrence und Schulze (1942) schufen mit einer detaillierten Beschreibung des anerkannten *Hedera canariensis* von Willdenow Klarheit in dieser verzwickten Frage. Bean (1973) bekräftigte, daß jener *Hedera canariensis* mit der Pflanze, die wir heute kennen, übereinstimmt und wies auf die Verwechslung hin, die während des 19. Jahrhunderts zwischen *H. canariensis* und dem Irischen Efeu, *H. helix* 'Hibernica', bestand. Kataloge aus jener Zeit weisen häufig die unrichtigen Bezeichnungen auf, so daß es oft schwierig zu beurteilen ist, welche Pflanze wirklich geführt wird.

Vieles an dieser Unordnung läßt sich auf Hibberds Ausführungen zurückführen, die er 1872 über den irischen Efeu gemacht hat: »Der irische Efeu wurde in Portugal, auf den Kanarischen Inseln, auf Madeira und der iberischen Halbinsel gefunden.« Er schlug vor, den Namen *H. grandifolia* zu verwenden und sowohl *H. canariensis* als auch 'Hibernica' darunter zusammenzufassen.

Zur Zeit werden Exemplare von *H. canariensis* oft als *Hedera* 'Monty' oder 'Montgomery' abgegeben. Es gibt offenbar keine Quelle für die Herkunft dieses Namens, aber es scheint, daß die Pflanze jene von Lawrence und Schulze beschriebene ist. Ebenso ist eine nichtglänzende, mattblättrige Form mit geringfügig breiteren Blättern unter dem Namen 'Monty' im Handel.

Kürzlich hat man gefunden, daß die glänzende Form von *H. canariensis* unter Glas in Großbritannien für Mehltau anfällig ist. Es ist eine ungewöhnliche Krankheit bei Efeu. Sie befällt weder die mattblättrige Form noch irgendeinen anderen *Helix*-Sorte, gleich wie nahe die Pflanzen beieinander stehen und welche Versuche zur Übertragung der Krankheit auch unternommen werden. Diese Anfälligkeit muß von einer genetischen Schwäche herrühren und könnte künftig bei der Bestimmung nordafrikanischer Efeuformen als Schlüssel dienen. Neuere Untersuchungen und Sammlungen deuten nämlich auf das Vorhandensein noch anderer Sorten und möglicherweise neuer Arten hin.

Für den Gebrauch im Garten ist *H. canariensis* zwar winterhärter als die panaschierten Sorten 'Gloire de Marengo' oder 'Striata', aber unter deutschen Verhältnissen trotzdem nur ungenügend bis mäßig winterhart (○−×). Ihre Vorzüge sind rasches Wachstum und glänzend grünes Blattwerk. Sie hat seit kurzem als pyramidenförmig erzogene Topfpflanze Anklang gefunden.

Wuchs:	Rankend.
Triebe:	Grün-rot, glatt; Behaarung schuppenartig, 10- bis 15strahlig. Internodien 3 bis 5 cm.
Blattstiele:	Grün-rot, glatt, d. h. unbehaart oder nur leicht behaart.
Blätter:	Ungelappt, 10 bis 15 × 8 bis 12 cm*, oval geformt, spitz auslaufend (acuminat). Blattbasis herzförmig, ganzrandig, manche Blätter andeutungsweise gelappt. Blattoberseite glänzend, hellgrün, mit zunehmendem Alter schnell nachdunkelnd. Blattadern hellgrün, aber nicht erhaben.

Die mattblättrige Sorte behält ihrerseits beständig die stumpfgrüne Oberfläche und das breitere Blatt bei und weist häufiger seitliche, lappenartige Ausbuchtungen auf. Ebenso

nehmen bei kaltem Wetter ihre Blätter schneller als die der glänzendblättrigen Sorte einen violetten Farbton an.

Azorica ×

Bei einigen Botanikern sind verständlicherweise Zweifel über die Korrektheit dieses Namens aufgekommen, denn die Pflanze hat nicht die geringste Ähnlichkeit mit dem weichen, glänzendblättrigen und rottriebigen Efeu, den man sich unter *Hedera canariensis* vorstellt. Solche Zweifel scheint W. J. Bean (1914) nicht gehabt zu haben. Seine Beschreibung lautet:
»Eine kräftige Sorte mit 7,5 bis 15 cm breiten Blättern, lebhaftem Grün, 5- oder 7fach gelappt, mit ovalen, stumpf zugespitzten Lappen, die ganz jungen Blätter sind von einem dicken, gelbbraunen Filz bedeckt. Eingeführt wurde sie aus St. Michel auf den Azoren durch die damalige Firma Osborn in Fulham.«
Diese Beschreibung wird in der 8. Auflage des Buches von Bean (1973) wiederholt.
Die Firma Osborn und Söhne führte tatsächlich schon seit 1870 einen Efeu unter dem Namen 'Azorica' in ihrem Katalog und wahrscheinlich führten auch sie die Sorte von den Azoren ein. Die Firma Barr und Söhne in London verzeichnete die Sorte 1895 mit der Beschreibung »'Canariensis Azorica' – hellgrün, großblättrig, schneller Wuchs«. Die Firma William Clibran und Söhne in Altrincham, Cheshire, nahm den Efeu 1894 unter der Benennung *Hedera azorica* in ihren Katalog auf und wiesen auf die stumpflappigen Blätter hin. Eine Pflanze, die all diesen Beschreibungen sowie Beans etwas detaillierteren Ausführungen entspricht, wird noch heute von einigen Baumschulen geführt und ist ein unauffälliger Efeu mit kletternden Trieben. Die Sorte dürfte nicht so winterhart sein wie *Hedera helix*, aber geringfügig winterhärter als *Hedera canariensis* selbst und seine panaschierten Formen. Sie scheint auch nicht so wüchsig zu sein wie Bean meint und ist deshalb nur zögernd als Bodendecker zu empfehlen. Die *H. canariensis*-Sorte

---

* Die Zahlenangaben bedeuten immer Durchschnittswerte.

'Canary Cream' hat die typischen grünen Triebe wie 'Azorica' und kann durchaus von gleichen Eltern ausgegangen sein.

Wuchs:	Rankend.
Triebe:	Grün, Internodien 3 bis 4 cm.
Blattstiele:	Grün.
Blätter:	5- bis 7lappig, 9 bis 11 × 10 bis 12 cm. Mittellappen wenig größer als die 4 Seitenlappen, zwei zusätzliche Lappen treten, wenn überhaupt, nur andeutungsweise auf. Einbuchtungen nur flach. Lappen stumpfspitz. 3- bis 5strahlige Härchen wachsen eine Zeitlang überall an den Trieben, Blattstielen und auf der Blattoberfläche, so daß die Pflanze wie von einem Filz überzogen scheint. Die eigentlich leuchtende, mittelgrüne Blattfarbe erscheint durch die üppige Behaarung etwas matt, die Adern sind heller. Die Pflanze zeigt nicht die geringste Rotfärbung.

Gloire de Marengo ○

Diese bunte Form von *Hedera canariensis*, auch Afrikanischer Efeu genannt, ist gegenwärtig der am häufigsten als Zimmerpflanze verwendete Efeu in Europa. Er ist auch außerordentlich beliebt in Amerika und anderen Ländern, aber die Geschichte seines Namens ist höchst undurchsichtig.

Heimisch in Nordafrika, auf den Azoren, den Kanarischen Inseln und Madeira, wurde er von dem Botaniker Willdenow (1808) *Hedera canariensis* genannt. Die erste Erwähnung einer panaschierten Sorte stammt von Paul, der 1867 *Hedera algeriensis* 'Variegata' so in seiner Sortenliste führte: »Blätter grün, mit breitem, weißem Rand und sehr groß, rasch wachsend.« Das letzte Merkmal ist zutreffend, denn 'Gloire de Marengo' ist in der Tat der am schnellsten wachsende, panaschierte Efeu. Pauls systematische Einordnung und Beschreibung wurde von dem Botaniker

Karl Koch (1870) bestätigt und der Name dann allgemein verwendet. Verwirrung entstand, als Hibberd (1872) in seiner Bemühung um vermeintliche Klarheit den Afrikanischen Efeu *Hedera grandifolia* und seine panaschierten Formen *Hedera grandifolia* 'Variegata' nannte, aber auch *Hedera hibernica*, den Irischen Efeu als Synonym verzeichnete.

In den folgenden fünfzig Jahren verwendeten Kataloge und Autoren verschiedentlich alle drei Namen höchstwahrscheinlich für ein und dieselbe Pflanze. Bean (1914) führte den Namen *Hedera canariensis* zusammen mit den Synonymen *Hedera algeriensis* und *Hedera maderensis* auf, erwähnte aber keine panaschierte Form. Rehder (1947) verzeichnete *Hedera canariensis* als »verwandte Art« und er erwähnte ebenfalls keine panaschierte Form. Lawrence und Schulze (1942) faßten in ihren Untersuchungen über *Hedera canariensis* – Kultursorten *Hedera algeriensis* 'Variegata' von Paul und *Hedera grandifolia* 'Variegata' von Hibberd unter dem einen Namen *Hedera canariensis* 'Variegata' zusammen, bemerkten aber in einer Fußnote dazu, daß diese Pflanze unter dem Namen 'Gloire de Marengo' kultiviert und vom Handel angeboten worden war.

Das war sicherlich richtig, denn 1924 führte die Baumschule Hillier und Söhne in Winchester, Hampshire, *Hedera canariensis variegata* 'Gloire de Marengo', während die Firma Jackman in Working, Surrey, in ihrem »Handbuch für Gärtner« (Planter's Handbook) von 1936 die Sorte so beschrieb: »Große Blätter mit den verschiedensten Farbtönen von grün über silber-grau bis silber an den Blatträndern«, eine Beschreibung, die ohne Frage zutrifft. Die Pflanze war also unter der Bezeichnung 'Gloire de Marengo' 18 Jahre im Umlauf gewesen, bevor Lawrence und Schulze im Jahre 1942 ihre Untersuchung veröffentlichten und es erscheint kaum denkbar, daß sie diesen Namen zugunsten einer lateinischen Bezeichnung übergangen haben sollten. Es muß jedoch daran erinnert werden, daß man das Jahr 1942 schrieb und Verbindungen nach Europa spärlich waren. Im Jahre 1927 führte W. Fromow, ein Baumschulist in Windlesham, Surrey, die Pflanze ohne

Beschreibung unter der Bezeichnung 'Souvenir de Marengo'. Das ist ein Name, der gelegentlich noch in Gebrauch ist und im Jahre 1977 durch Krüssmann wieder auflebte, der den Ursprung des Efeu nach dem Fundort bei einem algerischen Haus, der Villa »Marengo« angibt. Es gibt offensichtlich eine kleine Stadt mit Namen »Marengo« in der Nähe von Mantua in Italien, aber es findet sich keinerlei Verbindung der Pflanze zu diesem Ort. Trotz Krüssmanns Wiederaufnahme des letzteren Namens ist 'Gloire de Marengo' der gültige. Es scheint außer dieser nur noch eine Form vorhanden zu sein, die gefleckte 'Margino-maculata'. Wenn 'Gloire de Marengo' bloß eine bessere Sorte aus der bunten Form sein sollte, könnte man erwarten, daß sich irgendwo ein Standort mit der ursprünglichen Form fände, die unter bestimmten Bedingungen die bessere Sorte verdrängt hätte. Dies ist aber nicht so, und man muß davon ausgehen, daß 'Gloire de Marengo' ein Name war, der sowohl dem Baumschulhandel wie dem kaufenden Publikum gefiel und deshalb offensichtlich erhalten blieb.

Alles in allem ist anzunehmen, daß diese bunte Form des nordafrikanischen Efeu seit vielen Jahren bekannt gewesen ist, sicher jedenfalls seit 1867, als Paul sie mit der Bezeichnung *H. algeriensis* 'Variegata' beschrieb. Irgendwann in den 20er Jahren dieses Jahrhunderts wurde sie bei der Villa Marengo angepflanzt und gelangte wahrscheinlich unter dem Namen 'Souvenir de Marengo' nach Europa, wo an seine Stelle die Bezeichnung 'Gloire de Marengo' trat, unter der die Pflanze in bescheidenem Umfang bis zum Zweiten Weltkrieg verkauft wurde. Nach dem Krieg, als Zimmerpflanzen an Beliebtheit gewannen, betrachtete man 'Gloire de Marengo' als ideale Topfpflanze. Leicht zu vermehren, schnell wachsend und farbenfroh, vor allem in ihren jüngeren Stadien, wird sie in Riesenmengen vermehrt. In Anbetracht von Jackmans früher und sehr zutreffender Beschreibung dieser Pflanze als 'Gloire de Marengo' mag diese Benennung wohl richtig und naheliegend sein.

'Gloire de Marengo' ist ein schnellwachsender, dekorativer Efeu, der bestens für eine hohe Gartenmauer oder Hauswand geeignet ist.

In Großbritannien kann er auch sehr strenge Winter überstehen, aber mit hohem Verlust an Blättern und einem daraus resultierenden traurigen Erscheinungsbild. Die Pflanze existiert seit vielen Jahren, aber man sieht in Nordeuropa keine alten Exemplare. In Kalifornien und klimatisch günstigeren Gebieten Amerikas wird er manchmal als Bodendecker neben Landstraßen und an Orten, an denen Grasansaat schwierig oder teuer ist, verwendet. Seine vorrangige Verwendung in Europa ist im Haus als Topfpflanze, vorzugsweise in Pyramidenform an Stäben hochgezogen.

Wuchs: Rankend.
Triebe: Im Jugendstadium weinrot. Internodien 4 bis 5 cm.
Blattstiele: Weinrot (glatt).
Blätter: Ungelappt, hier und da angedeutet 3lappig, Blattform oval-eiförmig. Blattspitze zugespitzt, 9 bis 11 × 9 bis 11 cm. Farbe hellgrün, großflächig durchbrochen von silbrig grün-grauen Bereichen. Ein wenig weiß-gelb panaschiert, gewöhnlich am Blattrand und vor allem an jungen Trieben und Pflanzen deutlich auftretend. Blätter oft schwach muschelförmig gewölbt, Adern leicht erhaben.

Margino-maculata ○

Der Name dieser gefleckten Mutante von 'Gloire de Marengo' wurde von Lawrence und Schulze 1942 geprägt. Dies geschah vor der klärenden Entscheidung für die Verwendung der systematischen Kategorie »varietas« im eigentlichen Sinne für botanische Varietäten der Wildpflanze und nicht für gärtnerische Selektionen. Ein weiterer Kommentar von Lawrence (1956) berichtigte dies jedoch durch die richtige Aufführung der Pflanze als eine Sorte. Exemplare von 'Gloire de Marengo' mutieren gelegentlich zu dieser Sorte, die ihrerseits oft Triebe hervorbringt, die mit 'Gloire de Marengo' identisch sind. In den letzten Jahren ist die Pflanze im Handel als 'Marmorata' bekannt

14   *Hedera canariensis* 'Gloire de Marengo'.

geworden. Dies ist eine unglückliche Benennung, ebenso verwirrend wie unnütz, da der Name in der Vergangenheit verschiedenen Efeusorten gegeben wurde.

Die Pflanze wird sehr viel im Topfpflanzenhandel angeboten und ist sehr leicht zu vermehren. So macht ihr schnelles Wachstum und die ins Auge fallende, kontrastierende Färbung sie zu einer nützlichen Pflanze für große Pyramidenformen und allgemein zu einem Schmuckstück. Sie wächst in warmen Sommern gut und schnell im Freien, überlebt auch milde Winter in Großbritannien,

15   *Hedera canariensis* 'Margino-maculata'

kann aber in kalten Wintern oder bei Temperaturen unter −4°C stark geschädigt werden. Pierot (1974) berichtet, daß die Pflanze an der Westküste der USA im Freien gezogen wird, aber nicht nördlicher als in Süd-Connecticut angepflanzt werden sollte.

42

Wuchs:	Rankend.
Triebe:	Im Jugendstadium weinrot. Internodien 4 bis 5 cm.
Blattstiele:	Weinrot und glatt.
Blätter:	Oval, ungelappt bis andeutungsweise 3lappig, Blattspitze spitz verlaufend, 9 bis 11 × 9 bis 11 cm. Grundfarbe Hellgrün, flächig weißgelb gefleckt. Blätter manchmal nur teilweise gefärbt. Adern nicht hervorgehoben.

16   *Hedera canariensis* 'Ravensholst'

Ravenholst ○

Pflanzen eines großblättrigen *H. canariensis*-Typs begannen unter diesem Namen in Großbritannien etwa 1972 in Umlauf zu kommen, aber der Ursprung der Sorte bleibt ungewiß. Vermutlich ist sie holländischen oder deutschen Ursprungs, es gibt aber keine Hinweise dafür. Diese Sorte ist sehr robust, mit größeren Blättern als *H. canariensis*, ergibt eine üppige und wirkungsvolle Bodenbedeckung, scheint aber nur für milde Klimaregionen geeignet. In weiten Teilen Großbritanniens leidet sie stark in harten Wintern, wenn sie nicht an geschützter Stelle steht.

Wuchs:	Üppig rankend.
Triebe:	Weinrot, glatt. Internodien 5 bis 7 cm.
Blattstiele:	Weinrot, nicht aber im vollen Schatten, glatt.

Blätter:	3gelappt, 10 bis 13 × 8 bis 14 cm. Mittellappen spitz und unten breit. Seitenlappen spitz, aber nur andeutungsweise angelegt. Blätter sehr flach eingebuchtet, viele ungelappt und elliptisch. Blattbasis gestutzt. Färbung dunkelgrün, glänzend, Adern heller.

Striata ○

Dies ist höchstwahrscheinlich die Pflanze, die von dem Baumschulisten Paul 1867 als *H. canariensis* 'Aurea Maculata' beschrieben wurde: »Die Blätter sind manchmal grün, aber gewöhnlich noch von einem feinen Goldhauch bedeckt, breit, schnell und üppig wachsend.« Pauls Beschreibung wurde von dem deutschen Botaniker K. Koch (1870) anerkannt und veröffentlicht. Leider wurden *H. canariensis* und seine Sorten mit dem Irischen Efeu (*H. helix* 'Hibernica') durcheinandergebracht und Pauls Benennung bei der Beschreibung von 'Hibernica'-Formen verwendet. Eben deshalb übernahmen Lawrence und Schulze Pauls Benennung, deren Richtigkeit etwas zweifelhaft sein mag, nicht. 1942 beschrieben sie diesen Efeu selbst und wählten einen gesonderten Namen für ihn aus.

Es ist eine kräftig wachsende Pflanze, üppig und schnell, wie Paul feststellte, nützlich für Mauern oder Zäune und sehr geeignet als kräftiger Bodendecker für einigermaßen geschützte Standorte. Die Pflanze ist in Großbritannien unter den Synonymen 'Gold Leaf' und 'Golden Leaf' in Umlauf gewesen.

Wuchs:	Üppig rankend und kräftig.
Triebe:	Weinrot. Internodien 5 bis 7 cm.
Blattstiele:	Weinrot, nahezu unbehaart. Färbung des Stiels erstreckt sich manchmal 1 bis 4 cm weit in die Blattaderung hinein und zwar an der Blattunterseite.
Blätter:	Dreieckig, ungelappt, manchmal andeutungsweise 3lappig, 8 bis 14 × 10 bis 19 cm. Ganzrandig,

leicht gewellte Blattoberfläche und abwärts gerichtete Blattspitze. Üppiges Dunkelgrün mit ganz zarter gelber bis hellgrüner Panaschierung oder einem Fleck im Blattzentrum. Adern hellgrün, nicht hervorgehoben. Am Blattstielübergang rotgetönt, besonders an älteren Blättern.

Hedera colchica

Der Persische oder Efeu von Kolchis wuchs ursprünglich im Gebiet südlich des Kaspischen Meeres und weiter westlich im Kaukasus bis in die östlichen Teile der Türkei. Die erste genaue Beschreibung stammt von Caspar Koch, dem deutschen Botaniker und Vater von Karl Koch, der diesen Efeu 1859 wegen seines Fundortes im antiken Kolchis *H. colchica* nannte. Die Pflanze kam schon davor im Jahre 1851 nach Großbritannien und wurde allgemein als *H. roegneriana* bekannt, da sie, wie Seemann (1864) sagt, von Roegner, dem ehemaligen Direktor des botanischen Gartens in Odessa, gefunden worden war. Obwohl dieser Name noch nicht veröffentlicht war, wurde er allgemein benutzt und ist heute noch gelegentlich zu lesen. Hibberd (1872) beschrieb die Pflanze aus keinem ersichtlichen Grund als *H. coriacea* und fügte *colchica*, *roegneriana* und *cordifolea* als Synonyme bei. *H. caucasica* ist ein weiterer ungültiger Name, der verwendet wurde.

Hedera colchica ist ein nützlicher Efeu, dessen Verwendungsmöglichkeiten im Garten aber von der großblättrigen Sorte 'Dentata' noch übertroffen werden. Der echte *Hedera colchica* (engl. Bullock's Heart Ivy) wächst langsamer und ist schwieriger zu vermehren als 'Dentata'. Die Sorte 'Dentata' wird im Englischen zutreffender »Elephant's Ears« genannt. Die schuppenartigen Blätter sind typisch für die Art. Der echte *H. colchica* kommt selten außerhalb eines botanischen Gartens vor, ist aber eine geeignete Sorte, wenn ein winterharter (× × – × × ×), dunkelgrüner, langsam wachsender Efeu für einen speziellen Zweck gebraucht wird. Die Pflanze, die von Suzanne Pierot in ihrem Efeu-Buch 'My Heart' genannt wird, scheint identisch mit *H. colchica* zu sein. In der folgenden Beschreibung werden die Angaben anhand von den in Großbritannien wachsenden Pflanzen gemacht. In seiner ursprünglichen Heimat werden die Blätter viel größer.

Wuchs:	Rankend.
Triebe:	Grün. Internodien 4 bis 6 cm. Schuppenartige Haare. 15 bis 20 Strahlen.
Blattstiele:	Grün.
Blätter:	Oval, allgemein ungelappt, 6 bis 12 × 6 bis 8 cm. Ganzrandig, Spitze scharf, Basis herzförmig. Dicke Adern, auf der Blattoberseite vertieft, auf der Blattunterseite hervortretend. Dunkelgrün.

Dendroides × ×

Diese Efeusorte, die man heutzutage nur noch in Botanischen Gärten oder privaten Sammlungen findet, ist über Jahre hinweg kaum erwähnt worden. Die einzigen Hinweise auf diese Sorte gaben Hibberd (1872) und Tobler (1912). Die Sorte ist offensichtlich nie in einem Baumschulkatalog erschienen. Die nachfolgende Beschreibung von Hibberd ist die einzige, die uns erhalten blieb:
»'Dendroides' – Baumähnlicher, dickblättriger Efeu (syn. *H. roegneriana arborea*).
Eine außerordentliche Pflanze und die baumähnlichste aller Efeusorten. Die Blätter unterscheiden sich nur gering von denen der kletternden Form, aber neigen weniger zur Bildung von Lappen, sie sind meist etwas kleiner und bedeutend glatter und glänzender. Diese Sorte könnte leicht mit einem Rhododendron verwechselt werden, wenn die Blätter durch Topfkultur kleiner werden.«
Tobler erwähnte diese Sorte in seinem Text nicht, lediglich der Name erschien in seiner Sortenliste.

Hibberd hat sich offenbar getäuscht, als er für diese Sorte *H. roegneriana arborea*, den Namen für die Baumform von *H. colchica*, als Synonym angab. Die Pflanze, die als 'Dendroides' überliefert wurde, ist nicht baumartig, sondern kletternd oder über den Boden rankend, wobei sie kräftige Triebe bildet, die in einer Saison bis zu 90 cm lang werden können und einen Stengeldurchmesser von 1 bis 1,5 cm erreichen. Die Schuppenhaare und Blätter sind typisch wie bei *H. colchica*. Es scheinen aber zwei Formen in Umlauf zu sein, wobei die eine Form glänzende Blätter wie *H. colchica* besitzt; die andere Form hat hellere Blätter mit einer leichten Zähnung, die, obwohl sie kleiner sind, den Blättern von *H. colchica* 'Dentata' nahekommen. Beide Formen, obwohl sie auch verholzen, ähneln keineswegs den gewohnten Baumefeuformen, die aus bewurzelten Stecklingen der Altersform von *H. colchica* gewonnen werden.
Die Herkunft der Pflanze bleibt ein Rätsel. Sie könnte mit Erwähnungen der Namen *amurensis* und *acuta*, die am Ende des letzten Jahrhunderts im Umlauf waren, zusammenhängen. Möglicherweise weist der uns überlieferte Name 'Amurensis' auf das Amurgebiet im Manchukuo hin. Das Werk »Die Flora der UdSSR«, das vom Botanischen Institut der UdSSR zusammengestellt wurde, erwähnt weder 'Amurensis' noch 'Dendroides', aber da *Hedera rhombea* im benachbarten Japan heimisch ist, wäre es denkbar, daß es im Amurgebiet Arten gibt und daß 'Dendroides' in diesem Gebiet am Ende des 19. Jahrhunderts, als Handel und Reisen zunahmen, gefunden worden ist.

Wuchs:	Rankend oder kriechend.
Triebe:	Violett-braun, dick, verholzend. Internodien 6 bis 8 cm.
Blattstiele:	Grün, kurz.
Blätter:	Eiförmig, 5 bis 8 × 6 bis 8 cm. Meist ungelappt. Blattspitze zugespitzt, Blattbasis herzförmig. Adern versenkt, was den Blättern ein buckeliges Aussehen verleiht. Glänzend dunkelgrün. Eine zweite Form hat leicht gezähnte, matt hellgrüne Blätter.

Dentata × ×

»Die eindrucksvollste aller Efeusorten, mit riesigen, glänzend grünen Blättern, 25 cm lang und 20 cm breit. Eine vollentwickelte Pflanze erreicht eine beachtliche Höhe. Wo ein immergrüner Kletterer benötigt wird, ist diese Sorte ohne Zweifel bestens geeignet, da sie an einer Nord- oder Ostmauer gedeiht und schnell zu einer Augenweide wird.«

Diese Beschreibung stammt aus einem Katalog aus dem Jahre 1910 von V. N. Gauntlett, zu jener Zeit in Chiddingfold, Surrey, Besitzer eines wohlangesehenen Baumschulbetriebes. Seine Pflanzenliste enthält ein zweiseitiges Vorwort, dicht bedruckt mit den Namen von insgesamt etwa 650 Gönnern, angefangen mit Prinz Henry von Battenberg und im Rang bis hinab zu Rev. The Hon A. R. Parker. Dies mag heute unterwürfig erscheinen, aber man muß bedenken, daß es gerade diese Leute waren, die Mittel und Interesse hatten, Pflanzen zu kaufen. Sicherlich hat Gauntlett einen riesigen Vertrieb aufgebaut.

Die Einwohner von Chiddingfold gewöhnten sich an die Schlangen von Karren, die von der Gärtnerei aus- und einfuhren, denn Gauntlett importierte den größten Teil seiner Ware. Wahrscheinlich stammen von diesem Baumschulbetrieb auch die Pflanzen an der eindrucksvollen Efeumauer bei Polesden Lacey, Surrey, ehemaliger Wohnsitz von Mrs. Roland Greville und Landsitz von König Edward VII. und der Edward'schen Gesellschaft; jetzt ist das Gebiet zum Eigentum des »National Trust« erklärt worden. Alles, was von dieser Firma übrigblieb, ist ein beeindruckender Katalog, der in vielen gartenbaulichen Bibliotheken zu finden ist und dessen Beschreibungen, wie die von *Hedera colchica* 'Dentata', kaum zu übertreffen sind.

Hedera colchica ist im Kaukasus, auf dem Balkan und in Kleinasien beheimatet, aber unsere Kenntnisse über die Entdeckung von 'Dentata', die eine bedeutend bessere Sorte ist, sind insgesamt recht dürftig.

Eine frühe Aufzeichnung ist im Katalog von 1868 der deutschen Baumschule Haage und Schmidt enthalten:

»*Hedera dentata*. Eine neue Sorte mit sehr großen Blättern. Wurde im Kaukasus von dem Forschungsreisenden Ruprecht gefunden. Genauso winterhart wie der gewöhnliche Efeu. Die Blätter sind so groß wie die von *Hedera algeriensis*, aber sie sind ledrig und dunkelgrün, mit gezähnten Rändern, was diese Sorte von den übrigen unterscheidet.«

Jener »Reisende Ruprecht« war vermutlich Franz Joseph Ruprecht (1814 bis 1870), ein deutscher Botaniker. Eine so brauchbare Pflanze wurde schnell bekannt und erschien als *Hedera dentata* ab 1869 in Katalogen aus England und den europäischen Ländern, meist mit einer sehr kurzen Beschreibung, wobei immer auf die großen, sattgrünen Blätter und den robusten Wuchs hingewiesen wurde. Im Jahre 1889 bekam die Sorte ein Erster-Klasse-Zertifikat aufgrund der Auswertungen der Efeu-Vergleichspflanzungen der Royal Horticultural Society, und die Zeitschrift »The Garden« berichtete, daß die Pflanze bei dem starken Frost von 1893 keinen Schaden genommen habe. Man erwartet dies ohnehin von einer *H. colchica*-Sorte.

Hibberd berichtete im RHS-Journal im Jahre 1890 über die Efeusorten, die im RHS-Garten in Chiswick kultiviert wurden, und er beschrieb die Sorte als *Hedera colchica* 'Dentata', eine große ovale Form von *H. colchica* mit charakteristischen, hier und da scharfgezähnten Blatträndern.

Nicholson beschrieb die Pflanze, zusammen mit einer sehr guten Zeichnung, im »Illustrated Dictionary of Gardening«, als *Hedera helix dentata* (1885). Nachdem Hibberd die Pflanze im Jahre 1890 beschrieben hatte, setzte sich bei Gartenbauautoren und Baumschulisten allmählich der Name *H. colchica* 'Dentata' durch.

Man könnte zu Gauntletts Bemerkungen hinzufügen, daß die Sorte als Bodendecker für große Flächen hervorragend geeignet ist. Sie kommt sogar in manchen Gegenden von Großbritannien verwildert vor. In Großbritannien ist sie völlig winterhart, ebenso in den meisten Teilen Europas.

Wuchs: Rankend, robust.
Triebe: Braun-violett. Internodien 6 bis 10 cm.

17 *Hedera colchica* 'Dentata'

Blattstiele: Violett-grün.
Blätter: Große, ausgewachsene Blätter meistens 15 bis 20 × 15 bis 17 cm; oft bis zu einer Länge von 22 cm. Ungelappt, eiförmig, wobei die geöhrte Blattbasis dem Blatt eine unregelmäßige Herzform verleiht. Blattränder mit weit verteilten, feinen Zähnchen. An kletternden Pflanzen hängen die Blätter nach unten, und die Ränder der älteren Blätter krümmen sich nach innen. Farbe satt erbsgrün; Adern hellgrün, nicht besonders erhaben.

Dentata Variegata ××

Diese Sorte ist nicht nur die außergewöhnlichste aller winterharten Efeusorten, sondern sie ist wahrscheinlich die auffälligste immergrüne Kletterpflanze, die dem Gärtner zur Verfügung steht. Viele panaschierte Efeusorten können weniger Frost und kalte Winde ertragen als ihre grünblättrigen Ausgangssorten, aber bei der panaschierten Form von *H. colchica* 'Dentata', die ihre geographische Heimat in Südosteuropa, Kleinasien und im Kaukasus bis Nordiran hat, gab es keine Anzeichen dafür, daß sie weniger winterhart sein könnte als ihre grüne Stammform.
Die großen Blätter hängen in der gleichen Weise wie die »Elephantenohren« von 'Dentata' herab,

aber sie sind reichlich mit zart gelb-beigen Flecken gesprenkelt. Als Mauerpflanze ist sie wunderbar, insbesondere an einer roten Ziegelsteinmauer oder als Hintergrund für rote Beeren tragende, sommergrüne Sträucher. Sie ist als Bodendecker beachtenswert, denn sie behält im Gegensatz zu vielen Efeusorten ihre Panaschierung auch am Boden. Da sie außerdem robust ist, wird sie in steigendem Maße zu diesem Zweck verwendet, wo immer eine großflächige Pflanze in landschaftsarchitektonischen Entwürfen gebraucht wird.

18 *Hedera colchica* 'Dentata Variegata'

Die Pflanze wurde erstmals als *Hedera dentata variegata* am 7. Juli 1907 vor dem Floral Committee der Royal Horticultural Society von L. R. Russell, zu jener Zeit in Richmond, Surrey, vorgestellt. Das Komitee verlieh der Pflanze einstimmig einen Ehrenpreis. Ihre Entdeckung ist beispielhaft für den scharfen Blick einiger Gärtner, die ständig nach einer neuen Sorte Ausschau halten. L. R. Russell sah die Pflanze in einem Privatgarten in der Nähe seiner Gärtnerei in Richmond. Da er sie als eine neue Sorte erkannte und vielfältige Verwendungsmöglichkeiten ahnte, bat er um ein paar Stecklinge und vermehrte sie intensiv, um den erwarteten Bedarf zu decken. Nach ihrer ersten Präsentation bei der RHS-Ausstellung wurde die Sorte folgendermaßen im Jahre 1908 im Katalog der Firma aufgeführt:
»*Hedera dentata variegata*: (Neu). Für diese außerordentlich schöne Pflanze wurde mir am 9. Juli 1907 bei der Königlichen Gartenbau-Ausstellung ein Ehrenpreis zuerkannt. Bei dieser

Sorte zeigt sich auf den großen glänzenden Blättern vom *H. colchica*-Typ eine breite, zart gelbbeige Randpanaschierung bei den jungen Blättern, die sich mit zunehmendem Alter zu einem gelblichen Weiß hin verändert. Die Pflanze ist von gleichem robustem Wuchs wie ihre Stammsorte und ist insgesamt die beste und auffälligste Efeusorte im Handel. Sie ist vollkommen winterhart, beständig in der Färbung und verbrennt selbst in der heißesten Sonne nicht (3/6 bis 10/6).«
Im Jahre 1908 entsprachen 10/6 (zehn Schilling und Sixpence) im Wert mindestens 20 Pfund Sterling (etwa 80 DM) der heutigen Zeit. Die Kunden, Besitzer von Landsitzen und Bürgerhäusern mit großen Gärten, eilten zum Kauf. Für die Firma Russell muß die Pflanze in kurzer Zeit eine enorme Menge Geld eingebracht haben, denn der Besitzer des Gartens, aus dem die Ursprungspflanze stammte, trat eines Tages an Russell heran, sicherlich in der Hoffnung, daß ein Teil der Einnahmen ihm zugute kommen würde. Die Reaktion von Russell ist ebenso unbekannt wie seine eventuelle Bereitschaft, irgendeine Zahlung zu leisten. Es ist wahrscheinlich und wäre vollkommen gerechtfertigt, daß er seinen alleinigen Verdienst mit der Tatsache begründete, daß er derjenige gewesen sei, der die Möglichkeiten der Pflanze erkannt habe und mit Recht die Belohnung beanspruchen könne. Die Pflanze hat sich sehr weit verbreitet, und überall, wo Efeu gezogen wird, werden die Gärtner Russell dankbar sein.
In diesem Buch wird der Name 'Dentata Variegata' und nicht der Name 'Dentatovariegata' von Lawrence und Schulze (1942) verwendet. Es folgt damit dem Beispiel von Bean (1973). Russells Beschreibung von *H. dentata variegata*, die eher einem Loblied als einer wissenschaftlichen Beschreibung gleicht, diente nur insofern der Botanik, als der Name Gültigkeit erlangte. Er trat danach in verschiedenen Katalogen und Beschreibungen auf und kam allgemein in Gebrauch. Wahrscheinlich kannten Lawrence und Schulze diese erste Beschreibung nicht, als sie 1942 ihre Arbeit verfaßten. Sie bemerkten: »In der Literatur war keine Aufzeichnung zu finden, in der die Sorte je vorher formal beschrieben worden ist.«

Da die Pflanze lediglich eine panaschierte Form der bereits bekannten *H. colchica* 'Dentata' darstellt, sollte man sich damit zufrieden geben, daß die Beschreibung im Katalog von Russell Gültigkeit und Vorrang behält.

Wuchs: Rankend und wüchsig.
Triebe: Braun-grün. Internodien 5 bis 8 cm. Jüngere Triebe sind mit den charakteristischen Sternhaaren vom *H. colchica*-Typ bedeckt.
Blattstiele: Hellgrün bis braun-violett an den exponierten Blättern.
Blätter: Eiförmig, ungelappt, 15 bis 20 × 10 bis 12 cm. Blattränder ganzrandig mit einigen wenigen sehr kleinen nach vorne gerichteten Zähnchen. Blattränder oft nach unten gekrümmt. Grundfarbe Hellgrün, mit grau-grünen Flecken besetzt und mit einem unregelmäßigen kräftig gelb-beigen Rand. Halb- oder ganz gelbe Blätter kommen zuweilen auch vor. Blattstruktur ledrig mit einer matten Oberfläche. Bei Verletzung geben die Blätter, wie bei den übrigen *H. colchica*-Sorten, einen würzigen Harzgeruch ab.

19 *Hedera colchica* 'Sulphur Heart'

Sulphur Heart ××

Die *H. colchica*-Sorten sind augenfällige, immergrüne Kletterpflanzen für große Flächen. Dieser

Klon mit seiner interessanten Panaschierung ist eine brauchbare Erweiterung der zur Verfügung stehenden Sorten dieser Art. Die Pflanze wurde in Großbritannien unter dem Namen *H. colchica dentata aurea-striata* vor dem Zweiten Weltkrieg kultiviert, aber der Name erschien nie in einem gedruckten Werk. In Boskoop in den Niederlanden wurde die Pflanze unter dem Namen 'Sulphur Heart' bekannt und auch unter diesem Namen von Nannenga-Bremekamp im Jahre 1970 beschrieben. Im September 1970 beschrieb Roy Lancaster die Sorte anhand einer Pflanze aus Ampfield, Hampshire, im »Gardener's Chronicle« als *H. colchica* 'Paddy's Pride'. Nach näherer Untersuchung überzeugte er sich davon, daß dies der gleiche Klon ist wie jener mit dem bereits veröffentlichten Namen 'Sulphur Heart'. Es ist eine schöne Pflanze für Mauern, Zäune, niedrige Balustraden oder als Bodendecker. Sie wird manchmal in Katalogen als 'Gold Leaf' oder 'Paddy's Pride' verzeichnet. Wie bei allen *H. colchica*-Sorten haben die gequetschten Blätter einen etwas harzigen Geruch.

Wuchs:	Rankend, wüchsig.
Triebe:	Hellgrün bis braun im Alter. Internodien 4 bis 6 cm.
Blattstiele:	Hellgrün bis braun-violett.
Blätter:	Ungelappt, groß, 10 bis 13 × 9 bis 12 cm, herzförmig. Ganzrandig außer einigen verteilten, feinen Zähnchen. Farbe Hellgrün mit unregelmäßigen gelben oder hellen grünen Flecken in der Mitte der Blattspreite. Adern etwas heller grün, nur innerhalb der Panaschierung sind sie gelb.

Hedera helix

Heimisch in Europa, im Norden bis nach Süd-Skandinavien, im Osten bis in den westlichen Teil Rußlands, im Süden bis zu den niederschlagsreicheren Teilen von Anatolien und dem Kaukasus. Man kann diese Efeuart fast überall in Großbritannien finden, da das Klima ihr dort besonders zusagt. *Hedera helix* wurde von Linné (Species Plantarum, 1753) benannt, der die alten lateinischen und griechischen Bezeichnungen übernahm. Die Art wurde ziemlich detailliert in Seemanns Überarbeitung des botanischen Werkes »Hederaceae« (1864) und von Tobler (1912) beschrieben. Sie ist die unbeständigste von allen *Hedera*-Arten und die meisten Kulturformen stammen von ihr ab. Man kann schon an fast jeder beliebigen Landstraße verschiedene Blattformen finden, es ist deshalb nicht verwunderlich, daß jedermann, der einmal auf irgendeine Weise solchen gewöhnlichen Efeu erhält, überzeugt ist, die typische Form zu besitzen, obwohl die Pflanzen sehr unterschiedlich aussehen können.
Die Form, die unten beschrieben wird, ist die typische, gewöhnliche Efeuform und stimmt auch mit einem sehr guten Stich und einer Beschreibung von Sowerby (1804) überein.
Obwohl es viele Sorten mit reizvollen Blattformen gibt, werden große Mengen des gewöhnlichen Efeus für Grünflächen verkauft, wo auch immer ein absolut winterharter Bodendecker für größere Flächen gebraucht wird. *H. helix* bleibt bei Temperaturen bis −15°C ohne Schäden. Einige osteuropäische Sorten, z.B. 'Baltica', sollen sogar niedrigere Temperaturen aushalten. Zum Beranken von Gebäuden ist *H. helix* hervorragend geeignet, insbesondere auf dem Lande. Der Efeu am typischen englischen »Pub« (Gasthaus) wird fast immer *H. helix* oder möglicherweise 'Hibernica', eine Variante davon, sein. Die dekorativeren Sorten, wie z.B. 'Pedata' oder 'Deltoidea', sind, wenn man so möchte, für anspruchsvollere Standorte besser geeignet.

Wuchs:	Rankend.
Triebe:	Grün-violett. Internodien 4 bis 6 cm.
Blattstiele:	Grün-violett.
Blätter:	3- bis 5lappig, 4 bis 6 × 6 bis 8 cm, wobei die zwei Basallappen reduziert sind und somit die typische Efeublattform ergeben. Lappen keilförmig, Einbuchtungen flach, Blattspitzen stumpfspitz. Dunkelgrün, Adern hellgrün bis weiß.

Adam ○

Die Herkunft des Namens ist nicht bekannt, aber es liegt nahe, diese Pflanze mit der Sorte 'Eva', einem Klon, mit dem 'Adam' tatsächlich einige Ähnlichkeit hat, in Verbindung zu bringen. Die Hauptunterschiede liegen in der Blattbasis. Bei der Sorte 'Adam' ist sie ausgeprägt und keilförmig, im Gegensatz dazu die gestutzten oder leicht herzförmigen Blattbasen ähnlicher Blätter bei 'Eva'. Es besteht auch ein Farbunterschied in der Panaschierung. 'Adam' ist eher zart weiß-beige, 'Eva' dagegen zart gelb-beige.

Die einzige veröffentlichte Angabe scheint jene von Bean (1973) zu sein. Die Pflanze ist seit ungefähr 1968 in Großbritannien im Handel erhältlich. Obwohl sie, das ist sicher, gewöhnlich unter dem Namen 'Eva' oder unbenannt von Europa nach Großbritannien exportiert worden ist, wird der Name bei uns nicht verwendet und auch in der amerikanischen Literatur nicht erwähnt. Die ziemlich weiße Panaschierung macht die Sorte zu einer ausgezeichneten Topfpflanze und sie scheint im Freiland winterhart zu sein.

Wuchs:	Selbstverzweigend.
Triebe:	Violett-grün. Internodien 1 bis 2 cm.
Blattstiel:	Violett-grün.
Blätter:	3lappig, 3 bis 4 × 3 bis 4 cm. Die Lappen sind besonders bei jungen Blättern nach vorne gerichtet. Ein Erkennungsmerkmal ist die leichte Seitwärtsneigung des spitz zulaufenden Mittellappens, die Seitenlappen sind spitz. Die Blattbasis der jungen Blätter ist keilförmig, weniger bei älteren Blättern. Die Blattmitte ist hellgrün und färbt sich mit zunehmendem Alter grau. Die Blätter haben eine unregelmäßige und meist an den Blattkanten weißcremefarbene Panaschierung.

Alt-Heidelberg × ×

Diese Sorte wurde 1972 von Bruder Ingobert Heieck, Abtei Neuburg bei Heidelberg, ausgelesen. Er beschrieb die Blätter als ähnlich denen von *Quercus* × *schochiana*, was ein Hinweis dafür ist, wie stark sich diese Pflanze von der gewöhnlichen Efeu-Form unterscheidet. Die Sorte ist kompakt, mit kurzen Internodien und, was ungewöhnlich ist, eigentlich ohne Blattstiele. Die Blätter ähneln kleinen Eichenblättern. Die Pflanze macht insgesamt den Eindruck einer dekorativen Zimmerpflanze. Sie wird sicher ins Gespräch kommen und auf großes Interesse bei jenen stoßen, die eine Efeu-Sammlung halten. Wegen der verhältnismäßig häufigen Rückschläge in die Ausgangsform ist die Sorte als Bodendecker nicht zu empfehlen.

Der Züchter gibt an, daß 'Alt-Heidelberg' eine Mutation aus der in Großbritannien unbekannten Sorte 'Procumbens' ist, welche er mit 'Merion Beauty' und 'Chicago minima' vergleicht bzw. mit diesen gleichsetzt. Der Name 'Procumbens', von Jenny im Jahr 1964 erwähnt, ist unbekannter Herkunft.

Er wurde jedoch von allen deutschen Jungpflanzenbetrieben, die Efeu kultivieren, für eine Sorte verwendet, die den oben genannten Sorten 'Merion Beauty' und 'Chicago minima' sehr wahrscheinlich gleichzusetzen ist.

Dieser Typ entstand jedenfalls aus der Sorte 'Pittsburgh' von der wiederum ein wahrscheinlich etwas kleinblättriger Typ in den USA auch 'Chicago' genannt wurde. Die Sorte 'Procumbens' hat die gleiche Blattform wie 'Pittsburgh', ist aber kleinblättriger und schwächer im Wuchs. Sie wird oder wurde in Deutschland 'Procumbens', in Großbritannien 'Merion Beauty' und in den USA 'Chicago minima' genannt.

Vorgeschlagen war für die neue Mutation zunächst der Name 'Heidelberg, aber er wurde verändert in 'Alt-Heidelberg', um eine Verwechslung mit *Hedera* 'Heidelbergensis' zu vermeiden, die zu Beginn des Jahrhunderts im Botanischen Garten Kew unter dem Namen 'Heidelberger Efeu' (engl. Heidelberg Ivy) stand und eine großblättrige Form von *H. colchica* ist, die nicht mehr angepflanzt wird.

Wuchs:	Selbstverzweigend mit sehr kurzen Internodien, langsam wachsend.

20 *Hedera helix* 'Alt Heidelberg'

Triebe:	Rotbraun, dünn. Internodien 0,3 bis 1 cm.
Blattstiele:	Kaum vorhanden. Die Blätter sind dementsprechend eher regelmäßig um den Trieb herum angeordnet als auf einer Ebene, wie es normalerweise wegen der verdrehten Blattstiele der Fall ist.
Blätter:	Rautenförmig mit stumpf-gerundeter Blattspitze und keilförmig auslaufender Basis. 2 bis 3 × 1 bis 1,5 cm groß, ganzrandig oder mit angedeuteten Seitenlappen. Die keilförmige Basis läuft in einen kurzen, flachen, gerieften Stiel aus, so daß das Blatt direkt am Trieb aufsitzt.
Farbe:	Tief-grün, jüngere Blätter leuchtend grün, ältere etwas stumpf. Blattnerven an den älteren Blättern hellgrün.

Angularis × ×

Die Sorte wurde zuerst von Hibberd (1872) beschrieben. Charles Turner aus Slough, an den Hibberd seine Sammlung verkauft hatte, war der einzige Baumschulist, der die Pflanze führte, bis L. R. Russell in Richmond, Surrey, sie als fahlgrüne Sorte ebenfalls anbot. Andere Baumschulen folgten, und die Pflanze wurde gelegentlich bis in die 30er Jahre geführt. Sie ist in vielen alten Gärten zu finden, wurde aber für eine Weile nicht für den Handel produziert.

Die Sorte wurde in den Gärten der RHS in Cheswick im Jahre 1890 ausgepflanzt und Hibberd, der einen Bericht über die Efeu-Sorten verfaßte, sagte von ihr: »'Angularis' ist ein Efeu von der Insel Jersey (Jersey – ivy) mit großen kantigen Blättern und von hellgrüner Farbe.« Diese Beschreibung weicht von seiner früheren und genaueren Beschreibung ab, die lautet: »Die Blätter sind von mittlerer Größe, leuchtendem Grün und glänzend und haben keinen besonderen Aufbau, der hinreichend geeignet wäre, die Aufmerksamkeit eines zufälligen Betrachters auf sich zu ziehen. ... die Ränder der Seitenlappen sind nahezu geradlinig.« Es bleibt hinzuzufügen: Ihr leuchtend grünes Blattwerk macht sie weitaus interessanter als den gewöhnlichen *H. helix*, sofern ein gewöhnlicher, grüner, kletternder Efeu gewünscht wird. Er kommt in Fülle auf den Kanalinseln vor.

In Deutschland ist diese Sorte noch nicht verbreitet. Sie dürfte hier von mittlerer Winterhärte sein.

Wuchs:	Rankend.
Triebe:	Grün mit einem weinroten Hauch. Internodien 3 bis 4,5 cm.
Blattstiele:	Schwach weinrot getönt.
Blätter:	3lappig, 4 bis 5 × 5 bis 7 cm groß. Der Mittellappen ist spitz, gelegentlich keilförmig, die Seitenlappen sind keilförmig mit flachen Einbuchtungen. Die Ränder der Seitenlappen sind oft geradlinig. Die andeutungsweise auftretenden Basallappen führen gelegentlich zu einem »gestuften« Blattumriß. Die Blattbasis ist leicht ohrförmig ausgebuchtet. Die Farbe ist frisch, leuchtend Grün. Die Blattnerven sind geringfügig heller.

Angularis Aurea × ×

Hibberd (1872) beschreibt mit Sorgfalt den leuchtend grünen, glänzendblättrigen Efeu, von dem man allgemein annimmt, daß er eine Efeuform von den Kanalinseln ist. Seltsamerweise hat er jedoch bei der Sichtung der RHS-Untersuchungen über Efeu, die in Cheswick (RHS-Journal 1890) angestellt wurden, die goldpanaschierte Form, die in den Untersuchungen als 'Angularis Aurea' eingegangen ist, als 'Chrysophylla' beschrieben. Daraufhin entstand im folgenden eine der üblichen Verwirrungen.

Zahlreiche Baumschulen führten jedoch weiterhin beide Namen, besonders William Clibran und Söhne in Altrincham, Cheshire. Die Beschreibung von 'Angularis Aurea' in ihren Katalogen von 1894 sowie in jenen der Firma L. R. Russell von 1908 bis 1932 weist diese Sorte als die Pflanze aus, die heute in Kultur ist und von Baumschulen geführt wird. 'Chrysophylla' war der früheste und deshalb korrekte Name für eine ähnliche Sorte, die seit der Zeit um 1890 als 'Spectabilis Aurea' in Umlauf war. Die panaschierte Form von 'Angularis' kann recht leicht damit verwechselt werden (s. a. Beschreibung von 'Chrysophylla').

21 *Hedera helix* 'Angularis Aurea'

'Angularis Aurea' wird manchmal auch als 'Angularia Aurea' geführt. Im RHS-Wörterbuch (1951) wird sie aber als 'Angularis Aurea' bezeichnet und damit deutlicher ihre Herkunft von der Sorte 'Angularis' aufgezeigt.

Wuchs: Rankend.
Triebe: Grün, schwach weinrot. Internodien 1,5 cm bis 2,5 cm.
Blattstiele: Grün.
Blätter: 3lappig, 4 bis 5 × 5 bis 6 cm. Mittellappen spitz, gelegentlich keilförmig

mit flachen Einbuchtungen. Die Blattränder sind oft gerade.

Die angedeuteten Basallappen erzeugen einen »gestuften« Blattumriß, Blattbasis leicht ohrförmig. Blattfarbe leuchtend Grün, die Flächen zwischen den Adern sind bei manchen Blättern tiefgelb getönt, Oberfläche glänzend.

22 *Hedera helix* 'Anna Marie'

Anna Marie ○

Ein beliebter Efeu, der in Massen für den Topfpflanzenhandel produziert wird. Die Sorte kommt ursprünglich von Dänemark und ist wahrscheinlich eine Mutante der Sorte 'Harald', der sie in der Farbe gleicht, aber mit ihren längeren, rund gelappten Blättern sich unterscheidet. 'Anna

23 *Hedera helix* 'Ardingly'

51

Marie' ist selbstverzweigend, ihre Ranken sind dennoch ausreichend, womit sie sich sowohl für Ampelpflanzen als auch für Töpfe und Pflanzkübel eignet. Sie kann im Freien an geschützten Stellen zum Bewachsen niederer Mauern ausgepflanzt werden, aber sie leidet in harten Wintern unter der Kälte. Die Sorte 'Anne Borch' sieht wohl ähnlich aus, hat aber kleinere Blätter.

Wuchs:	Selbstverzweigend mit kurzen Ranken.
Triebe:	Hell violett-grün. Internodien 2 bis 3 cm.
Blattstiele:	Grün.
Blätter:	5lappig, 3 bis 4 × 5 bis 6 cm. Einbuchtungen so flach, daß die Lappung des Blattes kaum sichtbar ist. Blattspitzen stumpf bis rund. Grundfarbe Mittelgrün mit grüngrauen Stellen. Deutliche, zartbeige Panaschierung, gehäuft am Blattrand. Adern hellgrün, nicht erhaben.

Ardingly ×

Diese ansprechende, gedrungen wachsende Sorte wurde von Hazel Key in einem Garten in Ardingly, Sussex, gefunden. Blattform und Farbe lassen vermuten, daß es sich um eine Mutation von 'Glacier' handeln könnte. Die rosa bis violetten Triebe wachsen sehr dicht und wirken wie ein Netzwerk zwischen den grau-weißen Blättern. Die Sorte ist als Topfpflanze oder auch für geschützte Standorte im Freien gut geeignet. Hier bildet sie am Boden kleine Matten oder hüllt niedere Mauern ein.

Wuchs:	Selbstverzweigend.
Triebe:	Hellviolett. Internodien 1 bis 2 cm.
Blattstiele:	Hellviolett.
Blätter:	Unregelmäßig 3lappig. Ein Lappen oft größer als der andere. Blattspitze spitz zulaufend. Am Rand unregelmäßig zart-beige gefärbt. Grundfarbe Mittelgrün mit hier und da auftretenden grün-grauen Stellen.

Atropurpurea × × ×

Die in Großbritannien als »Purpur-Efeu« (Purple Ivy) bezeichnete Sorte wird manchmal von Baumschulen irrtümlich unter dem Namen 'Purpurea' oder 'Nigra' geführt. Sie ist eine Sorte, dessen Herkunft ziemlich sicher ist, wie der folgende Auszug, ein Beitrag von W. Brockbank für die Gartenbauzeitschrift »The Garden« vom 24. Januar 1885 zeigt:

»Der verstorbene Thomas Williams aus Ormskirk fand eine wilde Efeusorte mit tief violetten, fast ins Schwarze gehenden Blättern und nannte sie *Hedera purpurescens*. Mr. Williams verkaufte seinen gesamten Vermehrungsbestand dieser Sorte soviel ich weiß an die Herren Backhouse aus York, und sie brachten die Pflanze vor ein paar Jahren als Neuheit unter dem Namen *Hedera atropurpurea* heraus.«

Die Pflanze war im Magazin »The Garden« von 1884 als eine geeignete Sorte »in Kontrast mit dem großen goldenen Efeu« erwähnt worden und wurde von da an in zahlreichen Katalogen als 'Purpurea' oder 'Atropurpurea' aufgeführt. Hibberd erwähnte die Pflanze nicht. Seine 'Purpurea' (1872) war eine Sorte von *Hedera colchica*, aber die Pflanze, die er als 'Nigra' beschrieb, kann sehr wohl 'Atropurpurea' gewesen sein. Als er nämlich im Journal der RHS von 1889/90 über die Efeuvergleichspflanzungen in Chiswick berichtete, machte er die Anmerkung 'Nigra' und 'Atropurpurea' seien synonym zueinander.« Die Blätter der Pflanze sind im Sommer nicht so tiefviolett wie der Autor in »The Garden« hervorhob, aber sie nehmen diesen Farbton im Winter durchaus an.

Wuchs:	Rankend.
Triebe:	Violett. Internodien 1,5 bis 3 cm.
Blattstiele:	Violett.
Blätter:	5lappig, 4 bis 6 × 5 bis 7 cm. Basallappen nur angedeutet. Flach eingebuchtet, Mittellappen verlängert und spitz zulaufend, Seitenlappen stumpf zugespitzt. Blattaufbau dünn. Im Sommer stumpf dunkelgrün, im Winter Farbumschlag zu kräftigem

Violett; um so intensiver, je stärker die Pflanze der Kälte ausgesetzt und je ungeschützter der Standort ist.

Big Deal ○

Dies ist eine der Efeusorten, die völlig untypische Blätter aufweisen, was einen großen Teil ihrer Anziehungskraft ausmacht. Sie wurde in Amerika gezüchtet und von dort in den frühen 70er Jahren eingeführt. Sie erhielt wegen der Ähnlichkeit ihrer runden krausen Blätter mit denen der Gewächshausgeranie den Namen »Geranien-Efeu« (Geranium Ivy). 'Big Deal' wird vor allem als Zimmerpflanze verwendet, ist aber auch eine interessante Topf- oder Kübelpflanze. Die Verwendung als Ampelpflanze empfiehlt sich wegen der etwas zu steifen Triebe nicht.

Wuchs:	Selbstverzweigend mit kurzen Ranken.
Triebe:	Rot-violett, auffallend glatt und mit einem leichten Zickzack-Wuchs der Internodien von Knoten zu Knoten. Internodien 3 bis 6 cm.
Blattstiele:	Rot-violett-grün.
Blätter:	Ungelappt, 4 bis 6 × 3 bis 6 cm, am Blattgrund ohrförmig ausgebuchtet, so daß der Blattstielübergang verdeckt wird. Farbe Mittelgrün. Adern strahlig vom Blattstiel ausgehend, erhaben und fadenartig wirkend. Blattränder leicht gekräuselt, was den Anschein einer leicht muschelförmigen Blattform ergibt.

Boskoop × ×

Diese Mutation aus 'Green Ripple' wurde von J. A. Boer aus Boskoop gefunden und 1961 eingeführt. Sie erhielt im selben Jahr eine Silbermedaille auf der »Flora Nova« in Boskoop. Sie wurde von Harry van de Laar 1965 und von Nannenga-Bremekamp 1970 beschrieben und abgebildet. Eine völlig gleiche Mutation wurde im Topf-pflanzenbetrieb Stauss in Möglingen bei Stuttgart in den frühen 70er Jahren von 'Maple Queen' ausgelesen. Das ist interessant, wenn man bedenkt, daß 'Green Ripple' eine Mutation aus 'Maple Queen' ist, die von Hahn bereits 1939 in Amerika ausgelesen wurde. Die Sorte 'Boskoop' wächst dichter und weniger rankend als 'Green Ripple'. Dies und die gekräuselten Blätter mit ihrem saftigen Grün machen sie zu einer sehr brauchbaren Topfpflanze.

Wuchs:	Selbstverzweigend.
Triebe:	Violett-grün. Internodien 2 bis 3,5 cm.
Blattstiele:	Violett-grün.
Blätter:	5lappig, 5 bis 8 × 4 bis 7 cm. Lappen keilförmig, Mittellappen länger als Seitenlappen und spitz zulaufend. Seitenlappen vorwärts gerichtet und spitz, Blattbasis keilförmig zugespitzt, Basallappen reduziert. Alle Lappen sind nach unten gerichtet und geben dem Blatt das Aussehen einer Kralle. Einbuchtungen eng und an der tiefsten Stelle hochgewölbt, das Blatt wirkt so wie mit Rüschen besetzt. Blattfarbe leuchtend Grün, Adern ebenso, aber erhaben.

Brokamp × ×

Betrachtet man 'Brokamp' und die Sorte 'Gavotte', so hat man den Eindruck, als wären beide gleich. Tatsächlich sind Unterschiede nur schwer zu entdecken. Beide wurden jedoch aus verschiedenen Sorten ausgelesen und getrennt beschrieben.
'Brokamp' wurde aus der Sorte ausgelesen, die auf dem amerikanischen und europäischen Blattpflanzenmarkt als 'Sagittaefolia' bekannt ist. Sie wurde in der Gärtnerei Brokamp in Ramsdorf, Westfalen, herangezüchtet, von O. Koch in der Fachzeitschrift »Gartenwelt« 1959 und von Jenny 1964 beschrieben. Brokamp nannte sie *Hedera helix* 'Salicifolia' Typ Brokamp. Der Name wurde auf 'Brokamp' verkürzt, aber die Pflanze wird oft noch 'Salicifolia' genannt.

24 *Hedera helix* 'Boskoop'

Bei dem Versuch, zwischen dieser Sorte und 'Gavotte' Unterschiede zu entdecken, kann man bei jener eine Tendenz zur Bildung runder Lappen auf einer Seite der sonst vorherrschend lanzettlichen Blätter und die Ausbildung nur weniger pfeilförmiger Blätter feststellen. Aus diesem Grunde ist es wichtig, die ausgelesenen Merkmale durch die ausschließliche Vermehrung von Trieben mit weidenförmigen (willow-like) Blättern zu erhalten. Abgesehen davon und gleich unter welchem Namen machen die weidenförmigen Blätter diese Sorte zu einer interessanten und vielseitig verwendbaren Pflanze. In Großbritannien ist sie ausreichend winterhart. Da sie lange Ranken bildet, ist sie als Ampelpflanze brauchbar und kräftig genug, um sich als Bodendecker für kleine Flächen zu eignen.

Wuchs: Selbstverzweigend, aber mit langen Ranken.
Triebe: Violett-grün. Internodien 1,5 bis 3 cm.
Blattstiele: Grün, 0,5 bis 2 cm.
Blätter: Nahezu ganzrandig und länglich, 5 × 1 bis 1,5 cm. Spitz zulaufend. Gelegentlich Blätter mit einem asymmetrischen Seitenlappen und manchmal pfeilförmige Blätter. Hauptader erhaben, Seitenadern verlaufen nahezu parallel. Mittelgrün bis hin zu viel hellerem Grün im Sommer.

Bruder Ingobert ×

Diese Mutation aus 'Glacier' wurde von Bruder Ingobert Heieck 1962 in der Gärtnerei der Abtei Neuburg bei Heidelberg ausgelesen. Ihre veränderlichen Blattformen und ihre Blattfarbe, die von tiefem Grün bis zu zartem weiß-beige reicht, macht diesen Efeu zu einer interessanteren Pflanze als seine Stammsorte. Dieser Efeu ist hauptsächlich als Zimmerpflanze oder als Ampelpflanze verwendbar, aber auch für niedrige Mauern geeignet.

Wuchs: Rankend und mäßig verzweigend.
Triebe: Rot-violett. Internodien 1,5 bis 3 cm.
Blattstiele: Rot-violett. Im allgemeinen kürzer als die von 'Glacier'.
Blätter: Undeutlich 3- bis 5lappig. Viele Blätter unregelmäßig geformt und eingekerbt. 2 bis 3,5 × 3 bis 5 cm. Lappen gerundet. Einbuchtungen flach oder nicht vorhanden. Blattprofil wellenförmig, Blattbasis tief herzförmig. Grundfarbe Grau-grün mit unregelmäßig dunkelgrünen Flecken. Die Blätter weisen oft eine dunkelgrüne Randzone und einen inneren rahm-weißen Rand auf sowie ein dunkelgrünes Blattzentrum. Adern hellgrün, nicht erhaben.

Buttercup ×

Sie ist eine der am vielseitig verwendbarsten und dekorativsten Efeusorten für den Garten. Sie kann zusammen mit anderen Pflanzen verwendet werden, was einen hübschen Effekt ergibt und doch behält sie immer ihren eigenen Charakter als ein hervorragender Efeu bei. 'Buttercup' ist ein Kletterefeu und nicht als Bodendecker zu empfehlen, da er seine einzigartige goldgelbe Panaschierung verlieren würde.
In der frühen Literatur läßt sich keine andere Pflanze mit ähnlichen Merkmalen ausfindig machen, wenn auch die Baumschule von T. Smith

in Newry, Irland, im Jahre 1925 eine Sorte 'Butter-cup' mit kleinem, strahlend goldgefärbtem Blatt führte. Auch der Gartenbaubetrieb L. R. Russell, der zwischen 1900 und 1939 auf Efeu spezialisiert war, bot eine ganze Reihe golden-blättriger Sorten an, von denen einige ihrer Beschreibung nach Buttercup gewesen sein könnten. Die Firma Russell wurde, wie alle britischen Baumschulen, durch Anordnungen während des Zweiten Welt-kriegs, die den Anbau von Zierpflanzen ein-schränkten, hart getroffen. So gingen viele inter-essante Sorten verloren. Einige davon könnten die Kriegsjahre in Amerika überstanden haben, wie Veröffentlichungen von Lawrence und Schulze 1942 glauben machen. Sie beschreiben darin einen Efeu als 'Russell Gold' mit der Bemer-kung, daß er ihnen von C. Mc. K. Lewis aus Sloatsburg, New York, übereignet worden sei. Der wiederum hatte das Pflanzenmaterial von L. R. Russell 1934 erhalten. Diese Pflanze, die von den Staaten nach Großbritannien zurückgebracht worden war, scheint nicht so gut zu wachsen wie 'Buttercup'.

Wuchs:	Rankend. Helle Standorte für die Blattfärbung günstig.
Triebe:	Im Schatten grün bis grün-gelb an sonnigen Standorten. Internodien 1 bis 2,5 cm.
Blattstiele:	Grün.
Blätter:	5lappig, 5 bis 7 × 6 bis 8 cm, Blätter oben spitz, Einbuchtungen flach, Mittellappen leicht verlängert. Farbe im Schatten Hellgrün; in der Sonne manche Blätter gelb-grün, andere vollständig gelb.

Caenwoodiana Aurea ×××

Viele Jahre lang war die grüne Form (engl. Bird's foot Ivy, Vogelfuß-Efeu), die heute 'Pedata' genannt wird, unter dem Namen *H. caenwoodiana* bekannt. 1905 wurde in Robert Veitchs Katalog ohne weitere Beschreibung auf eine gelbblättrige Form verwiesen. Eine kurze Beschreibung erschien im Katalog von L. R. Russell 1908, dann

25 *Hedera helix* 'Buttercup'

im Katalog von Richmond, Surrey: »'Caen-woodiana aurea' – Blattwerk stark gelb gefleckt.« Die Sorte wurde danach in verschiedenen Kata-logen geführt, zuletzt in dem von Hillier in Winchester, Hampshire, im Jahre 1924. In Hilliers Katalog von 1928, in dem die gewöhnlich grüne 'Caenwoodiana'-Form aufgeführt war, stand: »Die Goldfärbung der bunten Form ist nur un-zureichend beständig.« Und der letzte Hinweis steht im RHS-Journal des Jahres 1930, wo sie bei den Pflanzen, die für Nord-Mauern geeignet sind, aufgeführt wird. Wie man dem Auszug aus Hilliers Katalog entnehmen kann, war die Pflanze nicht mehr zufriedenstellend, aber die Zähigkeit des Efeus ist so groß, daß sie zumindest in zwei großen Gärten in Großbritannien überlebt hat. Diese Sorte ist natürlich nur für jene interessant, die sich auf die Efeukultur spezialisiert und Samm-lungen haben. Aber sie kann in der gleichen Weise wie 'Pedata' im Garten verwendet werden. Wuchsform und Wachstum sind bei beiden gleich, nur in der Blattfarbe unterscheiden sie sich. Die jungen Blätter zeigen im Frühling einen Überzug von hellem Gelb. Bei jungen Pflanzen tritt bald darauf wieder die normale Grünfärbung auf, aber an älteren Pflanzen und besonders an einem feuch-ten, leicht schattigen Platz behalten zumindest einige Blätter die Farbe bei. Diese Sorte ist im wesentlichen ein Mauer-Efeu.

Wuchs:	Rankend.
Triebe:	Grün-purpurn. Internodien 2 bis 5 cm.

Blätter:	5lappig. Der Mittellappen fast ein Drittel länger als die Seitenlappen. Das Blatt ist gewöhnlich an der Basis schmaler, wird zur Mitte hin breiter und läuft schließlich nach oben hin spitz zu, 4 bis 5 breit × 5 bis 6 cm lang. Die Lappen sind rückwärts gerichtet und geben so dem Blatt das Aussehen eines Vogelfußes, was auch zu seiner volkstümlichen Bezeichnung »Bird's Foot Ivy« führte. Die jungen Blätter nehmen allmählich eine gelbe Färbung an, während die folgenden Blätter die gewöhnliche grün-graue Farbe, wie sie bei der Sorte 'Pedata' zu finden ist, beibehält. Die Adern sind hellgrün.

California Fan ○

Eine sehr ansprechende selbstverzweigende Efeusorte, die von Amerika kommt und bei uns nicht so gut bekannt ist, wie es eigentlich gerechtfertigt wäre. Die erhabenen Adern ebenso wie ihr eigenartiger Verlauf unterstreichen das fächerförmige Aussehen der glatten, grünen Blätter. Sie ist eine ausgezeichnete Topfpflanze und auch für Pflanztröge u. ä. geeignet, entwickelt kurze Ranken, aber zu langsam, um als Ampelpflanze verwendet zu werden. Sie leidet in Großbritannien und Nordeuropa unter strengen Wintern; sie findet deshalb im wesentlichen als Zimmerpflanze Verwendung.

Wuchs:	Selbstverzweigend.
Triebe:	Grün-rosa. Internodien 1,5 bis 3 cm.
Blattstiele:	Grün-rosa.
Blätter:	5- bis 7lappig, 3 bis 4 × 4 bis 5 cm. Lappen stumpfspitz und nach vorn gerichtet. Blattbasis gestutzt (truncate) oder manchmal zum Blattstiel hin verjüngt. Farbe Hellgrün, Adern auffällig erhaben.

California Gold ○

Von Graf 1963 angeführt als »eine Mutation aus 'Weber Californian' mit ziemlich runden Blättern, von hellgrüner Farbe und vor allem an jüngeren Blättern gelb gesprenkelt. Bleibt immer selbstverzweigend und buschig.« Pierot (1934) weist auf die Eigenheit der Pflanze hin, gelegentlich ganz- oder halbgrüne Blätter zu entwickeln. Jenny (1964) ist der einzige, der auf die welligen Lappen dieser Sorte, dem Hauptunterschied zwischen ihm und 'Luzii' sowie ähnlicher gelbpanaschierter Klone aufmerksam machte. Die Pflanze macht insgesamt einen dekorativen Eindruck und ist gut als Topfpflanze verwendbar.

Wuchs:	Selbstverzweigend und kompakt.
Triebe:	Rosa-weinrot. Internodien 1 bis 1,5 cm.
Blattstiele:	Grün-weinrot.
Blätter:	5lappig, 3 bis 5 × 4 bis 7 cm. Lappen stumpf bis rund, oft unregelmäßig geformt. Blattbasis herzförmig, Einbuchtungen ziemlich ausgeprägt, am Tiefpunkt aufgewölbt. Grundfarbe Hellgrün mit gelb- bis zartbeigen Sprenkeln. Adern zartbeige, ziemlich erhaben.

Cascade ×

Diese Sorte ist bei der American Ivy Society unter der Nummer 752 eingetragen und stammt aus Süd-Ost-Virginia. Sie wurde von W. L. Swicegood aus Rescue, Virginia, eingeführt. Sie ist der Sorte 'Merion Beauty' sehr ähnlich und hat die gleiche Tendenz zum Selbstverzweigen, wie sie auch bei guten Vermehrungen von 'Merion Beauty' auftritt. Ihre Blattstiele sind stärker gefärbt, sie ist stärker geadert und hat gefältelte Blätter. In der Regel treibt diese Sorte mit langen, verzweigenden Ranken aus und ist deshalb ausgezeichnet als Ampelpflanze geeignet.

Wuchs:	Selbstverzweigend, mit ausgedehnt wachsenden Ranken.
Triebe:	Grün-violett.

Blattstiele:	Violett-grün.
Blätter:	5lappig, Basallappen etwas verkleinert, 2 bis 3 × 2 bis 3 cm. Einbuchtungen flach und kammartige Verstärkungen in denselben, wodurch sich das Blatt kraus (krustig) anfühlt. Mittellappen keilförmig, Seitenlappen eher stumpf. Farbe Mittelgrün, Adern viel heller.

Cavendishii ××

Diese Sorte wurde zuerst von Paul (1867) erwähnt. Es gelang nicht, den Ursprung des Namens herauszufinden, aber er ist wohl zu Ehren der Herzöge von Devonshire gewählt worden. Zu dieser Zeit hatte der Gärtner des Grafen, Joseph Paxton und späterer Sir Joseph, die Aufgabe des Gärtners in Chatsworth und des Architekten des »Crystal Palace« wahrgenommen, und man darf wohl annehmen, daß der Name ausgesucht wurde, um die Aufmerksamkeit auf diese Sorte zu lenken. Eine ganze Reihe von Pflanzen trägt die Bezeichnung »Cavendishii« zu Ehren der berühmten Gärten und des ebenso angesehenen Gärtners. Es ist anzunehmen, daß Paul, ein führender Baumschulist in jenen Tagen, die Pflanze, die damals schon im Umlauf gewesen sein mag, benannt hat. Der Name taucht in keinem der Kataloge oder Sortimentslisten, die vor seinem Beitrag im »Gardener's Chronicle« erschienen waren, auf. Die einzige andere Herleitung des Namens wäre noch von der Ortschaft Cavendish in Suffolk möglich, aber bis heute konnte noch kein Zusammenhang herausgefunden werden. 1870 wurde Pauls Sortimentsliste herausgegeben und von Karl Koch, dem bekannten deutschen Botaniker, anerkannt und erhielt so, was man eine botanische Absegnung nennen mag. Dies verlieh dem Namen die endgültige Anerkennung, auch von Lawrence und Schulze (1942).
Es war Hibberd, der 1872 diese Namensgebung wieder umwarf, als er in seinem Buch »The Ivy« eine Pflanze als 'Marginata Minor' beschrieb und 'Cavendishii' als eine ihrer Synonyme anführte, womit er wieder einmal seine Abneigung gegen

Personennamen bekräftigte. Nicholson (1885) schloß sich Hibberds Vorstellung an, aber Bean (1914) beschrieb die Pflanze unter dem Namen 'Cavendishii'. In den Baumschulen herrschte nun verständlicherweise Verwirrung. Einige zogen sich aus der Affäre, indem sie beide Namen 'Cavendishii' und 'Marginata Minor' in ihrem Sortiment führten. Ungeachtet dessen blieb die Pflanze, dank ihrer Robustheit und stabilen Panaschierung, in den Gärten erhalten.

26 *Hedera helix* 'Cavendishii'

Obwohl 'Cavendishii' in Katalogen aus den Jahren um 1868 als neue Sorte angeführt wurde, ist diese Sorte der eigentliche »silbergestreifte« Efeu von Richard Weston (1770) und, wenn man etwa 1900 Jahre zurückgeht, vielleicht auch der bunte Efeu von Plinius (Naturgeschichte, 23–79 v. Chr.). Tatsache ist, daß die Pflanze niemals ins Grüne zurückzuschlagen scheint. Jede Pflanze mit der Tendenz, von der Buntfärbung (Panaschierung) ins Grüne rückzuschlagen, würde über einen langen Zeitraum, ohne Pflege und Ausschneiden der grünen Austriebe, ihre Panaschierung und damit ihre Eigenart verlieren. Falls also der »silbergestreifte« Efeu von Weston und der panaschierte von Plinius noch heute existieren, möchte man annehmen, daß sie in Form von beständigen bunten Sorten wie etwa 'Cavendishii' vorliegen.
Für den Gärtner von heute ist 'Cavendishii' eine ausgezeichnete, leicht zu handhabende, winterharte und gut panaschierte, kletternde Sorte. In ihrer Altersform, zu der sie sich leicht entwik-

keln kann, produziert sie schwarze Früchte im Übermaß. In dieser Form kann sie als Solitärpflanze verwendet werden. Sie ist nicht als Bodendecker geeignet.

Wuchs:	Rankend.
Triebe:	Hellgrün. Internodien 1 bis 3 cm.
Blattstiele:	Grün.
Blätter:	3lappig, 5 bis 6 × 6 bis 7 cm. Lappen spitz zulaufend; die jungen Blätter eckig, die älteren weniger. Einbuchtungen flach. Blattbasis gestutzt. Lappung bei älteren Blättern manchmal nur angedeutet. Blattmitte mittelgrün, manchmal mit grüngrauen Streifen, hier und da ist die unregelmäßige, zart rahmgelbe Randpanaschierung vom Grün durchbrochen.

Chester ○

Eine Sorte, die vor kurzem (1979) bei uns in Europa unter dem obigen Namen herausgebracht worden ist. Sie eignet sich ausgezeichnet als Topfpflanze, und obwohl weder etwas über ihre Herkunft noch über ihren richtigen Namen bekannt zu sein scheint, ist es wohl wert, sie hier zu erwähnen. Die Sorte ist recht kompakt und selbstverzweigend. Die grob dreieckigen Blätter sind im Jugendstadium sanft lindgrün mit einem kräftigen, gut ausgebildeten dunkelgrünen Blattzentrum. An den älterwerdenden Blättern wechseln die lindgrünen Flächen in ein zartes Rahmweiß, so daß sie wie eine Miniatur-Form von 'Gloire de Marengo' wirken. Die Sorte läßt sich gut vermehren und ist allem Anschein nach geeignet für den Handel. Über ihre Verwendung im Freiland ist nichts bekannt.

Wuchs:	Selbstverzweigend mit kurzen Ranken.
Triebe:	Violett-grün. Internodien 2 bis 2,5 cm.
Blattstiele:	Violett-grün.
Blätter:	Andeutungsweise 3lappig, 3 bis 3,5 × 4,5 bis 5 cm. Die flachen Einbuch-

tungen geben dem Blatt einen nahezu dreieckigen Umriß. Apex spitz, Blattbasis tief herzförmig, Grundfarbe lindgrün, an jungen Blättern mit einem dunkelgrünen Flecken im Blattzentrum. Mit zunehmendem Alter wechselt die Grundfarbe in ein zartes Rahm-weiß, das Blattzentrum wird dunkler.

Chicago ×

Eine oder mehrere Sorten waren unter diesem Namen seit etwa 1962 bei uns in Europa in Umlauf und wurden von verschiedenen Gärtnereien geführt. In den Veröffentlichungen von Jenny (1964), van de Laar (1965) und Nannenga-Bremekamp (1970) beschrieben diese die Sorte übereinstimmend als eine kleinblättrige Variante von 'Pittsburgh'. Wahrscheinlich ist die ursprüngliche Sorte 'Pittsburgh' nur noch selten zu sehen, da die meisten Gärtnereien, bewußt oder unbewußt, die kleinblättrigeren Formen bei der Vermehrung ausgelesen haben und so 'Chicago' seine Stammsorte durch die bevorzugte Auslese weit überrundet hat. Sie ist eine sehr nützliche, überall kultivierte Topfpflanze, die auch als Bodendecker geeignet ist; vorzugsweise an offenen Standorten, da sie unter Bäumen nicht zuverlässig wächst. Verschiedene Vermehrungen können sich untereinander beachtlich unterscheiden, aber die folgende Beschreibung wird als typisch für diese Sorte erachtet.

Wuchs:	Selbstverzweigend.
Triebe:	Grün-rot. Internodien 2 bis 4 cm.
Blattstiele:	Grün-rosa.
Blätter:	3lappig, 3 bis 4 × 3 bis 4 cm. Mittellappen nur wenig länger als Seitenlappen, Lappen spitz, Einbuchtungen flach. Die meisten Blätter haben zwei nur sehr schwach ausgebildete Basallappen. Blattbasis herzförmig, Farbe Hellgrün.

Chrysophylla × ×

Diese Sorte wird allgemein in den derzeitigen Katalogen als 'Spectabilis Aurea' oder manchmal 'Aurea Spectabilis' geführt. Es gibt jedoch keine Hinweise auf eine veröffentlichte Beschreibung unter diesem Namen. Dagegen ist es offensichtlich, daß Hibberd 1872 und auch 1890 in seinem Bericht über die Efeu-Vergleichspflanzungen der RHS ebendiese Pflanze beschrieb. Es gibt auch eine frühere Angabe über 'Chrysophylla', nämlich jene aus dem Katalog von Robert Veitch und Söhne in Exeter aus dem Jahre 1867, der die Pflanze wie folgt beschreibt: »Einige der Blätter von *H. helix chrysophylla* sind gelb, andere grün und wiede andere gelb gefleckt; es ist eine sehr kräftige und ausgeprägte Panaschierung.« Als Hibberd über die Sorten in der Vergleichspflanzung der RHS berichtete, schrieb er: »'Chrysophylla' ist variabel und unbeständig. Es ist notwendig, ihre bestmögliche Erscheinungsform durch Vermehrung zu erhalten, indem man von den zur Verfügung stehenden Trieben nur die bestgefärbten vermehrt. Die Sorte ist als schnellwachsend und robust wohlbekannt. Die Blätter sind hin und wieder kräftig, tief gelb gefleckt oder gesprenkelt und rechtfertigen den unter anderem benutzten Namen 'Clouded Gold'. Turner gab ihr den Namen 'Spectabilis Aurea' und Fraser 'Gold Clouded'. Die Pflanze, die von Turner als 'Angularis Aurea' eingesandt wurde, ist 'Chrysophylla' in einer ihrer vielen Erscheinungsformen, die lediglich wenig vom eigentlichen Typ abweichen.«

Fairerweise sollte gegenüber Turner (Charles Turner, 1818–1885), dem berühmten Baumschulfachmann aus Slough, der den damals noch unbekannten Cox Orange Pippin Apfel auf den Markt brachte, hinzugefügt werden, daß diese Sorte, die im Handel allgemein unter dem Namen 'Spectabilis Aurea' bekannt ist, als solche in den verschiedensten Katalogen seit etwa 1870 angeboten worden war.

Der letzte Absatz aus Hibberds Beschreibung zeigt, daß die Unklarheit über diese Sorte und 'Angularis Aurea' keineswegs neu ist. Farbe und Wuchs sind tatsächlich ähnlich, aber die Blätter von 'Angularis Aurea' sind in der Regel dünner, die grünen Teile zeigen ein helleres Grün und die Hauptadern sind weniger auffällig. Mit zunehmendem Alter nehmen die Blätter eine eckige Form an, mit einem für diese Sorte typischen ovalen Mittellappen, der in einer leicht ausgezogenen Spitze endet. Die Blätter von 'Chrysophylla' sind dagegen grundsätzlich dreilappig mit keilförmigen Lappen, einem dickeren Blattaufbau und von kräftigem Grün.

Diese beiden Sorten voneinander zu unterscheiden ist eine mehr oder weniger akademische Übung. Beide sind ausgezeichnet zum Bewachsen von Mauern geeignet. 'Chrysophylla' zeigt mit zunehmender Reife wahrscheinlich eine intensivere Färbung, 'Angularis Aurea' dagegen im Jugendstadium eine bessere Gelbfärbung und ist als Bodendecker besser geeignet.

Wuchs:	Rankend.
Triebe:	Grün, manchmal violett getönt. Internodien 2,5 bis 4 cm.
Blattstiele:	Grün.
Blätter:	3lappig, 4 bis 6 × 5 bis 8 cm. Lappen keilförmig und nahezu gleich groß. Blattgrund gestutzt. Mittel- bis tiefgrün. Einige Blätter mit einem hellgelben Farbton überzogen. Hauptadern ziemlich hervorgehoben. Die Sorte kann mit 'Angularis Aurea', deren Blätter dünner, hellgrün, mehr gezackt, mit einem spitzen Hauptlappen und weniger erhabenen Adern versehen sind, verwechselt werden. Blätter der Altersform von 'Chrysophylla' sind speerförmig, während die von 'Angularis Aurea' mehr spitz zulaufen.

Cockle Shell ○

Dies ist eine der interessantesten Efeusorten und sieht überhaupt nicht wie ein Efeu aus. Anstelle des gewöhnlich 3- oder 5lappigen Blattes hat diese Sorte ein nahezu rundes Blatt, ist sehr hübsch geadert und konkav gewölbt. 'Cockle Shell' wurde 1976 zum ersten Mal erwähnt und ist eine Mutante aus 'California'. 'Cockle Shell' dient im wesentlichen als Zimmerpflanze und gehört zu einer Reihe von bezaubernden Mutanten, die in Amerika entstanden sind. Sie wurde von Paul Taylor aus Rosemeade, Kalifornien, gefunden und von Marion Vincent aus La Habra, Kalifornien, bei der Amerikanischen Efeugesellschaft unter dem Namen 'Cockle Shell' eingetragen (Reg. Nr. 762). In Amerika ist sie nach Mitteilung winterhart und bis jetzt hat sie sich auch in Großbritannien als winterhart erwiesen. Eine hübsche Sorte als Ampel- und als Zimmerpflanze.

Wuchs:	Selbstverzweigend.
Triebe:	Hell-violett. Internodien 2 bis 2,5 cm.
Blattstiele:	Hell-violett.
Blätter:	3 bis 5 cm lang und ebenso breit; oft ungelappt und fast rund wirkend, aber gelegentlich tritt andeutungsweise eine 3- bis 5fache Lappung auf, gerade wie kleine Wölbungen am Blattrand. Die hochstehenden Blattränder geben der Blattfläche die konkave Form, die durch den Namen (deutsch Herzmuschel) zutreffend bezeichnet wird. Farbe Hellgrün, mit zunehmender Reife dunkelgrün. Adern hellgrün, auffällig hervorgehoben und vom Blattstielansatz aus fingerförmig über die Blattspreite verlaufend.

Congesta × × ×

Dies ist in Europa der weithin verwendete Name für den kleinblättrigen, aufrechtwachsenden Efeu (zur Geschichte des aufrechtwachsenden Efeus, s. unter 'Erecta'). Eine ähnliche Sorte, 'Conglomerata', ist, gleich ob sie an einer Mauer, über einen großen Stein oder auf dem Boden wächst, im wesentlichen eine Kletterpflanze. Gelegentlich entwickelt sie Triebe, die aufrecht erscheinen mögen. Die aufrechten Efeu-Sorten können möglicherweise aus solchen Trieben hervorgegangen

27   *Hedera helix* 'Congesta'

sein. Gleich welchen Ursprungs, ist dieser Efeu von großem gestalterischem Wert als Pflanze für den Steingarten und für kleine Gärten; besser jedenfalls als sein großer Cousin 'Erecta' geeignet.
Die Blätter sind kleiner, die Triebe in der Regel besser gefärbt und die gegenständige Blattanordnung ist dichter. Manchmal wurde die Sorte fälschlich als 'Erecta', 'Minima' oder 'Conglomerata minima' bezeichnet. Ein Exemplar im Herbarium des botanischen Gartens in Kew, das von einem gewissen M. Young im Jahre 1887 gesammelt und von der Baumschule Milford, Godalming, mit *Hedera helix minima* gekennzeichnet worden war, ist mit Gewißheit die Sorte 'Congesta'.

Wuchs:	Nicht kletternd, aufrechte Triebe.
Triebe:	Geringe Blattabstände, violett-grün. Internodien 0,5 bis 1 cm.
Blattstiele:	Hell-grün.
Blätter:	3lappig, 3 bis 4 × 2 bis 3 cm. Einbuchtungen flach, junge Blätter ungelappt. Apex spitz, Blattränder erhöht, so daß das Blatt gefaltet wirkt; dies ergibt zusammen mit der zweireihigen Blattanordnung eine sehr starr wirkende Pflanze. Farbe Dunkelgrün, Adern hellgrün.

60

Conglomerata ×××

Die Herkunft vieler Efeusorten ist schwer faßbar, ganz besonders bei dieser, die sich in Wuchs und Erscheinungsbild so sehr von den meisten Efeusorten unterscheidet, daß man annehmen müßte, ihre Entdeckung hätte beachtliche Aufmerksamkeit erregt. Das schien nicht der Fall zu sein. Die erste Erwähnung findet man im »Gardener's Chronicle« vom 10. Juni 1871. In einem Bericht über die Versammlung der Royal Horticultural Society vom 7. Juni wird dort geschrieben: »Es wurde auf einen neuen Efeu mit Namen *Hedera conglomerata,* eine interessante Ergänzung zu dieser Klasse von Pflanzen, hingewiesen, der sich durch einen auffälligen Wuchs auszeichnet.« Diese Bemerkung wurde von europäischen Autoren aufgegriffen. »La Belgique Horticole« von 1873 schreibt: »Sie ist eine der seltsamsten und ausgefallensten Efeusorten und wurde 1875 von der deutschen Firma Haage und Schmidt verzeichnet.« Lawrence (1956) nimmt an, daß sie 1870 in Deutschland entstanden ist, aber er gibt nicht an, woher er diese Information hat.

28 *Hedera helix* 'Conglomerata'

Die erste Erwähnung in einem englischen Verzeichnis ist die von B. S. Williams, Upper Holloway, London, wo die Pflanze 1878 als eine Sorte von *H. helix* aufgeführt wird, allerdings wird sie dort nicht beschrieben. William Clibran und Sohn aus Altrincham bezeichneten sie 1880 als »sehr ausgefallen mit seltsam verformtem Blattwerk«;

später war sie weit verbreitet und wurde in vielen gartenbaulichen Fachzeitschriften erwähnt. »The Garden« vom 12. Februar 1881 beschrieb sie folgendermaßen:

»Der buschförmige Efeu *Hedera conglomerata* ist ein eigentümlicher Efeu, der sich sehr von verwandten Formen unterscheidet, sowohl im Blattwerk als auch im Wuchs. Die Blätter sind sehr dick, erscheinen seltsam gewellt, und die Pflanze bildet, statt zu klettern, einen niedrigen, breiten Busch, der gut für die schattigen Stellen des Steingartens und ähnliche Standorte geeignet ist.« 1889, nachdem die Sorte aufgrund von Vergleichspflanzungen in den Gärten der Royal Horticultural Society in Chiswick mit einem Ehrenpreis ausgezeichnet worden war, schrieb Shirley Hibberd im Organ dieser Gesellschaft:

»*Hedera conglomerata* zeichnet sich durch seine Eigentümlichkeit aus, und obwohl kaum als schön zu bezeichnen, ist sie doch äußerst interessant. Die Triebe wachsen in beinahe geometrischer Form mit gleichmäßig ausgebreiteten Seitenästen. Die Blätter sind oval, gewellt und kraus und überlappen sich zu einer undurchdringlichen Masse, so daß sie einer eigenartigen Verbänderung ähnelt. Die Farbe ist ein dunkles sattes Grün. Wenn die Pflanze an einer Wand hochgebunden wird, wird ihr Charakter zerstört. Sie sollte völlig freistehend angepflanzt werden, so daß sie sich auf ihre eigene Art und Weise auf einem offenen Beet oder auf einer geräumigen Terrasse des Steingartens ausbreiten kann. Sie braucht ein feucht-warmes Klima, um sich optimal zu entwickeln.«

29 *Hedera helix* 'Cuspidata Major'

Hibberd erwähnt die Pflanze nicht in seiner Monographie von 1872, die sich 1871 im Druck befunden haben dürfte, und so ist es billig anzunehmen, daß der Bericht vom 10. Juni 1871 die erste öffentliche Erwähnung dieser Sorte war. Carrière beschrieb 1890 die Pflanze in der »Revue Horticole« zutreffend, jedoch mit einer schlechten Illustration. Nicholsons »Dictionary of Gardening« (1885) beschrieb sie als »eine auffällige, langsam wachsende, aufrecht stehende Sorte mit kleinen, gewellten Blättern und sehr kleinen Blattabständen. Eine ausgezeichnete Pflanze für den Steingarten.« Der Begriff »aufrechtstehend« scheint dabei etwas unglücklich gewählt und mag zu der häufigen Verwechslung mit der Sorte 'Erecta' in späteren Verzeichnissen geführt haben; jedenfalls zeigt die Illustration keine aufrechtstehende Pflanze.

Tobler (1912) verzeichnete die Sorte ohne Beschreibung, indem er den Katalog von Haage und Schmidt von 1875 zitiert. Bean (1973) beschreibt sie als »eine zwergwüchsige, sehr langsam wachsende Form mit kleinen und zahlreichen Blättern, die stark gekräuselt und gewellt sind. Die Triebe sind kräftig und niederliegend, wenn sie jung sind leicht abgeflacht.« Damit schließt er sich jenen Beschreibungen an, die in den 70er Jahren des vorigen Jahrhunderts diese Sorte zum ersten Mal in die Diskussion brachten, aber nicht überliefert haben, wo sie entstanden ist und wer sie entdeckt hat.

Auf jeden Fall hat sie ihre Eigentümlichkeit beibehalten, scheint nicht zurückzuschlagen und hat keine panaschierte Form gebildet. Sie bleibt der buschförmige Efeu für den Steingarten und kann für diesen Zweck sehr empfohlen werden. *H. helix* 'Conglomerata' ist aber auch für niedrige Mauern geeignet, die sie langsam, aber dafür um so dichter mit ihren dicken, gewellten Blättern überwuchert.

Wuchs: Kriechend und kletternd mit sehr kurzen Internodien.
Triebe: Geringe Blattabstände, oft leicht abgeflacht, grün. Internodien 0,5 bis 1 cm.
Blattstiele: Hellgrün.

Blätter: Ungelappt bis undeutlich 3lappig, 1 bis 3 × 2 bis 4 cm. Ränder gewellt. Zweireihig angeordnet. Blattbeschaffenheit lederartig, dunkelgrün. Blattadern hervortretend, was den Blättern ein blasiges Aussehen verleiht.

Corrugata × ×

Ein ungewöhnlicher Efeu, der kaum erwähnt wurde. Hibberd (1872) beschrieb ihn als »einen hübschen und ausgefallenen Baumefeu, der frei wächst und schnell eine schöne Topfpflanze bildet. Die Blätter ähneln sehr denen der Sorte 'Crenata', er trägt reichlich Früchte.« Zum Glück unterstützte der Autor diese recht unzureichende Beschreibung durch eine Illustration, die ganz exakt mit heute vorkommenden Pflanzen und besonders mit Material aus den Royal Botanic Gardens in Kew übereinstimmt. Hibberds Bild scheint Triebe der Altersform darzustellen, und es ist in der Tat so, daß die nach vorne gerichteten, beinahe gezähnten Lappen und die sich verjüngende Basis des Blattes bei älteren Pflanzen deutlicher in Erscheinung treten. Ein äußerst interessanter Mauerefeu, dessen panaschierte Form die Sorte 'Mrs. Pollock' zu sein scheint.

Wuchs: Rankend.
Triebe: Grün. Internodien 3 bis 5 cm.
Blattstiele: Grün.
Blätter: 5- bis 7lappig, 5 bis 7 × 6 bis 8 cm. Die Lappen erscheinen oft nur andeutungsweise als nach vorne gerichtete Vorsprünge oder als große Zähne an der Spitze eines Blattes, dessen keilförmige Basis dies wie ein umgekehrtes Dreieck erscheinen läßt mit der Spitze zum Blattstiel hin. Die Lappen sind kurz und zugespitzt mit engen Einbuchtungen dazwischen. Die Farbe ist Mittel- bis Dunkelgrün, an der Unterseite sanftes Apfelgrün. Blattadern hellgrün, sehr dünn und vielstrahlig vom Blattstielansatz ausgehend.

Cuspidata Major × ×

Dieser Efeu läßt sich leicht anhand der Illustration und der Beschreibung von Hibberd in »The Ivy« (1872) identifizieren: »Die Blätter sind einheitlich 3lappig, alle Lappen sind nach vorn gerichtet, der mittlere ist der längste; sie haben eine spitze Form und sind in den Buchten zwischen den Lappen seltsam aufgewölbt. Das Blatt ist dick und hart wie Pergament und hat eine satt dunkelgrüne Farbe.«
Hibberd nennt die Bezeichnung 'Hibernica Palmata' als Synonym und beschreibt die Sorte als einen Baumefeu. Es ist gut möglich, daß sie mit ihrem hübschen, auffallenden Blattwerk und ihrer schönen Blattform unter dem Namen *Hedera arborea* verkauft wurde, was damals ein allgemeiner Name für Baumefeu-Formen war. Auf jeden Fall wurden 'Cuspidata Major' und 'Hibernica Palmata' selten in Katalogen erwähnt. Die einzige Erwähnung, die zu finden war, ist die von Barr und Sohn (1895–99).
Diese Form, die unzweifelhaft die von Hibberd beschriebene ist, kommt als Kletterpflanze an Mauern einiger Villen in England vor, wo sie um die Jahrhundertwende angepflanzt worden ist. Sie sieht angenehm aus, ihr frisches Grün und ihre fast dreizackartigen Blätter sind auffallend.

Wuchs: Rankend.
Triebe: Grün. Internodien 3 bis 5 cm.
Blattstiele: Grün-violett.
Blätter: 3lappig, 6 bis 7 × 5 bis 9 cm. Lappen spitz zulaufend, Lappenspitzen nach vorne ausgerichtet, oft parallel zueinander. Blatt eng eingebuchtet, Buchten am Grund aufgewölbt. Blattbasis keilförmig bis schmal zusammenlaufend. Farbe leuchtend frisches Grün, Adern hellgrün, spitzwinklig vom Blattstiel aus über das Blatt verlaufend.

Cuspidata Minor × ×

Obwohl diese Sorte im Handel nicht erhältlich und nur in ein oder zwei Sammlersortimenten vor-
handen ist, kann sie nach Hibberd's Beschreibung (1872) unschwer erkannt werden:
»Eine hübsche, kleinblättrige Sorte, ausgeprägt fein zugespitzt. Die jungen Triebe sind violett getönt und die Blattstiele leuchtend rötlich-violett. Die Blätter liegen weit auseinander, sie sind einheitlich 3lappig und die Lappen gleich lang und eingekerbt. Die Farbe ist ein tiefes, kräftiges, glänzendes Grün mit weißlichen Adern.«
Die heutigen Exemplare haben grüne Triebe, sind hellviolett an der austreibenden Spitze und die Blätter tiefgrün und herzförmig. Die Sorte ist eine ordentliche Kletterpflanze, die sich schnell ausbreitet. Sie weist ein deutliches Muster auf, wächst aber nicht besonders dicht und ist deshalb als Bodendecker nicht geeignet. Die Sorte 'Tomboy', die von Nannenga-Bremekamp (1970) beschrieben wurde und in den USA im Handel ist, scheint dieselbe Sorte zu sein.

Wuchs: Rankend mit langen Trieben.
Triebe: Grün, um die Spitzen herum hellviolett. Internodien 1 bis 3 cm.
Blattstiele: Kurz, 0,5 bis 1 cm, grün, aber mit einem leichten Rotton in der Nähe der Blattstielachsel; dies ist zwischen den grünen Blättern und Trieben besonders auffällig.
Blätter: Dreieckig oder herzförmig, 2 bis 4 × 2,5 bis 3 cm, ungelappt oder schwach 3lappig, Rand leicht gewellt, Blätter sind regelmäßig auf Lücke angeordnet und geben den Trieben einen ausgeprägten »Fischgräten«-Aufbau. Trotz der kurzen Internodien wirkt die Pflanze wegen der kleinen Blätter offen. Farbe Tiefgrün, Adern hellgrün.

Dealbata × × – × × ×

Diese Pflanze wurde von Hibberd (1872) so beschrieben: »Eine sehr ausgefallene und besondere Pflanze, die häufig in einer wilden Form in den Wäldern an den Osthängen von Snowdonia auftritt, wo sie häufig den Boden mit einem üppigen Teppich aus dunkelgrünem Blattwerk überdeckt, das hier und da von rein-weißen Blättern unterbrochen ist. Die Blätter sind gewöhnlich gleichmäßig 3gelappt, klein und variieren wenig in Form und Größe. Viele sind dunkelgrün, mit einer schwachen, weißen Sprenkelung; andere sind ganz weiß und halb durchscheinend. Wenn die Pflanze auf gutem Boden wächst, treibt sie nur grün aus, aber wenn sie in ein Erdgemisch, das hauptsächlich aus Topfscherben, gemahlenen Steinen und Schotter besteht, gepflanzt wird, behält sie verläßlich ihre charakteristische Wald-Wuchsform bei.«

Danach gibt es in der Literatur oder in Katalogen jener Tage über diese Pflanze keine weiteren Hinweise mehr, nicht einmal Charles Turner, jener Baumschulfachmann, an den Hibberd seine Efeusammlung verkauft hatte, führte den Namen in seiner Sortimentsliste. Möglicherweise machte Hibberd Aufzeichnungen über die Pflanze und sammelte Material von ihr, versäumte aber, es aufzubewahren. Bei der Durchsicht der Gattung unterstellten Lawrence und Schulze (1942), daß 'Dealbata' dieselbe Pflanze wie ihre 'Discolor' oder wie die Sorte 'Minor Marmorata' von Paul sei, obwohl Hibberd sowohl 'Discolor' als auch 'Dealbata' in seiner Namensliste geführt und jeweils mit unterschiedlicher Beschreibung versehen hatte.

Dieser Sachverhalt wird durch die Überprüfung einer anderen frühen Sorte erhellt. 1928 führte L. R. Rusell, damals in Richmond, Surrey, *H. helix* 'Howardiana', die so beschrieben wird: »Blattrand silbrig gefleckt, sehr hübsch im Jugendstadium.« In ihrem Katalog von 1932 stand dieselbe Beschreibung, aber der Name war in 'Howardi' umgeändert, und das ist der letzte Hinweis auf die Benennung 'Howardi', die wir in Katalogen und der Literatur finden können.

Dabei könnte man es nun belassen, gäbe es nicht zufällig im Königlichen Botanischen Garten Kew einen Efeu, dessen Schild die Aufschrift 'Howardi' trägt. Bei einer eingehenderen Überprüfung dieser sehr alten Pflanze und der nun drei Jahre alten bewurzelten Stecklinge, weisen alle auftretenden Merkmale offenkundig auf Hibberds 'Dealbata' hin. Vermutlich ist diese Pflanze eine seltene Variante der wilden *Hedera helix*. Hibberds

Pflanze setzte sich nicht durch, aber vermutlich gelang es einem anderen aufgefundenen Exemplar in Russells Katalog aufgenommen zu werden. Möglicherweise ging die Pflanze während des Zweiten Weltkrieges verloren oder wurde vielleicht aufgegeben, weil sie dazu neigt, das gewöhnliche Grün ihrer *H. helix*-Vorfahren wieder anzunehmen.

30 *Hedera helix* 'Dealbata'

Die Pflanze im Botanischen Garten Kew ist etwa 50 Jahre alt und zeigt nur bei einigen jungen Trieben eine Panaschierung. 'Dealbata' weist im Unterschied zu 'Minor Marmorata' ein beständiges, dreigelapptes Blatt auf, während das von 'Minor Marmorata' fünflappig, breiter und mit einer stabileren Panaschierung als das von 'Dealbata' versehen ist. 'Dealbata' ist eine eifrige Kletterpflanze, die sich für kleine Mauerflächen eignet. Hibberds Bemerkungen hinsichtlich der Verwendung von magerer Erde sollten beachtet werden.

Wuchs:	Rankend.
Triebe:	Grün-violett, dünn. Internodien 3 bis 3,5 cm.
Blattstiele:	Violett und sehr dünn.
Blätter:	3lappig, dreieckig bis pfeilförmig, Blattspitze zugespitzt, 3 bis 5 × 4 bis 6 cm, flach eingebuchtet oder ganz ungebuchtet. Dunkelgrün mit unregelmäßigen Flecken und Tupfen von zartem weiß-beige, ausgeprägter an jungen Blättern.

Deltoidea ×××

Diese Sorte wurde von Hibberd 1872 dargestellt und als »der stumpf dreieckige Efeu« beschrieben mit der Bemerkung: »Eine unauffällige Pflanze mit stumpfer Blattfärbung, aber bemerkenswert für jeden Efeu-Interessenten.« Im englischen Sprachraum ist er wegen seiner Blattform allgemein unter dem Namen »Shield Ivy« (Schild-Efeu) bekannt, in Amerika wird er andererseits »Sweetheart-Ivy« (Herzblatt-Efeu) wegen seiner annähernd herzförmigen Blätter genannt. Diese unverkennbare Sorte war eine Lieblingspflanze des verstorbenen E. A. Bowles. Er war ein bekannter englischer Gärtner, und die Pflanze wird manchmal in England nach ihm »Bowles Shield Ivy« genannt. Weitere Synonyme sind: *Hedera hastata, H. helix cordata, H. helix ovata* und *H. helix* 'Sweetheart'. Es traten auch Verwechslungen mit *H. helix* 'Scutifolia' auf.
Die gegenseitige Überlagerung der Basallappen am Blattgrund, eine typische Eigenart des Blattes, tritt nur an jüngeren Blättern regelmäßig auf, wobei die Reihenfolge der Überlagerung nicht stets in gleicher Weise, rechts über links oder umgekehrt, erfolgt. Vielmehr wechselt dies von Trieb zu Trieb, ja sogar von Blatt zu Blatt am selben Trieb. Es tritt kein Rückschlag zur gewöhnlichen Efeu-Blattform auf, aber die Pflanze nimmt ziemlich bald eine Alters-Wuchsform und die damit verbundenen eher einfachen, abgerundeten Blätter der Altersform an. Es ist eine langsam

wachsende Sorte, und doch findet sich in Kew-Garden ein sehr altes Exemplar, das die Höhe eines zweistöckigen Gebäudes erreicht hat.
Die Altersform wird hier und da herangezogen. In Bowles Corner im Wisley Garden der RHS ist so eine Pflanze zu sehen. Über eine panaschierte Form wird nichts berichtet. Im wesentlichen ist diese Sorte ein Efeu für Mauern und Wände und ergibt einen ruhigen Eindruck. In Amerika werden die Blätter zur Dekoration am Valentinstag (14. Februar) verwendet, gewiß keine unpassende Wahl, da die Blätter eher der Herzform als der eines Schildes gleichen.

Wuchs:	Rankend.
Triebe:	Grün, kräftig. Internodien 2 bis 3 cm.
Blattstiele:	Grün.
Blätter:	3lappiger Umriß, aber tatsächlich so geringfügig eingebuchtet, daß sich eine ungelappte Dreiecksform ergibt, 6 bis 10 × 8 bis 10 cm. Blattbasis streng herzförmig mit übereinandergeschlagenen Lappen am Blattstiel. Blätter saftig dick, mit glattem, deutlich umrissenem Rand. Dunkelgrün, im Herbst violett getönt, die Adern sind heller, aber nicht erhaben.

31 *Hedera helix* 'Deltoidea'

Digitata ×××

Dieser Name ist einer der frühesten für eine Efeusorte. Sie war eine der sieben Sorten, die im Katalog des berühmten Baumschulisten Conrad Loddiges aus Hackney, London, im Jahr 1826 erschienen und wurde auch in der Publikation »Arboretum et Fruticetum« des Baumschulbetriebes Peter Lawson und Söhne im Jahre 1846 erwähnt. Die Pflanze wurde 1867 von Paul folgendermaßen beschrieben: »Blätter dunkelgrün, lang und spitz, Blattbasis breit und tief eingebuchtet, schneller Wuchs. Weniger Triebe als bei den meisten anderen Sorten.« Nicholson stellte die Pflanze 1885 vor, schrieb aber, daß die Sorte sich kaum von 'Caenwoodiana' unterscheide, was aber nicht stimmen dürfte.

Lawrence und Schulze lieferten 1942 eine detaillierte Beschreibung und Abbildung und erwähnten, daß die Sorte zuerst in Irland bemerkt wurde, »von Dr. Mackay gefunden (Flora Hibernica 1836) und eingeführt von Mr. Hodgens«. Man sagt, daß die Sorte wildwachsend in der Nähe des ehemaligen Baumschulgeländes in Dungas Town, Wicklow aufgefunden und als *Hedera helix* 'Hodgensii' oder *H. helix* 'Incisa' geführt wurde. Demnach könnte man annehmen, daß Loddiges die Sorte früher besessen hatte als Hodgens. Die Sorte scheint auf jeden Fall eine der Blattvarianten zu sein, die in Großbritannien wildwachsend vorkommen. Daher ist es möglich, daß eine oder mehrere Personen diese Variante gefunden haben könnten.

Sie wird von Nannenga-Bremekamp (1970) als eine der drei Sorten der 'Digitata'-Gruppe bezeichnet und er gibt an, daß die Einbuchtungen der Blätter gewellt seien. Bean (1973) stimmt mit Lawrence und Schulze in der Annahme überein, daß sie die gleiche Sorte wie 'Hodgensii' sei und weist auf die scharf umrissenen, nach vorn gerichteten Lappen, die engen Einbuchtungen und die zahlreicher als bei anderen *Helix*-Sorten vorkommenden Sternhärchen hin.

Vergleiche mit der Sorte 'Rottingdean', die in Großbritannien und Europa häufig angepflanzt wird, lassen vermuten, daß diese Sorte tatsächlich der 'Digitata'-Gruppe zuzuordnen ist. 'Rottingdean' wurde von dem verstorbenen Roland Jackman, einem aufmerksamen Gärtner mit scharfem Blick, eingeführt. Ihm war die Pflanze in einem Außenbezirk von Rottingdean, in der Nähe von Brighton, Sussex, aufgefallen. Paul beschrieb eine Pflanze mit dem Namen 'Digitata Nova' als übereinstimmend mit der Sorte 'Digitata', aber mit kleineren Blättern. Möglicherweise wurde diese Sorte 'Digitata Nova' überwiegend verbreitet, aber einige Standorte der ursprünglichen, großblättrigen 'Digitata' blieben erhalten, und es war eine dieser Pflanzen, die Jackman entdeckte. Dies ist zwar reine Spekulation, aber es ist sehr wahrscheinlich, daß 'Rottingdean' tatsächlich die ursprüngliche 'Digitata' darstellt und nicht eine neue, eigene Sorte. Immerhin mag es einige weniger beachtenswerte Sorten gegeben haben,

die in dem langen Zeitraum seit 1826 als 'Digitata' Verbreitung gefunden haben. Auf jeden Fall ist die Pflanze nach 150 Jahren immer noch ein ausgezeichneter Mauerefeu, winterhart und mit einer interessanten Blattform.

Wuchs: Rankend.
Triebe: Violett-grün. Internodien 2 bis 4 cm.
Blattstiele: Violett-grün.
Blätter: 5lappig, 7 bis 9 × 7 bis 10 cm. Handförmig, Mittellappen etwas länger als die zwei Seitenlappen, Blattspitzen zugespitzt, die zwei Basallappen sind nur wenig ausgebildet, Blattbasis gestutzt. Enge Einbuchtungen, am Tiefpunkt gewellt. Dunkelgrün, mit hellen, aber nicht erhabenen Adern.

Direktor Badke ○

Dies ist eine ansprechende und bemerkenswerte Sorte, deren kleine, 3lappige Blätter so gerundet sind, daß sie manchmal den Eindruck erwecken, als seien sie aus drei zusammengesetzten Teilkreisen entstanden. Diese Sorte wurde von Hans Schmidt, Gärtner in Bockum-Hövel, ausgelesen und in Dortmund im Jahre 1960 auf der Bundesgartenschau ausgestellt. Der Name wurde Richard Badke, dem ehemaligen Leiter der Gartenbauschule und gärtnerischen Versuchsanstalt in Wolbeck (1930–1936), zu Ehren gewählt.
Diese Sorte ist 'Ralf' ähnlich, hat aber kleinere, stärker gerundete Blätter. Der kompakte Wuchs und das gleichmäßige Blattwerk machen sie für die Topfkultur geeignet. Eine ähnliche Sorte, mit etwas größeren Blättern, wurde später in der Gärtnerei Stauss ausgelesen und bekam den Namen 'Christian'.

Wuchs: Selbstverzweigend.
Triebe: Weinrot. Internodien 1,5 bis 2 cm.
Blattstiele: Grün, an der Basis rosa.
Blätter: 3lappig, 1,5 bis 3,5 × 3 bis 3,5 cm. Lappen gerundet, ohne scharfen Umriß, oft so ineinander übergehend, daß sie eine abgerundete Deltaform bilden. Blattbasis deutlich

herzförmig, wobei die Basallappen sich häufig überlappen. Farbe zart Hellgrün mit helleren Adern. Hauptader färbt sich manchmal bei Kälte oder starker Sonnenstrahlung rotviolett.

Domino ○
(s. *Golden Pittsburgh*)

Diese Sorte mutiert des öfteren aus 'Eugen Hahn' und wurde von deren Urheber, den Gebrüdern Stauss, Möglingen, zuerst ausgelesen und 1977 benannt. Auf der Bundesgartenschau in Stuttgart 1977 erhielt sie eine Goldmedaille des Zentralverbandes Gartenbau.

In Unkenntnis der Abstammung und des Aussehens von 'Golden Pittsburgh' (sie ist eigentlich nicht »golden«) wurde die Sorte 1979 'Domino' genannt, bis noch im selben Jahr der wahre Sachverhalt erkannt wurde. Der rechtskräftige Name ist also 'Golden Pittsburgh'.

Erecta ×××

Die »Transactions of the Royal Horticultural Society« für das Jahr 1898 enthalten den folgenden Bericht über eine Sitzung ihres wissenschaftlichen Komitees am 22. März des gleichen Jahres: »Efeusorten. Dr. Masters stellte Ranken eines eigenartigen, kleinblättrigen Zwergefeus vor, der sich dadurch auszeichnet, daß er aufrechte Triebe mit zweizeiliger Blattstellung hervorbringt, auch wenn er nicht an einer Mauer haftet. Die Wuchsform scheint selbst bei freiwachsenden Trieben stabil zu sein. An manchen Trieben sind die Blätter jedoch spiralförmig angeordnet, wie es bei aufrechten Trieben üblich ist. Man kann beobachten, daß die gewöhnlichen Triebe des gewöhnlichen Lorbeers zweizeilig angeordnet sind, während an den aufrechten Trieben die Blätter häufig spiralig angeordnet sind, dies ist jedoch kein feststehendes Merkmal.«

Das ist die erste Beschreibung eines aufrechtwachsenden Efeus. Leider kennen wir weder die Herkunft noch das Aussehen von Dr. Masters Pflanze, denn es sind drei verschiedene, aufrechtwachsende Efeusorten überliefert worden, nämlich 'Erecta', 'Congesta' und 'Russelliana'. Hibberd hatte weder in seinem Buch »The Ivy« (1872) noch in seinem Bericht über die umfangreiche Sammlung der RHS in Chiswick (1889) eine aufrechtwachsende Efeusorte erwähnt. Man möchte annehmen, daß in einer Zeit, in der so großes Interesse am Efeu herrschte, eine so auffallende Sorte kaum übersehen worden wäre. Folglich erscheint es sicher, daß der Bericht von Dr. Masters mit dem etwaigen Einführungszeitpunkt übereinstimmt. In Katalogen wurde diese Sorte oft mit 'Conglomerata' verwechselt. Die erste Beschreibung in einem Katalog stammt von David Russell aus Brentwood, Essex, im Jahre 1901, drei Jahre nach dem Bericht von Dr. Masters. 'Erecta' wurde als 'Conglomerata' aufgeführt und weiter: »Aufrecht wachsend, sehr ausgeprägt«. Eine kriechende Form wurde als »'Conglomerata Prostrata', eine brauchbare Sorte für den Steingarten« beschrieben. Danach beschrieben Kataloge eine aufrechtwachsende Sorte als 'Minima', 'Conglomerata Erecta' oder 'Congesta'.

Die erste maßgebende Beschreibung stammt von Lawrence und Schulze (1942), 44 Jahre nach ihrer Entdeckung durch Dr. Masters! Sie beschrieben die Pflanze als *Hedera helix* 'Erecta', aber Beschreibung und Abbildung sind eher für die dichter wachsende, spitzblättrige Form typisch, die auf dem europäischen Kontinent den Namen 'Congesta' bekommen hat. Da sie dort sehr verbreitet ist, sollte dieser Name für die dargestellte Form erhalten bleiben. Der Name 'Erecta' ist für die in England häufiger anzutreffende Form zu benutzen, die größere Blätter und dickere, heller gefärbte Triebe besitzt. Diese Form ist dementsprechend in britischen Gärten häufiger zu sehen, während Pflanzen vom europäischen Kontinent meistens Exemplare der dünntriebigen, spitzblättrigen 'Congesta' sind.

In Großbritannien kann man beide Sorten im Oxford Botanic Garden und im Garten der Royal Horticultural Society in Wisley sehen. 'Erecta' ist stärker wachsend und im ganzen gesehen eine gröbere Pflanze, die für größere Steingärten und

32 *Hedera helix* 'Erecta'

in einer Liste der Sorten, die von den Gebrüdern Stauss kultiviert werden, erwähnt. In der Tat wurde diese Sorte von ihnen auf der Bundesgartenschau 1977 präsentiert und im selben Jahr auch in der »Gartenwelt« beschrieben. Heiecks Beschreibung kann kaum übertroffen werden: »Blätter gefleckt und gesprenkelt mit hellgrün, dunkelgrün, graugrün und weiß bis gelblich weiß; in großen oder kleineren Flecken über die ganze Blattspreite verteilt.«

Dieser markante »Pfeffer- und Salz-Effekt« mag nicht jedermanns Geschmack sein, aber auf jeden Fall ist es ein gut ausgeprägtes Merkmal. 'Eugen Hahn' ist eine rankende Sorte, die ziemlich kompakte Ranken entwickelt, und ist für Dekorationszwecke, insbesondere für Tröge und Hängepflanzen bestens geeignet. Die neuere Sorte 'Golden Pittsburgh', eine Mutation aus 'Eugen Hahn', die von den Gebrüdern Stauss ausgelesen wurde, könnte jene noch in der Käufergunst überflügeln.

Wuchs:	Kurze Blattabstände, starke, rankende Triebe.
Triebe:	Violett. Internodien 1,5 bis 3 cm.
Blattstiele:	Violett-grün, selten länger als 2 cm.
Blätter:	Schwach 3lappig, häufiger ungelappt mit einer lappenähnlichen Ausstülpung an einer Seite der Blattbasis. Herzförmig bis dreieckig, 3 bis 4 × 3 bis 5 cm, bemerkenswert dünnblättrig. Grundfarbe zart Beige, dicht gesprenkelt und marmoriert mit mittelgrün.

schattige Lagen geeignet ist. 'Congesta' eignet sich eher für kleinere Standorte. Beide haben einen großen gestalterischen Wert, sie können mit 'Conglomerata' keinesfalls verwechselt werden, denn sie klettern niemals, auch wenn sie noch so nahe an eine Mauer gepflanzt werden.

Wuchs:	Aufrecht wachsend, nicht kletternd.
Triebe:	Kurzgliedrig, grün, viele Adventivwurzeln hervorbringend. Internodien 1 cm.
Blattstiele:	Hellgrün.
Blätter:	3lappig, selten ungelappt, 4 bis 6 × 4 bis 6 cm. Blattstellung zweizeilig, an älteren Blättern undeutlicher werdend. Einbuchtungen meist flach, Mittellappen etwas länger als die Seitenlappen. Blattspitzen stumpfspitz. Farbe Dunkelgrün, Adern hellgrün bis grau.

Eugen Hahn ○

Nach Krüssmann (Handbuch der Laubgehölze, 1977) ist diese Sorte eine Mutation aus 'Pennsylvanian'. Es gibt jedoch keine Pflanze dieses Namens, weder in der »Preliminary Check List« der American Ivy Society noch in anderen verfügbaren Listen. Vermutlich ist 'Sylvanian' (US Patent Sorte 430 vom Oktober 1940) die Elternpflanze. Die Ähnlichkeit der Blätter mit denen von 'Sylvanian' wird auch von Bruder Ingobert Heieck

Eva ○

Die erste Aufzeichnung über diese beliebte Sorte findet sich in den Zeitschriften »Gartenwelt« und »Zierpflanzenbau« (1966), in der die Ansicht vertreten wird, daß Tage Melin aus Hjallese, Dänemark, die Sorte in den frühen sechziger Jahren aus 'Harald' ausgelesen habe. Sie wird heutzutage in großen Mengen für den Topfpflanzenmarkt kultiviert, da sie schnellwachsend ist und sich mit ihren kleinen Blättern für Töpfe und insbesondere auch

33 *Hedera helix* 'Eva'

für Flaschengärten eignet. Wie 'Harald' hat sie sich in Großbritannien als einigermaßen winterhart erwiesen, obwohl die panaschierten Blatteile oft von Frost und kalten Winden beschädigt werden. In Europa wird sie als Zimmerpflanze gehalten.

'Eva' wurde 1970 von Nannenga-Bremekamp als 'Pittsburgh Variegated' beschrieben. In Amerika hat Schaepman darauf hingewiesen, daß die ganz oder zum Teil weißen Blätter an lichtarmen Standorten eine grüne Aderung bekamen. Ab und zu gibt es vollkommen grünblättrige Rückschläge, diese können als 'Pittsburgh' identifiziert werden. Man kann also annehmen, daß diese Sorte und 'Harald' lediglich Varianten von 'Pittsburgh Variegated' sind, die schon 1940 von Bates (»The National Horticultural Magazine«) in Amerika beschrieben wurde. Obwohl 'Eva' in der Sortenliste der AIS verzeichnet ist, erwähnt die amerikanische Autorin Suzanne Pierot sie in ihrem Buch »The Ivy Book« nicht. Offensichtlich wird sie in Amerika weniger kultiviert als in Europa.

Wuchs: Selbstverzweigend.
Triebe: Violett-grün. Internodien 2 bis 3 cm.
Blattstiele: Violett-grün.
Blätter: 3lappig, 2,5 bis 3 × 2,5 bis 3 cm. Mittellappen meist lang zugespitzt und bis doppelt so lang wie die Seitenlappen. Einbuchtungen flach, Seitenlappen oft, Mittellappen nur gelegentlich keilförmig. Unregelmäßiges, grün-graues Blattzentrum

mit dunkleren, grünen Flecken und zart weißbeiger Randpanaschierung, die oft die halbe Blattfläche überdeckt, Adern hellgrün.

Fan ○

Eine interessante Efeusorte, deren Name auf die Blattform und die fächerförmig ausstrahlenden Adern hinweist. Sie wurde 1970 von Nannenga-Bremekamp unter dem Namen 'Crenata' beschrieben, der wiederum als Synonym von Bruder Heieck (1977) und in der Sortenliste der AIS (1975) aufgegriffen wurde. Sicherlich handelt es sich hier nicht um 'Crenata'. Dies war eine rankende Sorte, die zuerst von Paul (1867) beschrieben und von Hibberd (1872) dargestellt wurde. 'Fan' entwickelt kurze Ranken, an deren Blattknoten fast immer ganze Büschel von kleinen Blättchen austreiben. Dies ist ein Merkmal der erst in unserer Zeit entstandenen, selbstverzweigenden Sorten, welches nicht von den früheren Autoren erwähnt oder dargestellt wurde. Die kurzen, breitgelappten Blätter von 'Fan' haben eine zart apfelgrüne Farbe. Ihr dichter Wuchs macht sie für die Topfkultur und Pflanztröge geeignet.

Wuchs: Selbstverzweigend mit kurzen Ranken.
Triebe: Grün-violett. Internodien 3,5 bis 4 cm. Winzige Seitentriebe mit Blattbüscheln an jedem Knoten.

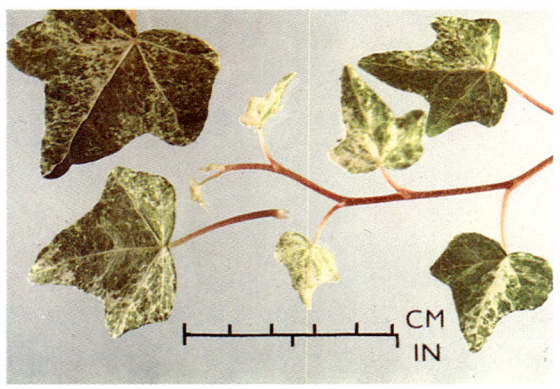

34 *Hedera helix* 'Fantasia'

Blattstiele: Grün-rosa.
Blätter: 5lappig, 3 bis 4,5 × 5 bis 7 cm.
Lappen oft kaum mehr als nach
vorne gerichtete Ausbuchtungen.
Blattspitzen stumpf, Blattbasis gestutzt bis spitz. Farbe zart Apfelgrün, Adern erhaben und fächerförmig vom Blattstiel ausstrahlend.

Fantasia ○

Eine zartbeige gefleckte Sorte, die auch schon als
'Aalsmeer' und 'Pittsburgh Variegated' im Handel
war. Die Panaschierung kann zuweilen so über-
wiegen, daß fast weiße Blätter vorkommen. Sie ist
wahrscheinlich am besten als Zimmerpflanze
geeignet. Wenn sie in Großbritannien im Freien
ausgepflanzt wird, überlebt sie zwar einen harten
Winter, aber es treten starke Schäden an den panaschierten Teilen auf und grüne Rückschläge
werden häufiger.

Wuchs: Selbstverzweigend.
Triebe: Violett-rosa. Internodien 1,5 bis
2 cm.
Blattstiele: Rosa-grün.
Blätter: 5lappig, 3 bis 4 × 4 bis 6 cm. Blatt-
spitzen zugespitzt, Einbuchtungen
weit, Blattbasis tief herzförmig,
Grundfarbe leuchtend Grün mit
zahlreichen beigegelben Tupfern.
Adern hellgrün.

Flavescens × ×

Die Bestimmung dieser Sorte hing weitgehend von
Angaben in Baumschulkatalogen, insbesondere
dem von L. R. Russell, jetzt in Windlesham,
Surrey, ab. Die Beschreibungen von 1901 bis 1932
betonen jeweils unterschiedlich einmal »bleibende
goldene Blätter«, ein anderes Mal »kleine, hellgelbe Blätter, die ihre Färbung immer behalten«
oder »ganz hellgoldene Blätter, langsamer
Wuchs«. Die Firma führt 'Flavescens' nicht mehr,
aber insgesamt gesehen passen die Beschreibungen

immer noch auf eine Sorte, die manchmal noch in
Gärten auftaucht, einschließlich der Pflanze auf
der »Efeu-Mauer« (Ivy Wall) in den Gärten von
Kew, und als 'Flavescens' geführt wird. Gauntletts
aus Chiddingfold, Surrey, ist anscheinend der
einzige Baumschulbetrieb außer der Firma
Russell, die die Sorte in Großbritannien führte.
Im Jahre 1865 stellten Haage und Schmidt, die für
ihre Efeu-Neueinführungen bekannt ist, eine
Sorte unter der Bezeichnung 'Flava' vor. Die Beschreibung war: »Mit kleinen, panaschierten,
gelbgefleckten Blättern!« 'Flavescens' zeigt jedoch
keinerlei Flecken oder Panaschierung. Die Sorte
von Haage und Schmidt könnte durchaus 'Nigra
Aurea' gewesen sein.
Die Blätter von 'Flavescens' unterscheiden sich von
anderen »goldfarbenen« Sorten durch ihre einheitlich blaß grün-gelbe Farbe. Blätter, die dem
vollen Sonnenlicht ausgesetzt sind, nehmen einen
etwas tieferen Gelbton an, aber die Pflanze bringt
keine wirklich grünen oder auch nur teilweise
grünen Blätter hervor. Die recht häufig vorkommende Altersform der Sorte, die langsam wachsend ist und auch in der Erwachsenenform ihre
Färbung beibehält, bringt zahlreiche, verhältnismäßig kleine, gleichmäßig spitze, ovale, gelbe
Blätter hervor. In dieser Form war sie offensichtlich eine bevorzugte Pflanze für Rabatten und in
den »Gelben Gärten« (Yellow Gardens) in England vor 1914.

Wuchs: Rankend.
Triebe: Gelb-grün. Internodien 2,5 bis 3 cm.
Blattstiele: Gelb-grün.
Blätter: 3lappig, 3 bis 4 cm × 3 bis 4 cm.
Lappen nicht deutlich ausgeprägt.
An den jungen Blättern eher als Aus-
buchtungen zu definieren. Blattbasis
schwach herzförmig. Farbe sehr hell
Grün bis klares Gelb. Adern nicht
erhaben.

Fluffy Ruffles ○

Eine sehr auffallende Efeusorte, über deren Herkunft wenig bekannt ist, außer daß es sich um eine

amerikanische Sorte handelt. Sie wurde 1963 in dem Werk »Exotica« von Graf aufgeführt und 1974 von Suzanne Pierot in ihrem »Ivy Book« beschrieben.

Wenn man diese Pflanze anschaut, kann man kaum glauben, daß es sich um einen Efeu handelt. Die Blätter sind stark gewellt und gebogen. Da die Lappen den Blattstiel fast umfassen, machen sie einen fast kugelförmigen Eindruck (Troddeln, Quasten). Sie ist ohne Zweifel ein Zimmerefeu und bestens als Einzelpflanze zur Dekoration geeignet. Eine beachtenswerte Pflanze für den Efeuliebhaber und immer ein Gesprächsthema, da sie so gar nicht einem Efeu ähnelt.

Wuchs:	Verzweigend, lockerer Wuchs.
Triebe:	Violett-grün. Internodien 2 bis 3 cm.
Blattstiele:	Lang und schmal, rosa-grün.
Blätter:	Grundsätzlich 5lappig, jedoch so stark gewellt, daß sie als gefranste, kreisförmige Rosetten erscheinen, 4 bis 6 × 4 bis 6 cm. Blattbasis deutlich geöhrt, so daß sie fast kreisförmig aussieht. Stark geadert, Adern hell bis grün-gelb, vom Blattstielansatz ausstrahlend. Blattspreite mittelgrün.

Garland ○

Die erste Beschreibung dieser Sorte erschien in einem Artikel von Bess L. Shippy mit dem Titel »English Ivy Keeps Changing Faces« (»Englischer Efeu wandelt noch immer sein Gesicht«) in der amerikanischen Monatsschrift »Flower Grower« im September 1955. Nach dieser Beschreibung scheint Carl Frey aus Lima, Ohio, den Klon 1945 als Mutation von 'Pittsburgh' entdeckt zu haben. Die Pflanze wird von Graf (1963), Pierot (1974) und im AIS-Bulletin (No. 4, 1978) beschrieben. Alle Beschreibungen nennen übereinstimmend ihren kompakten, buschigen Wuchs, ihre verschiedenartigen Blätter und deren dichten Besatz wie »breit geflochtene Girlanden« (»wide plaited garlands«), um Bess Shippy zu zitieren, hervor. Die AIS gibt an, daß die Pflanze –12°C Kälte

ertrage und schlägt 'Garland' als Bodendecker für wärmere Gebiete vor. In Großbritannien hat sie sich als winterhart erwiesen. 'Garland' ist eine gute, unproblematische Topfpflanze, aber auch geeignet als Bodendecker für kleine Flächen.

Wuchs:	Kompakt und buschig.
Triebe:	Rosa-grün. Internodien 1 bis 3 cm.
Blattstiele:	Rosa-grün.
Blätter:	Manchmal 3lappig, aber oft ungelappt und oval, 5 bis 6 × 4 bis 5 cm. Blatt am Blattübergang leicht gefältelt und gewellt. Der Mittellappen ist deutlich nach unten geneigt und weist eine deutliche Einsenkung auf. Die Blätter sitzen dicht am Trieb, sind leuchtend grün, stellenweise heller-grün und haben ausgeprägte Blattadern.

Gavotte × ×

Dieser Efeu wird oft mit 'Brokamp' verwechselt, obwohl diese beiden Sorten als Mutationen aus völlig verschiedenen Sorten entstanden. Die Geschichte von 'Gavotte' ist jedoch gut aufgezeichnet. 'Gavotte' wurde 1953 von Harry van de Laar in Boskoop, Holland, aus der amerikanischen Sorte 'Star' ausgelesen und 1956 in Holland im Handel eingeführt. Van de Laars Beschreibung steht im »Vakblad voor de Bloemisterij« vom Mai 1965. Krüssmann führt 'Gavotte' in seinem »Handbuch der Laubgehölze« (1977), schreibt sie aber der Gärtnerei Brokamp zu.

Das Blatt von 'Gavotte' ist geringfügig geradliniger als das von 'Brokamp' und möglicherweise an der Blattbasis weniger geöhrt. In der praktischen Verwendung sind sie beide gleich geeignet und alle Ausführungen, die im Hinblick auf die Sorte 'Brokamp' gemacht wurden, treffen auch auf diese Pflanze zu. Sie ist eine interessante und nützliche Sorte für Ampelpflanzen und ein Bodendecker für kleine Flächen.

Wuchs:	Selbstverzweigend, aber lange Ranken bildend.

35 *Hedera helix* 'Fluffy Ruffles'

die Pflanze seit dem Zweiten Weltkrieg wohlbekannt ist und weithin angepflanzt wird, scheint man wenig über ihre Herkunft zu wissen. Sicher ist, daß sie 1950 von Weber in Kalifornien in Kultur genommen worden war und 1954 in Deutschland eingeführt wurde. Lawrence (1956) ordnete diese Sorte 'Cavendishii' zu, aber sie scheint nur wenig oder gar keine Ähnlichkeit mit diesem Efeu zu haben. 'Glacier' wird schon 1954 von O. Koch in der »Gartenwelt« beschrieben. Nannenga-Bremekamp beschrieb sie 1970.

Triebe:	Violett-grün. Internodien 1,5 bis 3 cm.
Blattstiele:	Grün, 0,5 bis 2 cm.
Blätter:	Meist ganzrandig, länglich-lanzettartig, fein zugespitzt. Hier und da gelappte bis herzförmige Blätter, 5 × 1 bis 1,5 cm. Hauptader nur sehr wenig hervorgehoben. Blattfarbe Mittelgrün, im Sommer viel helleres Grün.

37 *Hedera helix* 'Glacier'

Glacier × ×

'Glacier' ist einer der beliebtesten Efeusorten für Pflanzungen im Haus. Gegenwärtig werden jährlich Millionen von dieser silbergrau-blättrigen Sorte in Europa und Amerika angezogen. Obwohl

In Großbritannien ist 'Glacier' leidlich winterhart. Sie gibt einen ausgezeichneten, grauen Hintergrund für farbenfrohe Sträucher und Pflanzen ab. Wenn die Pflanze im Freien angepflanzt wird, können die Blätter viel größer und unregelmäßiger werden.

Wuchs:	Rankend und leicht verzweigend.
Triebe:	Grün-violett. Internodien 2 bis 4 cm.
Blattstiele:	Grün, leicht violett getönt.
Blätter:	3- bis 5lappig, Basallappen kaum mehr als Ausstülpungen, 3 bis 6 × 3 bis 5 cm. Die Einbuchtungen sind so flach, daß das Blatt dreieckig oder dreigelappt wirkt. Blattbasis herzförmig. Grundfarbe Grün-grau mit helleren grau-silbrigen Flecken, gelegentlich ein dünner zart-beiger Rand.

36 *Hedera helix* 'Gavotte'

Glymii × × ×

Dieser Efeu ist mit seinen glänzend violetten Winterblättern und seinen hellgrünen Blattnerven eine ideale Pflanze für Floristen. Jener frühe Kenner des Efeus, William Paul beschreibt die Pflanze im »Gardener's Chronicle« von 1867 so: »Blätter blaßgrün, von mittlerer Größe, fest, ganzrandig. Aussehen stark glänzend, wie poliert. Wuchs sehr schnell und eine Fülle von Blattwerk bildend.« Wer war »Glym«? Nicholson (1885) und ein oder zwei Kataloge des 19. Jahrhunderts weisen auf die Pflanze als »Glym's Efeu« hin, aber mit Sicherheit läßt sich keine Baumschule oder ein Gärtner jenes Namens ausfindig machen. Folgt man Pauls Beschreibung, so wurde die Pflanze gelegentlich in Katalogen aufgeführt und zwar zunehmend nach 1880.

Hibberd (1872) beschrieb sie, nannte sie aber wegen der schwachen Andeutung einer leichten Drehung der Blätter im Winter 'Tortuosa'. 1889 erhielt sie ein »Erster-Klasse-Zertifikat« beim Efeu-Wettbewerb der Royal Horticultural Society (RHS) in Chiswick. Als Hibberd über die Efeusorten, die in den Gärten der Gesellschaft angepflanzt wurden, berichtete (RHS-Journal 1890), fügte er in einer Fußnote bei 'Tortuosa' hinzu, daß sie von Mr. Fraser als 'Glymii' vorgelegt wurde. Seit damals ist sie manchmal irrtümlicherweise als 'Scutifolia' und 'Linsii' im Umlauf gewesen. Hibberds Benennung 'Tortuosa' fand nur geringen Anklang und Herrn Glyms Name wird immer noch von einem höchst nützlichen, kletternden Efeu getragen.

Wegen seines Glanzes ist er der beste aller violettgefärbten Efeus. Nicholson verwies auf seine Eignung für die Topfkultur. 'Glymii' ist eine kräftig wachsende Pflanze und man benötigt sehr große Töpfe, was vielleicht 1885 zu machen war. Heutzutage scheint sie sich besser als Mauer-Efeu oder, in seiner Altersform, als Busch zu eignen.

Wuchs:	Rankend.
Triebe:	Im Sommer grün, im Winter ins Violette übergehend. Internodien 2 bis 4 cm.
Blattstiele:	Wie die Triebe.
Blätter:	Schwach 3gelappt, kurz, 4 bis 5 × 5 bis 6 cm. Kaum eingebuchtet. Kurzer, spitzer Mittellappen, Blattbasis gestutzt, Blattkanten in der Regel geradlinig, d. h. parallel zur Hauptader verlaufend. Kräftig grün mit einer sehr glänzenden Blattoberfläche. Adern heller, aber nur im Winter erhaben, wo sie gegen den tiefvioletten Hintergrund der Blattfläche abstechen.

Goldchild ○

Efeu ist gewöhnlich leicht zu kultivieren. Diese hübsch aussehende Sorte ist möglicherweise jene Ausnahme, die die Regel bestätigt. Sie wächst ziemlich schwach und reagiert empfindlich auf zuwenig oder zuviel Wasser. Diese Einschränkungen haben sie bei den Massenproduzenten von Topfpflanzen nicht beliebt gemacht. Als dieses Buch entstand, waren die Baumschulen »Fibrex Nurseries Ltd.« in Evesham, Worcestershire, in der Tat die einzigen, die diese Sorte führten.

Ihre Herkunft ist unbekannt; sie wurde von der Firma Rochford in Herfordshire zusammen mit einer Sammlung von Zimmerpflanzen von einem europäischen Händler erworben. Der Name 'Goldchild' wurde von Rochford sen. vorgeschlagen. Unter jenem Namen wurde die Pflanze auf der RHS-Ausstellung am 16. November 1971 präsentiert und erhielt einen Ehrenpreis. 'Goldchild' ist in Großbritannien nicht überall winterhart, aber bei sorgfältiger Pflege ist sie ein attraktiver Topfpflanzenefeu. Eine ähnliche Pflanze war als 'Golden Chicago' im Handel.

Wuchs:	Selbstverzweigend.
Triebe:	Grün-violett.
Blattstiele:	Grün-violett.
Blätter:	3lappig, 3 bis 4 × 4 bis 5 cm. Mittellappen keilförmig, Einbuchtungen flach, hier und da andeutungsweise Basallappen vorhanden. Blattform schwach herzförmig. Das Blatt-

zentrum ist grün-grau und vollständig von der gelben Randpanaschierung umgeben. Blatt leicht an den Rändern aufgewölbt, aber im allgemeinen nur wenig verdreht, Adern hell grün-grau gefärbt.

Goldcraft ×

Wie bei nur wenigen Efeusorten ist die Geschichte jener nützlichen Sorte gut festgehalten. Sie wurde 1969 von Curren Craft jr. aus Cayce, South Carolina, gefunden, der sie für eine Mutation des gewöhnlichen Efeu hielt und 'Craft's Golden' genannt hat. Später wurde die Sorte mit der Einwilligung des Urhebers in den Handel eingeführt und von W. O. Freeland aus Columbia 'Goldcraft' genannt. Die Sorte wurde 1976 bei der AIS, die das internationale Register der *Hedera*-Namen führt, unter dem Namen 'Goldcraft' eingetragen (Reg. 761).
'Goldcraft' ist eine der wenigen gelb-blättrigen Efeusorten und hat einen grünen Fleck im Blattzentrum. In Großbritannien ist sie mehr für die Topfkultur geeignet und als Ampelpflanze sehr wirkungsvoll, wenn sie auch wahrscheinlich in geschützten Teilen Großbritanniens im Freien gut wachsen würde. Sie scheint eine bessere Wüchsigkeit als 'Goldchild' zu besitzen, aber die gelbe Farbe der letztgenannten Sorte ist ausgeprägter und beständiger.

Wuchs:	Selbstverzweigend mit kurzen Ranken.
Triebe:	Grün. Internodien 1,5 bis 3 cm.
Blattstiele:	Grün.
Blätter:	3lappig und 3 bis 4 × 3 bis 4 cm. Mittellappen breit keilförmig, Seitenlappen kurz, ein Viertel der Länge des Mittellappens. Einbuchtungen flach, Blattspitze zugespitzt. Gelb-lindgrüne Farbe mit unregelmäßig angeordneten grünen Tüpfeln. Blattfarbe mit zunehmendem Alter dunkler werdend, Adern hellgrün und nicht hervorgehoben.

Golden Pittsburgh ○

Diese Sorte, eine Mutation aus 'Eugen Hahn', wurde von den Gebrüdern Stauss aus Möglingen bei Stuttgart ausgelesen und von ihnen im Jahre 1977 benannt. Die leichte Sprenkelung ist gleich der bei 'Eugen Hahn', der grüne Farbton scheint allerdings dunkler zu sein. Die Blätter sind auch nicht herzförmig und ungelappt, sondern typisch efeublättrig und 5lappig, die zwei Basallappen

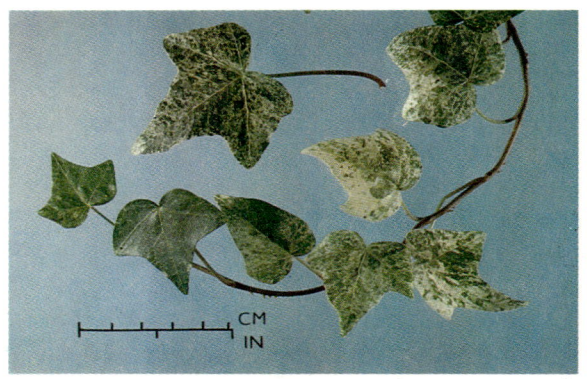

38 *Hedera helix* 'Golden Pittsburgh'

aber nur angedeutet. Wie 'Eugen Hahn' eignet sie sich hervorragend für Kübel und als Ampelpflanze.

Wuchs:	Kurze Internodien, aber mit stark rankenden Trieben.
Triebe:	Violett. Internodien 1,5 bis 5 cm.
Blattstiele:	Violett-grün.
Blätter:	Deutlich 3lappig, 3 bis 4 × 4 bis 5 cm. Zwei angedeutete Basallappen. Mittellappen keilförmig, Seitenlappen stumpfspitz, dreiviertel so lang wie Mittellappen. Durch die flachen Einbuchtungen treffen die Seitenlappen fast rechtwinklig mit dem Mittellappen zusammen. Grundfarbe zart Beige, stark gesprenkelt und marmoriert mit einem etwas dunkleren Grün als bei 'Eugen Hahn'.

Goldheart ×××

Sie ist eine der besten rankenden Efeusorten, die je vorgestellt wurden. Mit ihren rosa-roten jungen Trieben und den dunkelgrünen Blättern, die im Zentrum deutlich gelb getupft sind, gibt sie insgesamt ein vortreffliches Bild ab. Ist 'Goldheart' auch in erster Linie ein Mauerefeu, so wird er doch hin und wieder als Topfpflanze an Moosstäben hochgezogen. Seine Eignung für diesen Zweck ist aber nicht so, daß man ihn empfehlen könnte. Auch als Bodenbedeckung ist er weniger günstig, da er dazu neigt, am Boden nur einfarbige, grüne Blätter zu entwickeln. Die Farbe wird gewöhnlich bei Mauerpflanzen gut beibehalten, aber es lohnt sich, alle Triebe mit nur einfarbig grünen Blättern auszuschneiden, wenn sie hervorkommen.

In Großbritannien ist 'Goldheart' winterhart und wahrscheinlich auch in den meisten anderen Teilen Europas.

Die Herkunft der Pflanze ist ungewiß. Zuerst erschien sie um 1950 in italienischen Pflanzenkatalogen als 'Oro del Bogliasco' (Bogliasco Gold) und stammt offensichtlich von einer Baumschule in der Nähe von Bogliasco, einer Stadt östlich von Genua, an der italienischen Riviera. Die Pflanze kam 1955 nach Holland und Großbritannien. Sie wurde auf der RHS-Ausstellung am 18. Mai 1970 unter dem Namen 'Jubilee' präsentiert und erhielt einen Ehrenpreis. Kurz darauf stellte sich heraus, daß der Name 'Jubilee' von Hesse in Weener, Ems, 1907 für eine andere panaschierte, weißrandige Sorte verwendet, und weiterhin, daß die ausgestellte Pflanze von van de Laar 1965 in Holland unter dem Namen 'Goldherz' geführt worden war. Der ausstellende Betrieb L.R.Russell nannte daraufhin seine Pflanze 'Goldheart' und eine Anmerkung zu diesem Sachverhalt wurde in »Proceedings of RHS« (Band 95, 1970) veröffentlicht.

Die Pflanze wird noch immer in den meisten italienischen und vielen europäischen Katalogen unter dem Namen 'Oro de Bogliasco' geführt. Eine frühe Beschreibung findet sich im Katalog von Baldacci und Söhne in Pistoia, Italien von 1963: »Oro del Bogliasco – Blattgröße wie *H.helix*, Farbe ein tiefes Gelb mit einem grünen Streifen

39   *Hedera helix* 'Goldheart'

in der Mitte. Die Pflanze wächst schnell und haftet ebenso gut an Mauern wie auf anderen Unterlagen.« Die Pflanze, die 1965 von van de Laar als 'Goldherz' geführt worden war, wurde von Nannenga-Bremekamp (1970) und Bean (1973) als 'Goldheart' beschrieben. In Baldaccis Katalogbeschreibung sind die Blattfarben merkwürdigerweise vertauscht, in Wirklichkeit ist der gelbe Tupfer natürlich von grün umgeben. Trotz der Priorität des italienischen Namens empfiehlt es sich, wegen der Unklarheit der Katalogbeschreibungen und der folgenden genauen Beschreibungen von Nannenga-Bremekamp und Bean sowie jener späteren im AIS-Bulletin (Sommer 1975), den Namen 'Goldheart' bestehen zu lassen. Obwohl van de Laar 1965 die Pflanze als 'Goldherz' führte, ist weder ein Bericht über die Anerkennung noch eine Beschreibung unter jenem

40   *Hedera helix* 'Goldstern'

Namen zu finden, während die Pflanze wie oben erwähnt, einen Ehrenpreis unter dem Namen 'Goldheart' erhielt. Die Namen 'Oro del Bogliasco', 'Goldherz' und 'Golden Jubilee' bleiben als Synonyme erhalten, 'Jubilee' und 'Jubiläum' sind unrichtig, da sie zu einer anderen Pflanze gehören.
Der Rückschlag zu Grün ist von Freeland in Amerika ausgelesen und von ihm 'Teena' genannt worden. Vermutlich ist dies ein Rückschlag zum einfachen und ganz gewöhnlichen Efeu und der Name daher unnötig. Alles weist darauf hin, daß 'Goldheart' eine Mutation von *H. helix* war und daß der Rückschlag wieder *H. helix*-Blätter hervorbringt.

Wuchs:	Rankend.
Triebe:	Rot-rosa, mit zunehmendem Alter ins Braune gehend. Internodien 2 bis 3 cm.
Blattstiele:	Meist rosa, gelegentlich hellgrün oder gelb.
Blätter:	3gelappt, 4 bis 6 × 4 bis 6 cm. Mittellappen am längsten und fein zugespitzt, Seitenlappen stumpf zugespitzt, manchmal Basallappen andeutungsweise vorhanden, Blattbasis gestutzt. Farbe Dunkelgrün, unregelmäßig getupft und Blattzentrum fast immer ausgeprägt gelb. Adern nicht erhaben.

Goldstern ×

Diese Sorte ist ein eindrucksvolles, pfeilspitzenblättriges Gegenstück zu 'Goldcraft'. Sie hat dieselbe lindgrüne Farbe, aber eine dunkelgrüne Panaschierung. Wie bei 'Goldcraft' werden die Blätter mit dem Alter dunkler. Die Sorte wurde 1979 von Bruder Ingobert Heieck in der Gärtnerei der Abtei Neuburg bei Heidelberg aus der Sorte 'Star' ausgelesen und von ihm benannt. Die dünnen, ausgeprägt pfeilspitzenartigen Blätter mit ihrer lindgrünen Farbe machen 'Goldstern' zu einer sehr nützlichen Topfpflanze. Ihre helle Farbe und die dunklere Grün-Panaschierung sind

jedoch nicht genügend ausgeprägt, um im Freien zur vollen Geltung zu kommen.

Wuchs:	Selbstverzweigend und kompaktgedrungen.
Triebe:	Hell violett-grün. Internodien 1 bis 2 cm.
Blattstiele:	Rosa-grün.
Blätter:	5lappig, 3,5 bis 5 × 4,5 bis 6 cm. Mittellappen doppelt so lang wie die zwei Seitenlappen, die im rechten Winkel zu diesem stehen. Blattspitzen fein zugespitzt. Die zwei Basallappen sind klein und rückwärts gerichtet. Lindgrün mit einem Tupfer von dunklerem Grün im oder um das Blattzentrum.

Gracilis × × ×

'Gracilis' wurde zuerst von Hibberd in der Zeitschrift »Floral World« beschrieben. Es wurden keine Synonyme angegeben, so daß anzunehmen ist, daß Hibberd einem unbenannten Efeu seiner Zeit diesen Namen gab. Die Pflanze erschien allmählich in Katalogen: Henderson in London führte sie 1865 als schwach verzweigt auf. Der Betrieb William Clibran und Sohn in Altrincham, Cheshire, beschrieb sie 1894 als »kleine gekerbtblättrige Sorte mit reicher bronzefarbener Blattnervatur im Herbst«.
Nach der Verleichspflanzung der RHS im Jahre 1889 erhielt die Sorte einen Ehrenpreis und Hibberd charakterisierte sie in seinem Bericht über die im Garten der Gesellschaft angepflanzten Efeusorten so: »'Gracilis' hat ein unübertroffen elegantes Aussehen. Es ist eine kleine *H. helix*-Form von steifem Wuchs mit violetten Trieben und Blattstielen; die Blätter sind auffällig geadert. Eine ausgezeichnete Pflanze für den Felsengarten.« Nicholson schrieb: »*H. helix* 'Gracilis', zarte Blätter, gewöhnlich 3lappig, Farbe ziemlich helles mattgrün, im Herbst reich bronzefarben getönt, Triebe steif, violett gefärbt. Eine sehr hübsche Sorte zum Bewachsen einer Mauer oder eines Baumstumpfes.«

Die letzte (achte) Ausgabe von Beans Buch (1973) folgt Nicholsons Beschreibung. Graf (1963) brachte 'Gracilis' mit dem »Ramosa-Kreis« wie z. B. *H. helix* 'Pittsburgh' in Verbindung. Das dürfte aber nicht richtig sein. Die Blattgröße erscheint ähnlich, aber die Pflanze ansonsten völlig unterschiedlich. Nannenga-Bemekamp (1970) illustriert und beschreibt 'Gracilis', aber die Pflanze stimmt offenbar nicht mit dem gekerbt-blättrigen und steifen Wuchs von Hibberds Pflanze und den frühen Katalogbeschreibungen überein. Die Sorte, die für die echte 'Gracilis' zu halten ist, wird bei Hillier und Söhne, Winchester, und Fibrex Nurseries Ltd., Evesham, geführt und kann wie zu Hibberds Zeit als hübscher Efeu empfohlen werden, zwar zu locker und weit verzweigt als Bodendecker, aber gut zum Bewachsen von Baumstümpfen und großen Mauern. Er ist so winterhart wie *H. helix*, von dem er eine Blatt-variante darstellt.

Wuchs:	Rankend.
Triebe:	Violett, Internodien 3 bis 6 cm.
Blattstiele:	Violett.
Blätter:	3- und 5fach gelappt, 2 bis 4 × 3 bis 4 cm. Blattbasis gestutzt bis herzförmig. Lappen keilförmig, spitz, Mittellappen nur wenig länger als Seitenlappen. Einbuchtungen allgemein flach, Blattrand im Tiefpunkt der Buchten leicht aufgewölbt. Farbe kräftig Grün, Adern hellgrün.

Green Feather ××

Als klassische Mutation und Vorläufer vieler interessanter Sorten wurde sie von Meagher ausgelesen, einem Angestellten der Baumschule von Fred Danker aus Albany, New York, der sie 1939 in den Handel brachte und seinen Angestellten damit ehrte, daß er ihr den unveröffentlichten Namen 'Meagheri' gab. Bates beschrieb die Pflanze im Oktober 1940 in der amerikanischen Zeitschrift »National Horticultural Magazine« unter dem Namen 'Green Feather'. Dies war eine authentische Veröffentlichung, und obwohl Lawrence

und Schulze (1942) Bates Namensgebung verworfen und die Pflanze als 'Meagheri' beschrieben, hat der zuerst veröffentlichte Name Vorrang. Nannenga-Bremekamp (1970) und die AIS (Vorläufige Checkliste der kultivierten *Hedera*-Sorten) unterstützten beide den zuerst veröffentlichten Namen.

Über die Jahre hin scheint sich die Sorte verändert zu haben. Pflanzen, die jetzt im Umlauf sind, weisen nicht die extrem kurzen Internodien von 3 mm auf, wie von Bates beschrieben, oder die Schmalblättrigkeit, die er anführte. Die Pflanze ist aber nach wie vor eine höchst nützliche Topfpflanze, ausgezeichnet als Ampelpflanze und als Bewuchs für niedere Mauern geeignet. Sie wird noch oft als 'Meagheri' und manchmal als 'Megheri' geführt.

Wuchs:	Rankend, mäßig selbstverzweigend.
Triebe:	Grün-violett. Internodien 1 bis 3 cm.
Blattstiele:	Grün-violett.
Blätter:	3lappig, 3 bis 5 × 3 bis 4 cm. Einbuchtungen eng, gelegentlich fast bis an die Aderung eingekerbt. Mittellappen lang zugespitzt bis feinspitz. Seitenlappen stumpfspitz und manchmal leicht nach oben gerichtet bis gefaltet. Farbe Dunkelgrün, Adern heller grün, wobei die violette Färbung des Stiels gelegentlich am unteren Ende der Blattadern auftritt; dies ist nur auf der Blattoberfläche und nie auf der Unterseite zu beobachten.

Green Finger ×

Dieser dicht wachsende, prächtige kleine Efeu hat einige gute Seiten. Nicht zuletzt weisen manche Blätter einen kleinen, absatzartigen Vorsprung an der Blattbasis auf, ein nützliches Kennzeichen für den Efeu-Liebhaber, der sichergehen will, daß er die richtige Sorte besitzt. 'Green Finger' wurde als Mutation von 'Star' von W. O. Freeland in seiner Baumschule in Columbia, South Carolina (American Horticultural Magazine,

1971), entdeckt. In Großbritannien ist der Name fälschlicherweise für die völlig andere Sorte 'Professor Friedrich Tobler' verwendet worden. Die Triebe dieser Pflanze sind dünn, aber dicht besetzt mit tiefgrünen, spitz auslaufenden vogelfußartigen Blättern. Sie hat sich als angemessen winterhart erwiesen. Sie kann als Bodendecker um kleine Zwiebelblumen und dergleichen in Felsengärten verwendet werden, aber ihr vorrangiger Nutzen und Wert liegt in der Verwendung als Zimmer- oder Ampelpflanze.

Wuchs:	Kompakt, selbstverzweigend.
Triebe:	Violett. Internodien 1 bis 1,5 cm.
Blattstiele:	Violett-grün.
Blätter:	5lappig, 2 bis 3,5 × 1 bis 4 cm, aber aufgrund der großen Variabilität entstehen manchmal auch drei-, zwei- oder manchmal sogar nur einfach gelappte Blätter. Mittellappen sehr lang und schmal (0,5 bis 1 cm). Blattspitzen lang zugespitzt, Einbuchtungen flach, Basallappen, soweit vorhanden, nach hinten gerichtet. Manche Blätter tragen einen spornartigen Vorsprung am Grund eines der Seitenlappen. Farbe Dunkelgrün, drei Hauptadern erhaben.

Green Ripple ××

Ein englisches Sprichwort sagt: »Guter Wein braucht keinen Busch.« Mit anderen Worten, eine gute Sache bedarf keiner Werbung, sie verkauft sich von selbst. So verhält es sich mit 'Green Ripple' – übrigens ein passender Name, der die gekräuselten grünen Blätter mit der kräftigen Blattaderung gut beschreibt. 'Green Ripple' entstand als Mutation aus 'Maple Queen', die 1939 von Louis Hahn aus Pittsburgh, Pennsylvania, entdeckt und vorgestellt worden war. Die Pflanze wurde von Bess L. Shippy in der Zeitschrift »The Flower Grower« vom November 1950 und noch einmal im September 1955 treffend beschrieben. In Holland beschrieb sie Harry van de Laar 1965

als 'Hahn's Green Ripple', 1952 aus Amerika eingeführt, während Nannenga-Bremekamp (1970) die Pflanze den Sorten 'Green Feather' und 'Shamrock' zuordnete, aber auch van de Laars Benennung verwendete. Die zuerst gegebene Benennung, d.h. 'Green Ripple', muß jedoch verwendet werden.

Als gut eingeführte Sorte hat die Pflanze an verschiedenen Standorten ihren Wert bewiesen. Als Topfpflanze rankt und verzweigt sie sich genügend, um Moosstäbe bewachsen zu können oder als Ampelpflanze verwendet zu werden.

41 *Hedera helix* 'Green Ripple'

Als Mauer-Bepflanzung ist sie mit Einschränkung verwendbar, da sie im Laufe der Zeit zu Rückschlägen neigt. Sie ist ein guter Bodendecker und kälteverträglicher als man annehmen mag.

Wuchs:	Rankend, aber auch gut verzweigend.
Triebe:	Violett-grün. Internodien 2 bis 3 cm.
Blattstiele:	Violett-grün.
Blätter:	5lappig, 5 bis 10 × 5 bis 7 cm, Lappen vorwärts gerichtet, lang zugespitzt, Einbuchtungen flach, Rand am Tiefpunkt der Bucht in eine nach oben gerichtete Falte verlaufend. Blattbasis herzförmig. Adern an der Blattoberfläche erhaben, fahl-grün. Blattfarbe leuchtendes Tiefgrün.

Hamilton ××

Diese Sorte scheint eine Form aus 'Hibernica' zu sein. Herkunft und richtige Bestimmung des *H. helix* 'Hibernica' sind seit Jahren umstritten und werden es wahrscheinlich auch weiterhin bleiben. In diesem Buch wird 'Hamilton' als eine tetraploide Form von *H. helix* behandelt und auf ihre Vorzüge und ihre häufige gartenbauliche Verwendung in den Städten hingewiesen. Wo immer ihre Herkunft liegen mag, sie hat sich allgemein als bemerkenswert stabil erwiesen, was die Blattform angeht. Von den wenigen existierenden Blattvariationen ist diese wahrscheinlich die für den Gartenbau am ehesten brauchbare. Im wesentlichen hat 'Hamilton' die gleichen, leicht hochgezogenen Blattflächen wie 'Hibernica' und sicherlich auch den gleichen kraftvollen Wuchs. Im Unterschied zu 'Hibernica' besitzt sie jedoch spitz zulaufende Lappen und einen leicht verdickten Blattrand, der dem Blatt ein »plastisches« Aussehen und nahezu die Festigkeit einer × *Fatshedera* verleiht. Die Blattstiele sind von einem sehr hellen Grün, ihnen fehlt die leichte Rottönung, die bei 'Hibernica' gewöhnlich vorhanden ist. Die Pflanze ist winterhart und gedeiht unter den gleichen Bedingungen wie 'Hibernica'. Der Name 'Hamilton' wurde von Hazel Key von den Fibrex-Baumschulen in Evesham, England, eingeführt. Es ist der Name des Grundstücks, wo die Pflanze gefunden wurde. 'Hamilton' ist winterhart, eine kräftig wachsende Kulturpflanze und als Bodendecker geeignet, der dank seiner

42   *Hedera helix* 'Harald'

verschiedenartigen Blätter eine vielseitig verwendbare Alternative zur gewöhnlichen 'Hibernica' ist.

Wuchs: Rankend.
Triebe: Grün. Internodien 3 bis 5 cm.
Blattstiele: Hellgrün.
Blätter: 5lappig, 6 bis 7 × 9 bis 10 cm. Lappen feinspitz, mittlerer Lappen nur wenig länger als die Seitenlappen. Die beiden unteren Lappen nur ein Drittel so groß wie die Seitenlappen. Einbuchtungen tief, Blattrand am Tiefpunkt aufgewölbt. Deutlich verdickter Blattrand, wodurch das Blatt 'eingerahmt' wirkt. Frisches Mittelgrün, Blattadern hellgrün.

Harald ○

Als 'Harald', 'Herold' oder 'Harold' wird dieser Efeu in großem Umfang für den europäischen Topfpflanzenhandel angezogen und stellt zur Zeit zusammen mit 'Eva' und 'Anna Marie' den Hauptanteil an bunten *H. helix*-Sorten für den Handel. Die Pflanze wurde 1958/59 in Dänemark gezüchtet, aber ihre Herkunft scheint ungewiß. Nannenga-Bremekamp (1970) nimmt an, daß diese Pflanze gleichbedeutend mit 'Cavendishii' ist. Altersformen von 'Cavendishii' gibt es in Großbritannien und diese, sowie Pflanzenmaterial, das in britischen Baumschulen unter jenem Namen im Umlauf ist, zeigen keine Ähnlichkeit mit dieser selbstverzweigenden Sorte 'Harald'. Heieck (1977) weist darauf hin, daß in der Efeugärtnerei Stauss in der Nähe von Stuttgart diese Sorte aus 'Eva' ausgelesen worden ist und nimmt an, daß 'Eva' eine Mutation von der älteren Sorte 'Harald' ist. Die Sorte 'Eva' wurde auch schon als Rückschlag in 'Pittsburgh' gesehen und somit als Variante von 'Pittsburgh Variegated' betrachtet. Die Beschreibung von 'Harald' durch Bruder Ingobert Heieck scheint die erste botanisch genaue Aufzeichnung zu sein. Die von Koch in der »Gartenwelt« 1972 als 'Harald' aufgeführte und in der

79

Checkliste der AIS und in Großbritannien in Umlauf befindlichen sowie in verschiedenen Katalogen genannten Pflanzen scheinen mit dem von Heieck beschriebenen Exemplar übereinzustimmen. Es bestehen außerdem die Synonyme 'Anne Borch', 'Chicago Variegated', 'Ingrid' und 'Hahni'. In der Blattgröße liegt die Pflanze zwischen 'Ingrid' und 'Anna Marie'.

Wuchs:	Selbstverzweigend.
Triebe:	Violett-grün, Internodien 2 bis 4 cm.
Blattstiele:	Violett-grün.
Blätter:	3lappig mit gelegentlich angedeuteten Basallappen. 4 bis 6 × 4 bis 5 cm. Lappen keilförmig, rund oder stumpfspitz, Einbuchtungen flach. Blattbasis gestutzt oder leicht herzförmig. Blattzentrum grün-grau, unregelmäßig umrandet von zartem weiß-beige, das manchmal auch großflächiger auftritt. Adern hellgrün, nicht erhaben.

Hazel ○

Eine Mutation aus der Sorte 'Adam', die von Thomas Rochford und Söhne in Broxbourne, England, um 1975 ausgelesen und so benannt wurde, um die Verdienste von Hazel Key von den Fibrex Baumschulen in Evesham bei der Efeu-Kultivierung zu würdigen. Die zart rahmweiß, grün marmorierten Blätter ähneln 'Kolibri' in der Färbung, sind aber breiter und kürzer. Wie 'Kolibri' ist 'Hazel' eher für die Kultur im Haus geeignet, wo die gedämpften Lichtverhältnisse das Farbmuster zu verstärken scheinen.

Wuchs:	Selbstverzweigend.
Triebe:	Rosa-grün. Internodien 1,5 bis 2 cm.
Blattstiele:	Rosa-grün.
Blätter:	3lappig, 2,5 bis 3 × 2,5 bis 4 cm, mit zwei angedeuteten Basallappen. Mittlerer Lappen doppelt so lang wie die seitlichen; Blattspitzen zugespitzt, Blattbasis herzförmig. Grundfarbe zart Rahm-weiß, zum größten Teil mit Grau-grün bedeckt

und eingestreuten, dunkelgrünen Flecken. Einige Blätter haben nur vereinzelte grüne Flächen. Adern zartbeige, nicht erhaben.

Heise ○

Diese Sorte wurde oft 'Heise Denmark' genannt, was auf ihr Herkunftsland hinweist. Sie wird schon seit einiger Zeit in Gartenbaubetrieben kultiviert. Graf (1963) erwähnte sie und Pierot (1974) wies darauf hin, daß die Blätter breiter und die Pflanze buschiger ist als 'Glacier', wenn sie auch in der Färbung ähnlich sind. Sie ist für den Topfpflanzenhandel geeignet und ist in großem Umfang vermehrt worden. Es werden mehrere Formen im Handel angeboten. Die folgende Sortenbeschreibung wird als typisch erachtet.

Wuchs:	Selbstverzweigend, kompakt.
Triebe:	Violett-grün. Internodien 2 bis 3,5 cm.
Blattstiele:	Grün.
Blätter:	3lappig, 3 bis 4 × 3 bis 5 cm. Blattspitzen zugespitzt, Blattbasis schwach herzförmig, Farbe Grüngrau mit zart beiger Panaschierung.

Helford River ××

Die folgende Beschreibung steht in Beans »Trees and Shrubs Hardy in the British Isles« (Winterharte Bäume und Sträucher in Großbritannien) von 1973:
Hedera helix cv. 'Helford River'. Ein großblättriger Efeu, der von George Nicholson, dem Kurator von Kew, 1890 am Mündungsbecken des Helford-Flusses wildwachsend gefunden und in die Efeusammlung (von Kew) eingebracht wurde, wo er noch immer wächst. Die Blätter sind auffällig weiß geadert und unterschiedlich in der Form, aber meist mit einem langen Mittellappen und zwei nach hinten gerichteten Seitenlappen.« Die Sorte wurde als 'Helfordiensis' in der Handliste (für Pflanzennamen) von Kew 1975 aufge-

führt. Sie wird nicht in Toblers »Die Gattung Hedera« von 1912 erwähnt, aber in seinem Artikel »Die Gartenformen der Gattung Hedera« von 1927 (Mitteilungen der Deutschen Dendrologischen Gesellschaft) ist sie aufgeführt. Der Name ist mit den violett-blättrigen Sorten 'Woeneri' und 'Purpurea' gleichgesetzt worden, aber es gibt dafür keinen ersichtlichen Grund, da sich diese Sorte in keiner Weise färbt. Die erste veröffentlichte Beschreibung scheint die von Bean zu sein, und 'Helford River' ist daher wohl der korrekte und für diese Sorte zutreffende Name. Die grau geaderten Blätter dieser wüchsigen Kletterpflanze schaffen einen interessanten Kontrast zu anderen Efeusorten. Sie kann auch als Bodendecker verwendet werden.

Wuchs: Rankend.
Triebe: Violett-grün. Internodien 2 bis 3 cm.
Blattstiele: Violett-grün.
Blätter: 5lappig, 6 bis 10 × 7 bis 11 cm. Mittellappen verlängert und lang zugespitzt, Seitenlappen keilförmig und spitz, Basallappen nach hinten gerichtet. Einbuchtungen flach. Mittelgrün, Adern ausgeprägt weiß-grau gefärbt, was dem Blatt insgesamt einen grauen Farbton verleiht.

Heron × × ×

In den späten 50er Jahren hat Roland Jackmann aus Woking, Surrey, diese Sorte aus 'Pedata' ausgelesen und ihr den Namen gegeben. Sie ist jener in Wuchs und Farbe ähnlich, unterscheidet sich aber durch ihre reduzierten Blätter, langen Internodien und ihren drahtigen Wuchs. In der Tat sehen die kleinen, eng gelappten Blätter an den jüngeren Trieben fast wie die aufgereihten Stacheln an einem Stacheldraht aus.
Eher interessant als schön, wirkt diese Pflanze am vorteilhaftesten gegen einen weißen Hintergrund wie z.B. einer Hauswand oder an einem Platz, wo ihre langen Triebe über eine Mauer oder Bank hängen können. Sie kann auch an einem Holz- oder Drahtzaun hochgezogen werden.

Wuchs: Rankend, rasch am Boden ausbreitend.
Triebe: Grün-grau. Internodien 3 bis 6 cm.
Blattstiele: In der Regel kurz, 1 bis 3 cm, matt violett.
Blätter: 5lappig, Basallappen nach hinten gerichtet. 3 bis 5 × 4 bis 5 cm. Mittlerer Lappen eineinhalb mal so lang wie die seitlichen. Einbuchtungen sehr flach, im Extremfall stehen die Seitenlappen im rechten Winkel zum Mittellappen. Blattspreite reduziert, manchmal fast bis zu den Adern. Farbe dunkel Grün-grau, Adern weiß-grün.

Hibernica × ×

Wahrscheinlich wird sie am meisten von allen Efeusorten angepflanzt und trotzdem ist ihre Herkunft und Identität in gartenbaulichen Kreisen nun seit nahezu 140 Jahren strittig geblieben. Der erste überlieferte Hinweis ist jener von George Lindley, einem Baumschulisten aus Catton in der Nähe von Norwich, England, der 1815 drei Sorten in seinem Katalog aufführte: »Common Ivy« (gewöhnlicher Efeu), »Striped Ivy« und 'Hibernica', jedoch ohne eine Beschreibung. Später, im Jahre 1836, schrieb Mackey in seiner »Flora Hibernica«: »Eine Sorte, die Irischer Efeu genannt wird (von der ich einige Exemplare besitze, die von W. H. Andrews in den ›Bergen von Ballybunian‹, in der Grafschaft Kerry, gesammelt wurden) wird wegen ihrer sehr großen Blätter und ihres schnellen Wachstums in großer Zahl kultiviert.«
Hierzu sei auch die jüngste Beschreibung, jene von Bean in seinem Buch »Trees and Shrubs Hardy in the British Isles« (1973, 8. Aufl.) angeführt: *Hedera helix* 'Hibernica', eine tetraploide Form des gewöhnlichen Efeu mit matt-grünen Blättern 7,5 bis 15 cm groß, mit gewöhnlich fünf dreieckigen Lappen, von denen der mittlere der größte ist. In den dazwischenliegenden 137 Jahren hat die Frage nach ihrer Identität folgende nomenklatorische Vielfalt erzeugt:

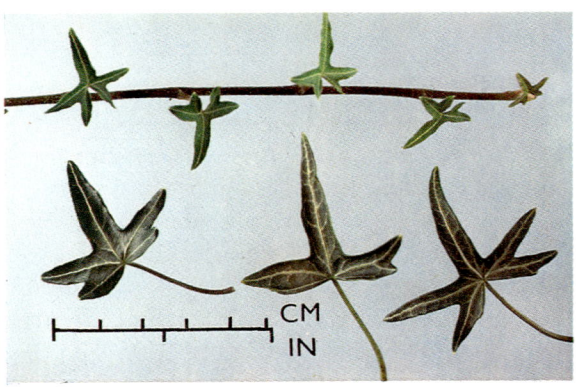

43 *Hedera helix* 'Heron'

H. helix hibernica
(Kirchn., Petzold & Kirchn., 1864)
H. hibernica scotica
(Seemann, »Journal of Botany«, 1865)
H. grandifolia
(syn. *vegeta*, Hibberd, »The Ivy«, 1872)
H. canariensis
(Paul, »Gardener's Chronicle«, 1868)
H. hibernica
(Carrière, »Revue Horticole«, 1890)
H. helix europea
(Voss, »Vilmorin's Blumengärtnerei«, 1896)
H. scotica
(Chevalier, »Monde Plante«, 1933)

Der Ursprung der Pflanze mag ungewiß sein, ihr
Wert im Garten aber steht außer Frage. Schon
1868 schrieb M. Delchevalerie, Chef de Culture
au Fleuriste de la Ville de Paris, über die Vorzüge
von »Le Lierre d'Irlande« für die Verwendung
auf den öffentlichen Plätzen und Anlagen von
Paris. Seine Empfehlung ist bis in unsere Tage
auf den Boulevards, den Plätzen und den Fried-
höfen von Paris zu erblicken. Auf dem berühmten
Friedhof »Cimetière du Père – Lachaise« ruht die
Elite von Frankreich, von Chopin und Maréchal
Ney bis Edith Piaf, umgeben von Gedenksteinen
und 'Hibernica'. Nicht nur in Paris wurde dieser
wirkungsvolle Bodendecker bevorzugt verwendet, auch in vielen anderen europäischen
Städten sind Beispiele für seine Brauchbarkeit als
unaufdringlicher Hintergrund für Prachtbauten

oder andere architektonische Glanzstücke zu
finden und seine weitverbreitete Anwendung
in den östlichen Teilen der USA – obwohl er dort
nicht heimisch ist – zeugen von seiner Vielseitig-
keit.
Wenn er an Mauern oder als Bodendecker wächst,
ist ein alljährlicher Schnitt nützlich. In seiner
Altersform kann er eine wirkungsvolle Hecke
bilden. Nur wenige der vielen tausend Besucher
der Königlichen Botanischen Gärten in Kew
bemerken, daß die rings um das Palmenhaus ver-
laufende Hecke, die wie eine niedere, efeubewach-
sene Mauer wirkt, in Wirklichkeit ausschließlich
aus einer Reihe dicht aneinandergepflanzter,
erwachsener 'Hibernica'-Pflanzen besteht, die
in Heckenform geschnitten sind. In Großbritannien gibt es wohl nur wenige Kirchplätze, Parks
oder Herrenhäuser, in denen die unverwechsel-
baren, großen, leicht nach oben gefalteten matt-
grünen Blätter von 'Hibernica' nicht als Bodenbedeckung oder Hintergrundbepflanzung
dienen.
Diese Sorte hat noch eine Besonderheit: Sie ist eine
der Eltern der an günstigen Standorten auch für
den Garten geeigneten Hybride × *Fatshedera
lizei*, deren anderer Elternteil *Fatsia japonica* ist.

Wuchs:	Rankend mit kräftigen Trieben.
Triebe:	Grün. Internodien 5 bis 7 cm.
Blattstiele:	Violett-grün.
Blätter:	5lappig, 5 bis 9 × 8 bis 14 cm. Lappen dreieckig und stumpfspitz, Mittellappen groß und mehr hervor- gehoben, Einbuchtungen flach. Blattbasis herzförmig. Farbe Matt- grün und stumpf. Adern helles Grün-grau, nur wenig erhaben.

Hibernica Variegata × ×

Obwohl die tetraploide Form von *H. helix* viel
verwendet und angepflanzt wird, hat sie wenig
Variationen hervorgebracht. Eine panaschierte
Form gab es jedoch schon seit 1859. Der Katalog
von Henderson und Söhne in St. John's Wood,
London, führte *Hedera hibernica foliis elegans*

44 *Hedera helix* 'Hibernica Variegata'

variegata. Weitere Erwähnungen wurden unter *Hibernica variegata* im Katalog von Peter Lawson aus Edinburgh 1860 und in den Katalogen der deutschen Firma Haage und Schmidt von 1867 sowie bei Charles Turner aus Slough im Jahre 1868 und bei Thomas Warre aus Tottenham, London, im Jahre 1877 gefunden, alle jedoch ohne eine passende Beschreibung.

1872 jedoch beschrieb Hibberd in »The Ivy« die Pflanze als *Hedera grandifolia pallida* folgendermaßen:

»Der blasse, großblättrige Efeu (syn. 'Golden Blotched', *hibernica fol.* var., *aurea maculata, canariensis* var. *aurea*, 'Golden-Blotched Irish Ivy', Goldgefleckter Irischer Efeu) – Diese Sorte ist verdientermaßen wohlbekannt für ihre Schönheit. Sie unterscheidet sich vom Typ nur in ihrer Panaschierung, die unregelmäßig in Form von ›Flecken‹ auftritt, so daß einige Teile der Pflanze wunderbar gefärbt sind, während andere grün sind und sich in keiner Weise vom gewöhnlichen ›Irischen Efeu‹ unterscheiden. Die Panaschierung besteht in einer blassen, gelblichen oder Primelfarbe, mit der einige Blätter vollständig gesprenkelt sind, während andere halb grün, halb gelb sind und an der Mittelrippe eine scharfe Abgrenzung aufweisen; andere wieder sind gefleckt und gesprenkelt. Dies reicht nie für eine ausgeprägte Panaschierung, es sei denn bei der Pflanzung im Freiland, und dann ist sie gewöhnlich eine edle Pflanze, trotz der unregelmäßigen Färbung.«

Hibberds Illustration trifft auf die Pflanze, die wir heute haben, mit ihren recht scharf abgegrenzten Farbzeichnungen sicherlich zu. Nicht alle Baumschulen schlossen sich Hibberds Namensgebung an, und die Namen, die er als Synonyme bezeichnete, bestanden jahrelang weiter.

Obwohl Bean (1973) die Pflanze als *H. helix* 'Hibernica Aurea' beschreibt und eine weitere Sorte 'Hibernica Maculata' anführt, womit er Lawrence und Schulze folgt (1942), dürfte die heutzutage vorkommende Sorte mit ihrer sicherlich ziemlich unregelmäßig auftretenden Panaschierung mit der von Hibberd beschriebenen übereinstimmen. Manchmal jedoch verwechselt er 'Hibernica' und *H. canariensis* miteinander; deswegen ist anzunehmen, daß der frühere Name 'Hibernica Variegata', der im Katalog von Peter Lawson aus Edinburgh geführt wird (1860), der gültige ist und eindeutig die Herkunft der bunten Form von diesem Eltern-Kultivar ausdrückt.

Eine Pflanze, die eine andere Varietät zu sein scheint, wird im Katalog von Clibran und Söhne, Altrincham, Cheshire, im Jahre 1894 unter dem Namen »*H. hibernica marginata*, stumpf golden gerandet«, geführt. 1888 führte J. Backhouse aus York sie als Pflanze mit silberfarbigen Blatträndern, während 1882 die englische Gartenbauzeitschrift »The Garden« auf »eine neue und bemerkenswert schöne Varietät mit Namen *hibernica marginata* hinwies.« Es scheint aber keine randpanaschierte Form von 'Hibernica' zu geben; möglicherweise ging sie verloren oder es ist tatsächlich eine andere Pflanze gewesen.

45 *Hedera helix* 'Ivalace'

Auf die heute im Handel erhältliche Pflanze trifft Hibberds Beschreibung zu. Wenn sie panaschierte Triebe hervorbringt, kann sie tatsächlich eine beeindruckende Pflanze sein, aber die bunten Triebe sind eben nur selten inmitten einer Menge ganz gewöhnlicher grüner 'Hibernica'-Blätter zu erblicken. Sie ist wert, an einer Mauer oder als Bodenbedeckung gepflanzt zu werden, aber nicht dort, wo beständige Panaschierung erwünscht ist.

Wuchs:	Rankend mit kräftigen Trieben.
Triebe:	Grün, im Alter braun, Blattabstände 5 bis 7 cm.
Blattstiele:	Violett-grün bzw. gelb-grün, wenn sie zu halb oder ganz gelben Blättern gehören.
Blätter:	5lappig, 5 bis 9 × 8 bis 14 cm. Lappen dreieckig und stumpfspitz, mittlerer Lappen größer und mehr hervorstehend, Einbuchtungen flach, Blattbasis herzförmig. Stumpfes Mattgrün, einige Blätter ganz oder teilweise gelb gefärbt und durch Adern begrenzt. Einige Blätter zeigen eine leichte, unterbrochene Panaschierung. Insgesamt überwiegen die einfarbig grünen Blätter.

Ivalace ×

Dies ist ein außergewöhnlicher Efeu, der kaum mit einem anderen verwechselt werden kann. Deshalb ist es verwunderlich, daß er unter vielen irreführenden Namen gehandelt wurde. Namen, die nicht einmal Synonyme im eigentlichen Sinne sind, sondern meist nur falsch angewandt, unter anderem 'Green Gem', 'Laceveil', 'Lace Leaf', 'Wilson' und 'Little Gem'.
Als Kurzbeschreibung ist die erste, nämlich die von Bess L. Shippy (1955), die beste:
»Williams 'Ivalace' ist ein äußerst hübscher Efeu. Die mittelgroßen, leuchtendgrünen Blätter sind 5lappig und die Bänder ganz fein gekräuselt, was ihnen das Aussehen von feingearbeiteter Spitze gibt. Die jungen Triebe, die sehr zahlreich sind, stehen bis zu einer Länge von etwa 20 cm aufrecht.«

Mit Williams ist Keith E. Williams, ein Blumengroßhändler aus Springfield, Ohio, gemeint, der 'Ivalace' auf den Markt brachte. Obwohl die Herkunft der Pflanze nicht bekannt ist, hat sie einige der Merkmale von 'Green Feather' und könnte eine Mutation dieses Efeus sein. Sie wurde um 1958 in Europa eingeführt und ist als Topfpflanze weithin beliebt geworden. In Deutschland führte eine Mutation von 'Ivalace' zu der Sorte 'Stuttgart', die ebenfalls sehr gut ist.
Die Sorte 'Ivalace' ist ein guter, vielseitig verwendbarer Efeu; die Eigenheit, aufrechtstehende Triebe zu bilden, die schon Shippy bemerkte, macht sie zu einer ausgezeichneten Topfpflanze. Sie ist einigermaßen winterhart und kann als Bodendecker für kleinere Flächen verwendet werden. Sie eignet sich hervorragend für die Nordseite niedriger Mauern, wo sie einen Vorhang aus glänzend grünen Blättern, wie von Spitzen, bildet.

Wuchs:	Rankend, aber auch Neigung zur Selbstverzweigung.
Triebe:	Grün-violett, Blattabstände 1,5 bis 2,5 cm.
Blattstiele:	Grün-violett.
Blätter:	5lappig, 4 bis 6 × 4 bis 5 cm. Mittlerer Lappen lang zugespitzt. Seitenlappen sehr spitz. Blattränder stark gewellt. Einbuchtungen flach, Blattrand im Tiefpunkt aufgewölbt, was einen gekräuselten Effekt ergibt, der an eine Spitzensorte erinnert. Farbe Dunkelgrün, bei Zimmerpflanzen ein helleres leuchtendes Grün. Blattbeschaffenheit steif, Oberfläche glänzend. Blattadern hellgrün.

Königers Auslese × ×

Dies ist eine der beliebtesten Zimmerpflanzen. Sie stammt aus der Gärtnerei Hermann Königer, Aalen, und wurde 1952 in Belgien unter dem Namen 'Heraut' kultiviert. Einige deutsche Baumschulfachleute behaupten, sie sei in Deutschland schon 1935 angepflanzt worden. Sie wurde unter den unrichtigen Namen 'Königer', 'Königers Ruhm' und 'Sagittifolia' verkauft.

Van de Laar (1965) lenkte die Aufmerksamkeit auf ihre Neigung, die Blattform zu verändern und stellte die Hypothese auf, daß der ursprüngliche Typus in solche Blattvarianten übergegangen sei. Eine davon ist wahrscheinlich die Pflanze, die in England unter dem Namen 'Sagittifolia' gehandelt wird. Offenbar unterscheidet sie sich nur durch ihr festeres, etwas kleineres Blatt. Eine Pflanze mit der Bezeichnung 'Feastii', die im Botanischen Garten von Oxford wächst, hat eine unübersehbare Ähnlichkeit mit 'Königers Auslese'. Es ist gut möglich, daß 'Königers Auslese' eine direkte Entwicklung von *Hedera helix* ist, und nicht, wie so viele Zimmerefeusorten, ein Abkömmling der selbstverzweigenden Sorte 'Pittsburgh'.

Wuchs: Selbstverzweigend.
Triebe: Violett-grün. Internodien 1 bis 2 cm.
Blattstiele: Violett-grün.
Blätter: 5lappig, 3 bis 7 × 5 bis 8 cm. Mittlerer Lappen doppelt so lang wie die seitlichen. Lappen langgestreckt und spitz zulaufend. Basallappen nach hinten gerichtet. Farbe Mittelgrün, Blattadern hellgrün, nicht erhaben, die Blattadern der seitlichen Lappen bilden oft einen rechten Winkel mit der Hauptader.

Kolibri ○

Diese wertvolle und dekorative Sorte entstand in den 70er Jahren aus der Sorte 'Ingrid' (syn. 'Esther') in der Gärtnerei Brokamp in Ramsdorf, Westfalen. Die Sorte 'Ester', die wahrscheinlich zwischen 1959 und 1962 in den Handel kam, war eine Variante der bekannteren Sorte 'Eva' und ohne Zweifel sieht man 'Kolibri' die Verwandtschaft mit 'Eva' noch an. Das auffälligste Merkmal dieser Sorte ist das Ausmaß und die weiße Farbe ihrer Panaschierung. Gegen den weißen Grund treten die mittelgrünen Flecken und Punkte scharf hervor. Zu dieser Farbkombination gesellen sich rosa- bis purpurfarbene Triebe und Blattstiele.

Die Blätter stehen sehr nahe beieinander und sind ziemlich spitz. All diese Faktoren ergeben insgesamt eine ausgezeichnete Topfpflanze für Zimmer, Gewächshaus oder Wintergarten.

Wuchs: Selbstverzweigend mit geringen Blattabständen.
Triebe: Violett-rosa. Internodien 1 bis 1,5 cm.
Blattstiele: Zart rosa-beige, selten länger als 2 cm.
Blätter: 5lappig, 2 bis 4 × 2 bis 4 cm. Basallappen nicht hervorstehend, lang zugespitzt und ein Drittel länger als die Mittellappen. Grundfarbe zart Beige-weiß, unregelmäßig mittelgrün gesprenkelt und gescheckt mit gelegentlichen grau-grünen Flecken. Blattadern nicht hervorstehend, beige oder hellgrün.

Kurios × ×

Diese interessante Sorte, eine Mutation der Sorte 'Shamrock', wurde von Bruder Ingobert Heieck im Garten des Klosters Neuburg in der Nähe von Heidelberg ausgelesen und 1979 von ihm benannt. 'Kurios' entspricht in der Blattform der Sorte 'Big Deal', aber unterscheidet sich von dieser deutlich durch ihre dicken gebündelten Blattstiele und ihre Neigung, steife Triebe zu bilden, die denen von 'Big Deal' ähneln, aber weniger im Zick-Zack verlaufen. Es handelt sich um einen sehr eigentümlichen Efeu, der eine vortreffliche Topfpflanze ist und ein interessantes Stück in jeder Efeusammlung bildet.

Wuchs: Steife Triebe.
Triebe: Dick und vergleichsweise starr, violett. Internodien 3 bis 7 cm.
Blattstiele: Verbändert und im Vergleich zu anderen Efeusorten stark verdickt. Durchmesser 4 mm im Gegensatz zu den durchschnittlichen 2 mm. Farbe violettgrün.
Blätter: Ungelappt, zu einer leicht angedeuteten stumpfen Spitze hin abgerun-

46 *Hedera helix* 'Königers Auslese'

47 *Hedera helix* 'Kolibri'

det, 4 × 4 bis 5 cm. Oberfläche
runzlig und an manchen Blättern
konkav gewölbt, an anderen konvex.
Farbe mittelgrün. Die Blattadern
gehen fächerförmig von dem sicht-
baren Blattstielansatz aus, sie verfärben sich bei älteren Blättern ins
Violette.

Little Diamond ×

Die Herkunft dieser beliebten, selbstverzweigenden Sorte ist unbekannt, aber da sie gelegentlich
Triebe ausbildet, die der Sorte 'Glacier' ähneln,
könnte es sich um eine Mutation aus dieser weit-
verbreiteten Sorte handeln. Was auch immer ihr
Ursprung sein mag, so wird 'Little Diamond' oder
'Kleiner Diamant', wie man die Sorte in Europa
nennt, mit Sicherheit seit den späten 60er Jahren
angebaut. Sie wächst beinahe zu langsam für
Erwerbsanbauer, aber sie ist eine nützliche Topfpflanze und eine der panaschierten Efeusorten, die
sich für den Steingarten eignen, sofern man diese
dort wünscht.
Die Blätter, die dicht an den Trieben wachsen,
sind rhombenförmig, die Grundfarbe ist grün-
grau mit einer guten weißen Panaschierung. Wenn
die Pflanzen älter werden, nehmen die kleineren
Triebe fast den Habitus der Altersform an, wobei
die Blätter dazu neigen, sich spiralförmig anzu-
ordnen, im Gegensatz zu der zweireihigen Anordnung bei den jungen Trieben. Es gibt offenbar

keinen Hinweis auf Blüten, und diese halbausge-
wachsene Erscheinungsform mit ihren rhomben-
förmigen Blättern, die den ausgewachsenen
Blättern von anderen Efeuarten entsprechen,
scheint für diese interessante Sorte, über die man
wenig weiß, normal zu sein.

Wuchs: Selbstverzweigend.
Triebe: Grün, kurz. Internodien 0,25 bis
            1,5 cm.
Blattstiele: Grün, kurz, selten länger als 3 cm.
Blätter: Ungelappt, 3 bis 4 × 1,5 bis 2 cm.
            Der spitze Apex und die sich ver-
            jüngende Blattbasis ergeben ein
            rhombenförmiges Blatt mit hin und
            wieder angedeuteten Lappen. Farbe
            Grün-grau. Hauptsächlich an den
            Rändern weiß panaschiert. Haupt-
            adern erhaben.

48 *Hedera helix* 'Little Diamond'

86

Little Gem ×✕

Ein hübscher kleiner Efeu, dessen zierliche Blätter und ziemlich dichter Wuchs ihn als Bodenbedeckung gut geeignet machen. Wenn die rankenden Triebe zurückgeschnitten werden, ist er eine nützliche Topfpflanze und kann zum Beranken von Moosstäben verwendet werden. 'Little Gem' ist eine Mutation aus der Sorte 'Pittsburgh'. Sie wurde 1952 von van de Laar verzeichnet, 1965 von ihm benannt und beschrieben.

Wuchs: Selbstverzweigend.
Triebe: Violett, etwas steif. Internodien 1,5 bis 2 cm.
Blattstiele: Violett-rot, die Farbe reicht ein Stück weit an der Hauptader hinauf und ist sowohl an der Unterseite als auch an der Oberfläche des Blattes sichtbar.
Blätter: 3lappig, 3 bis 4 × 4 bis 4,5 cm. Basallappen nur angedeutet oder gar nicht vorhanden. Mittellappen spitz, Seitenlappen weniger. Blattbasis tiefliegend, so daß sich das Blatt von dort etwas nach oben hin faltet. Der Mittellappen neigt sich oft nach unten. Farbe mittelgrün, Blattadern hellgrün, wobei sich die violett-rote Färbung 0,5 bis 1 cm über den Blattansatz hinaus erstreckt.

Lobata Major ×✕

Die Bezeichnungen 'Lobata' und 'Triloba' sind im Laufe der Jahre oft verwendet und auch falsch angewandt worden. Es ist anzunehmen, daß beide Sorten im Westen der Britischen Inseln entstanden sind, wo sich großblättrigere H. helix-Formen entwickelt haben, die oft in Richtung der Sorte 'Hibernica' gehen. Die folgende Beschreibung basiert auf der Beobachtung von Pflanzen in den Royal Botanic Gardens in Kew und stimmt im großen und ganzen mit Hibberds Beschreibung einer Pflanze überein (1872), die er 'Lobata Major' nannte. Lawrence und Schulze (1942) hatten recht, wenn sie meinten, daß diese Sorte keine prägnanten Unterscheidungsmerkmale aufweist. Sie wird heute selten in Baumschulen angebaut, aber man findet sie in England noch in alten Gärten und auch wild. 'Feastii' ist wahrscheinlich eine ähnliche Pflanze.

Wuchs: Rankend.
Triebe: Violett-grün. Internodien 5 bis 6 cm.
Blattstiele: Violett-grün.
Blätter: 3lappig, 4 bis 8 × 5 bis 11 cm. Die zwei Basallappen sind immer mehr oder weniger ausgebildet. Die Seitenlappen stehen senkrecht zum langzugespitzten Mittellappen. Blattform ähnlich wie bei 'Pedata', aber das Blatt ist größer, dunkelgrün und die helleren Blattadern sind nicht erhaben, während sie bei 'Pedata' ein Hauptmerkmal sind.

Luzii ○

Diese Pflanze stammt aus der Gärtnerei Ernst Luz in Stuttgart-Fellbach, wurde von der Firma Hausmann auf den Markt gebracht und auf der Bundesgartenschau Hannover 1951 ausgestellt. Sie war die Stammpflanze für einige ähnlich gesprenkelte Sorten, aber sie bleibt eine wertvolle, eigenständige Variante, die millionenfach für den Zimmerpflanzenmarkt kultiviert wird.
Ihre hell gesprenkelten Blätter genügen, um sie unverwechselbar zu machen und sie nimmt eine weniger pflegliche Behandlung nicht so übel wie stärker panaschierte Sorten. 'Luzii' ist hauptsächlich ein nützlicher Zimmerefeu und verliert teilweise ihre Marmorierung, wenn sie im Freien angepflanzt wird. Nannenga-Bremekamp (1970) bezeichnet sie als 'Luzii', und sie wird oft fälschlicherweise auch 'Lutzii', 'Lutzei' und 'Minima Luzii' und manchmal 'Marmorata' genannt.

Wuchs: Selbstverzweigend.
Triebe: Grün-violett. Internodien 2 bis 3 cm.
Blattstiele: Grün-violett.
Blätter: 5lappig, 3 bis 4 × 3 bis 4 cm. Lappen nicht sehr ausgeprägt, geöhrt und oft

leicht überlappend. Mittellappen etwas länger als Seitenlappen. Farbe helles Grün-grau, grün-gelb gesprenkelt und gefleckt.

Manda's Crested ×

In vielen Familien von Kulturpflanzen entstehen Sorten, die wahre Klassiker werden, Pflanzen mit einem ganz eigenen Charakter. Sie dienen oft als Wegbereiter für neue »Einfälle« der Natur. In der Gattung *Hedera* sind es zwei, die Sorte 'Green Feather' und 'Manda's Crested', wie sie von Bates (1940) beschrieben wurde. Sie gehört zu einer Anzahl von Mutationen aus der Sorte 'Merion Beauty', die in den Baumschulen von W. A. Manda in South Orange, New Jersey, entstanden und von ihnen eingeführt wurde. 'Manda's Crested' war die erste der gekräuselten Sorten (»curlies«), bei denen die Einbuchtungen der Blätter nach oben gebogen sind, während die Lappen nach unten zeigen, was einen hübschen Kräuseleffekt ergibt. Die Pflanze wurde nach Europa eingeführt und in England unrichtig, aber anschaulich 'Curly Locks' genannt.
Ungeachtet der Namen handelt es sich um einen ausgezeichneten Efeu für Tröge, Töpfe und Körbe im Haus oder im Freien zur Bodenbedeckung, wo er im Winter eine hübsche Kupferfarbe annimmt. Seine dünnen Blätter zeugen von seiner Zartheit; in England hat die Pflanze schon problemlos −12°C überstanden, aber sie leidet weit mehr unter kaltem Wind.

Wuchs:	Selbstverzweigend, aber genügend rankend für eine langsame Bodenbedeckung.
Triebe:	Violett-grün, Internodien 2 bis 2,5 cm.
Blattstiele:	Violett-grün, vergleichsweise lang, 7 bis 8 cm.
Blätter:	5lappig, selten auf drei reduziert, 5 bis 6 × 7 bis 8 cm. Charakteristisch sternförmig, die Basallappen rückwärts gerichtet und fast genauso lang wie die Seitenlappen. Wegen der

Überlappung der Basallappen scheint der Blattstielansatz im Mittelpunkt des Blattes zu liegen. Einbuchtungen sehr flach, alle fünf Lappen aufgewölbt mit stumpfen, abwärtsgeneigten Spitzen, was zu dem charakteristischen, gekräuselten Aussehen führt. Hell, fast erbsengrün, Blattadern heller, aber nicht erhaben.

Maple Queen × ×

Diese bewährte Sorte wurde von Sylvan Hahn aus Pittsburgh, Pennsylvania, eingeführt und unter der US-Pflanzenpatentnummer 429 am 15. Oktober 1940 verzeichnet. Sie wächst leicht und hat die mittelgroßen, aber in der Größe ziemlich unterschiedlichen, dunkelgrünen Blätter, so wie man es sich gemeinhin bei einem typischen Efeu vorstellt. Zu den violett-roten Blattstielen bilden sie einen hübschen Kontrast.
Die Pflanze ist ein dankbarer und pflegeleichter Zimmerefeu für Töpfe, Tröge oder Körbe. Sie ist einigermaßen winterhart und übersteht in England −7°C Kälte und rauhe Winde. Bei dem Efeu, der unter dem Namen 'Kobby' gehandelt wird, handelt es sich um die gleiche Pflanze.

Wuchs:	Selbstverzweigend mit kurzen Ranken.
Triebe:	Rotviolett. Blattabstände 2 bis 2,5 cm.
Blattstiele:	Rot-violett.
Blätter:	3lappig, 3 bis 5 × 3,5 bis 5,5 cm. Mittellappen verlängert, Basallappen nur angedeutet, Blattspitzen stumpfspitz. Einbuchtungen verschieden groß, am Tiefpunkt etwas gewellt. Blattbasis gestutzt. Dunkelgrün mit hellgrünen Blattadern.

Merion Beauty ×

Diese Sorte wurde 1940 von Bates »im National Horticultural Magazin« (Band 14) beschrieben. Sie wurde von Henry Faust aus Merion in Philadelphia als eine Mutation der Sorte 'Pittsburgh' gezüchtet und 1937/38 eingeführt. Sie verblüfft durch die Kürze ihrer Blattabstände und ist deshalb eine äußerst kompakte Pflanze, die sich besonders als Topfpflanze und zum Formen von Zierhecken (Topiary) eignet. 'Hahn Miniatur' und 'Procumbens' sind Synonyme, und es hat auch schon Verwechslungen mit 'Neilsonii' gegeben. Diese Namensunterschiede beruhen wahrscheinlich auf dem Vorhandensein von Sorten, die mit der hier beschriebenen Pflanze nicht zu vergleichen sind. Sie hat in England schon −10°C überstanden, aber eignet sich offensichtlich besser für Haus und kaltes Gewächshaus.

Wuchs:	Selbstverzweigend und kompakt.
Triebe:	Violett-grün. Internodien 1 bis 1,5 cm.
Blattstiele:	Grün.
Blätter:	3lappig. Basallappen nur angedeutet, 2 bis 3 × 3 bis 4 cm. Mittellappen keilförmig, Seitenlappen stumpf, beinahe quadratisch erscheinend. Von jedem Blattknoten aus bilden sich mühelos neue Triebe. Farbe Mittelgrün, Blattadern heller, aber nicht erhaben, meist sehr geringe Pigmentierung.

Minor Marmorata × × ×

Der erste, der eine umfassende Zusammenstellung von Efeusorten herausbrachte, war William Paul (1823–1905), der englische Pflanzenspezialist, der in der Fachzeitschrift »Gardener's Chronicle« von 1867 die etwa 40 Exemplare seiner Sammlung mit kurzen Beschreibungen aufführte. Der Botaniker Dr. Karl Koch veröffentlichte diese Zusammenstellung 1870 in »Gärtnerei und Pflanzenkunde«. Koch hatte sich dieser Spezies eine Zeitlang gewidmet, und es war sein Vater, Dr. Caspar Koch, der Hedera colchica entdeckte und ihr den Namen gab. Pauls Zusammenstellung wurde auch in der deutschen Gartenbau-Zeitschrift »Hamburger Garten- und Blumenzeitung« von 1868 veröffentlicht. Seine Bezeichnungen wurden rasch auf beiden Seiten des Ärmelkanals anerkannt und bildeten viele Jahre lang die Grundlage für Katalognamen. Auch 'Minor Marmorata' ist in Pauls Zusammenstellung verzeichnet und wird dort so beschrieben: »Blätter grün, herrlich weiß marmoriert, klein. Schneller Wuchs, äußerst hübsch.« Hibberd (1872) beschrieb die gleiche Pflanze sicher weit detaillierter als Paul, aber er veränderte den Namen zu 'Discolor', wobei er 'Minor Marmorata' und 'Maculata' als Synonyme ausgab. Diese Namensänderung hat augenscheinlich keine logische Begründung außer der einen, nämlich einer Veränderung um ihrer selbst willen oder möglicherweise Herablassung gegenüber dem Nur-Gärtner Paul. Welche persönlichen Animositäten auch immer Hibberd dazu geführt haben mögen, Pauls Bezeichnung zu ignorieren, so bleibt doch die Tatsache bestehen, daß dieser Name ordnungsgemäß veröffentlicht wurde und zwar sowohl in England als auch in Deutschland und das vor Hibberds Namensgebung.

Es versteht sich von selbst, daß die meisten Gärtner die Pflanze weiterhin als 'Minor Marmorata' oder manchmal als 'Marmorata Minor' führten, eine Bezeichnung, die vermutlich irrtümlich von Nicholson in seinem »Dictionary of Gardening« (1885) benutzt wurde, wo sich zufällig auch eine recht gute Illustration befindet. Weder Schneider noch Rehder erwähnten die Pflanze, aber Lawrence und Schulze (1942) orientierten sich an Hibberd und nannten sie 'Discolor' unter Mißachtung von Paul und Koch. Nannenga-Bremekamp (1970) bezeichnet die Pflanze als 'Minor Marmorata' und die achte Auflage von W. J. Beans »Trees and Shrubs Hardy in the British Isles« hält an dieser korrekten Namengebung fest.

In ihrer vorläufigen »Check-Liste« folgt die American Ivy Society Hibberd, aber zweifellos werden weitere Nachforschungen die Gültigkeit des ursprünglichen Namens ergeben. Andere Namen, die neben 'Discolor' mit dieser Sorte in

Verbindung gebracht werden, sind 'Maculata', 'Dealbata', 'Marmorata Minor', 'Marmorata', 'Elegantissima', 'Marmorata Elegans' und 'Richmond Gem'.

Aus dem Vorhergehenden wird ersichtlich, daß die Pflanze schon seit langer Zeit ein Begriff ist. Sie ist eine typische, rankende *H. helix*-Form und besitzt die Winterhärte, die man von dieser Art erwartet. Leonnie Bell (1968) beschrieb das Blatt als »gefleckt oder gestreut weiß gesprenkelt auf dunkelgrünem Grund«, und das gibt einen guten Eindruck von der Panaschierung, die manche Leute daran denken läßt, das Blatt sei von einem Virus befallen. Die Sorte ist hauptsächlich ein Mauerefeu, der besser an der Nordseite gedeiht, an der Südseite nimmt er leicht ein etwas verwildertes Aussehen an; seine jungen Triebe sind farbenfroh und interessant.

49 *Hedera helix* 'Minor Marmorata'

Wuchs:	Rankend, nur langsam bodendeckend.
Triebe:	Mattes Violett-grün, junge Triebe grün-rosa.
Blattstiele:	Matt-violett.
Blätter:	3lappig, Seitenlappen geöhrt, was ihnen eine unregelmäßig dreieckige Form gibt, 3 bis 5 × 4 bis 5 cm. Bei älteren Blättern Mittellappen manchmal etwas verlängert. Grundfarbe Dunkelgrün, auf jungen Blättern zart weiß-beige getupft und gesprenkelt,

oft mit ziemlich geometrischen Mustern. Durch diese Verteilung der Panaschierung erscheint das Blatt kaum oder gar nicht verformt. Ältere Blätter sind deutlich einheitlicher grün.

Modern Times ×× – ×××

Hierbei scheint es sich um die *Hedera helix* 'Woodsii' von Pierot (1974) zu handeln. Ihre Beschreibung und die von 'Modern Times' von Nannenga-Bremekamp (1970) stimmen fast völlig überein, genauso wie die ausgezeichneten Illustrationen in beiden Werken. Die Beschreibung von Nannenga-Bremekamp geht zeitlich der von Pierot voraus und dementsprechend ist also 'Modern Times' der korrekte Name. Die Sorte wurde 1951 von Haage und Co. aus Boskoop in Holland aus Pflanzen der Sorte 'Curlilocks' ausgelesen, die sie wahrscheinlich aus Amerika importiert hatten.

Beide Autoren heben die stumpfen Blattspitzen und das flache Aussehen der Blätter hervor, wobei Pierot noch das samtige Grün und das Apfelgrün der jungen Blätter sowie die Blässe der Blattadern erwähnt. Noch zwei Punkte sind hinzuzufügen, die für die Bestimmung von Nutzen sein können: Die Mitteladern der beiden Basallappen stehen oft exakt im rechten Winkel zur Hauptader des Blattes und am Blattansatz, dort, wo alle Blattadern zusammentreffen, entsteht ein weißer Punkt. Die Pflanze ist in England einigermaßen winterhart. Dieser Efeu eignet sich ausgezeichnet für niedere Mauern und auch als Zimmerefeu ist er für viele Zwecke verwendbar, überall dort, wo man einen wüchsigen, grünen Efeu benötigt.

Wuchs:	Rankend.
Triebe:	Violett-grün. Blattabstände 4 bis 5 cm.
Blattstiele:	Violett-grün.
Blätter:	5lappig, 5 × 5 bis 7 cm. Einbuchtungen flach, so daß die beinahe gleichgroßen Basal- und Seitenlappen nur kurz sind. Mittellappen

keilförmig, genauso lang wie breit. Seitenlappen stumpf und abgerundet. Mattes Mittelgrün, Blattadern hellgrün bis weiß. Mittel3adern der Basallappen stehen rechtwinklig zu der Hauptader des Blattes. Oft ein weißer Fleck am Blattstielansatz, dort, wo die Blattadern zusammenlaufen.

Mrs. Pollock × ×

Die ziemlich mangelhafte Katalogbeschreibung dieser Sorte erweckt den Verdacht, daß es sich um die goldgelb panaschierte Form der Pflanze handelt, die an anderer Stelle dieses Buches als 'Corrugata' beschrieben wurde. Der Name wurde oft als Synonym zu 'Palmata Aurea' bezeichnet, seltsamerweise wurde 'Mrs. Pollock' aber zum ersten Mal von Charles Turner aus Slough in England erwähnt, der 1885 sowohl 'Palmata Aurea' als auch 'Mrs. Pollock' verzeichnete, aber ohne sie zu beschreiben. 1888 bot J. Backhouse aus York sie als 'Vitifolia Aurea' an und nannte 'Mrs. Pollock' als Synonym. Der Name erschien in vielen Katalogen und gartenbaulichen Veröffentlichungen, aber mit unterschiedlichen Beschreibungen. Barr und Söhne (1895) beschrieben sie als »leuchtend grün, mit gelbem Rand und von feinem Zuschnitt«. In der Wochenzeitschrift »The Garden« vom März 1897 war zu lesen: »Panaschierte, ausgeprägte, nahezu fingerförmige Blätter.« 1901 führte J. Russell aus Richmond die Sorte als 'Gold blotched' auf, während Jackmans aus Woking in der Grafschaft Surrey sie 1936 als »kleinblättrig, golden, stark gezähnt« beschrieb. Die einzige ordnungsgemäß publizierte Beschreibung befindet sich in Hibberds Bericht über die Efeu-Vergleichspflanzung der Royal Horticultural Society in den Gärten der Gesellschaft in Chiswick (RHS Journal, Jahrgang 1890): »'Chrysophylla Palmata' ist eine herrliche, goldblättrige Form der grünblättrigen 'Palmata'. Sie wurde von Herrn Fraser unter dem Namen 'Palmata Nova Aurea' zur Verfügung gestellt. Unter Gärtnern ist sie auch unter dem Namen

'Mrs. Pollock' und 'Palmata Aurea' bekannt.« Tobler (1912) nannte den Namen in seiner Aufstellung von Efeusorten für den Garten und der Name erscheint auch in der »Kew Hand List« für 1925, jedoch ohne offiziellen Wert.
Im Moment befindet sich eine Pflanze mit goldener Panaschierung im Umlauf, die alle charakteristischen Merkmale der 'Corrugata' aufweist. Wenn das nicht die Pflanze ist, die früher als 'Mrs. Pollock' verkauft wurde, dann ist es schwierig zu beurteilen, um was für eine Sorte es sich dabei gehandelt haben könnte oder um welche Sorte es sich bei der heutigen Pflanze handelt, die man gelegentlich in alten Gärten und in den Königlichen Botanischen Gärten in Kew entdecken kann. Die beschriebene Sorte ist ein interessanter und guter Mauerefeu.

Wuchs: Rankend.
Triebe: Grün. Blattabstände 3 bis 5 cm.
Blattstiele: Grün.
Blätter: 5- bis 7lappig, 5 bis 6 × 5 bis 7 cm. Die Lappen erscheinen oft nur als nach vorne gerichtete Zacken oder große Zähne an der Spitze eines Blattes, dessen keilförmige Basis es wie ein umgekehrtes Dreieck mit der Spitze an Blattstielansatz erscheinen läßt. Die Lappen sind kurz, aber lang zugespitzt mit engen Einbuchtungen. Farbe Mittelgrün, gelbgefleckt. Blattadern hell grün, sehr dünn und dicht nebeneinander vom Blattstielansatz ausstrahlend.

50 *Hedera helix* 'Neilson'

Nebulosa ×××

Dieser Efeu wurde von Hibberd (1872) beschrieben und benannt. Er gab auch den Ort an, wo er ihn gefunden hatte: »Er wächst auf dem Geländer der Brücke über dem kleinen Wasserfall des Dorfes Dwygyffylchi in Nordwales.« Auf dieser Brücke wächst auch heute noch Efeu und Stichproben davon ergaben, daß er Hibberds Beschreibung entspricht: »Die Triebe sind im Alter dunkelgrün, in der Jugend annähernd violett. Die Blätter sind eher klein und gewöhnlich pfeilförmig und mit einem Netz aus weißlichen Blattadern auf grünem Grund überzogen oder grau und gelblichweiß gefleckt oder wie bewölkt.«

Man muß dazu sagen, daß diese Sorte nur unwesentlich von *Hedera helix* abweicht. Sie ist in England und vielleicht auch in ganz Europa recht häufig anzutreffen. Ihr hauptsächliches und in der Tat auch einziges, deutliches Merkmal ist eine leichte Verdickung des Blattes, die zusammen mit den tiefer in der Blattfläche liegenden Adern das »bewölkte« Aussehen erzeugt, das von Hibberd beschrieben wurde. Keine sehr beachtenswerte Pflanze.

Wuchs:	Rankend.
Triebe:	Dunkelgrün bis violett. Blattabstände 2 bis 4 cm.
Blattstiele:	Grün-violett.
Blätter:	Breit pfeilförmig, schwach 3lappig. 3 bis 5 × 5 bis 6 cm. Blattbasis leicht geöhrt. Farbe Dunkelgrün, Adern hell grün kontrastierend. Die Beschaffenheit der Blattoberfläche und die kontrastierende Färbung der kleinen Nebenadern können dem Blatt ein sozusagen »bewölktes« Aussehen geben.

Neilson ×

Diese Sorte wird in großen Mengen für den Topfpflanzenmarkt gezogen, aber ihr Ursprung liegt im dunkeln. Dem Anschein nach ist sie in Dänemark entstanden, wahrscheinlich in den späten 50er Jahren. Manchmal läuft sie auch unter dem Namen 'Neilsonii'. Aber für eine Sorte, die erst nach 1959 – dem Zeitpunkt des Inkrafttretens des internationalen Kodes für die botanische Nomenklatur – in Umlauf gebracht wurde, wäre diese latinisierte Form des Namens nicht korrekt. Die Sorte wird in einem Atemzug mit 'Merion Beauty' und 'Hahn's Self Branching' genannt. Letztere, eine frühe Mutation der Sorte 'Pittsburgh', gilt heute als identisch mit 'Neilson', und es ist anzunehmen, daß sich alle drei, einschließlich der Sorte 'Chicago', sehr ähnlich sind. Im Falle von 'Neilson' ist es unvermeidlich, daß eine Sorte, die in so großen Mengen in vielen Baumschulen angebaut wird, durch individuelle Selektion zahlreiche Erscheinungsformen annehmen wird. Das Folgende soll eine Zusammenstellung typischer Merkmale sein.

Wuchs:	Selbstverzweigend und dicht.
Triebe:	Violett-grün. Internodien 1 bis 2 cm.
Blattstiele:	Violett-grün.
Blätter:	3lappig, 3 bis 4 × 3 bis 4 cm. Zwei Basallappen nur angedeutet. Mittellappen keilförmig und mindestens doppelt so lang wie die Seitenlappen. Einbuchtungen flach, Blattspitzen zugespitzt. Hellgrün, Blattadern noch heller und nicht erhaben.

Nigra ×××

Die früheste Beschreibung dieser Pflanze stammt von Hibberd (1872): »Dunkle Form der 'Pustulata' . . ., Blattadern weniger deutlich abgehoben, Farbe im Sommer dunkler und im Winter fast schwarz. Diese Sorte stammt von Mr. Wills aus Edgbaston.« Es wird nicht klar, welche Efeuform Hibberd als 'Pustulata' bezeichnete, aber die Erwähnung des Namens Wills erhellt spätere Bezüge auf die Pflanze, insbesondere die von Nicholson (1885), der 'Willseana' beschreibt als »dunkelblättrige Form, verwandt mit *H. helix* 'Lobata Major', von der sie sich durch die weniger abgehobenen Blattadern und die Farbe unterscheidet, die im Sommer viel dunkler und im

Winter fast schwarz ist«. Er gab 'Nigra' als Synonym an und Hibberds seinerseits 'Willseana', was vermuten läßt, daß die Pflanze unter letzterem Namen bekannt war, ehe Hibberds Buch veröffentlicht wurde.

Zweifellos bewegte das Wissen darum, daß es sich um den älteren Namen handelte, Nicholson dazu, die Bezeichnung 'Willseana' zu benutzen und nicht Hibberds selbsterfundenen Namen. Unglücklicherweise findet sich die Benennung 'Willseana' vor jener von Nicholson (1885) in keiner Veröffentlichung, der somit natürlich Hibberds 'Nigra' (1872) zuvorkam, und so bleibt es also nach den Gesetzen der Priorität in der Nomenklatur bei 'Nigra'.

Man trifft die Pflanze auch heute noch gelegentlich an, und sie wurde 1977 für die Efeuvergleichspflanzungen der Royal Horticultural Society zur Verfügung gestellt. Es handelt sich um einen guten, rankenden Efeu, dessen dunkelgrüne Blätter einen schönen Hintergrund für hellblütige Sträucher und Kletterpflanzen an Mauern und Hauswänden abgeben.

Wuchs: Rankend.
Triebe: Violett. Internodien 3 bis 4 cm.
Blattstiele: Violett.
Blätter: 3lappig, 3 bis 7 × 3 bis 5 cm. Lappen spitz zulaufend, Mittellappen fast doppelt so lang wie die Seitenlappen. Blattspitze etwas nach unten geneigt, was dem Blatt ein konvex gewölbtes Aussehen gibt. Blattbasis leicht herzförmig. Sehr dunkles Grün, Blattadern bei jüngeren Blättern heller, bei älteren Blättern nicht erhaben.

Nigra Aurea × ×

»Klare Farbgebung in Schwarz, Gold und Rot.« Diese Katalogbeschreibung eines Efeus reicht aus, um das Interesse jedes Gärtners zu erwecken, aber sie ist etwas übertrieben, es sei denn, daß unwissentlich ein ganz außergewöhnlicher Efeu für die Kultur verlorengegangen ist. Die Pflanze, die heute unter diesem Namen in einigen Gärten

anzutreffen ist und 1977 in die Vergleichspflanzung für Efeusorten der Royal Horticultural Society aufgenommen worden ist, ist zweifellos reichlich mit Gelb gesprenkelt, ihre Grundfarbe ist Dunkelgrün, das sich im Winter fast ins Schwarze wendet, und wie bei vielen Efeusorten tritt bei kalter Witterung ein leichter Violettfarbton auf. All das ergänzt sich wohl kaum zu »schwarz, rot und gelb«.

Es sind anscheinend keine anderen Beschreibungen veröffentlicht worden, außer jenen in ein paar englischen Katalogen etwa von 1908 bis zum Ausbruch des Zweiten Weltkrieges. Es ist möglich, daß es sich bei der Sorte 'Flava', die im Katalog von Haage und Schmidt von 1869 »mit kleinen, gelben, panaschierten Blättern« beschrieben wird, um diese Pflanze gehandelt hat. Das ist aber eine bloße Vermutung. Auf jeden Fall wäre der Name 'Flava' aber die eindeutige Bezeichnung für Gelb; andererseits ist er zur Beschreibung dieser Pflanze ebenso unpassend wie das widersprüchliche 'Nigra Aurea'. Es ist eine interessante Sorte, die Blätter entsprechen denen von 'Nigra', aber, wie bei einer panaschierten Pflanze zu erwarten, ist sie nicht so kräftig. Als leichte, farbenfrohe Bodenbedeckung für Beete und Steingärten ist sie geeignet.

Wuchs: Rankend.
Triebe: Violett. Blattabstände 3 bis 3,5 cm.
Blattstiele: Grün-violett.
Blätter: 3lappig, 2,5 bis 3 × 2,5 bis 3,5 cm. Blattenden spitz, Seitenlappen keilförmig, manchmal nur kleine Vorsprünge. Blattbasis herzförmig. Grundfarbe des Blattes Dunkelgrün. Die jungen Blätter sind zuerst grün und ihre scheckigen, rein buttergelben Flecken treten erst mit dem Alter auf. Unter der Oberfläche schimmert ein helles Grün durch. Die Blattadern sind blaß, aber nicht erhaben.

Old Lace ○

Die Flexibilität von *H. helix* als Art zeigt sich in der relativen Häufigkeit, mit der Sorten Mutationen mit gekräuselten Blatträndern hervorbringen. Um solch eine Mutation handelt es sich bei 'Old Lace', die sich von den anderen gekräuselten Efeusorten dadurch unterscheidet, daß die Zellvermehrung am Rand geringer ist, was den zarten Spitzeneffekt erzeugt. Die Sorte stellt eine nützliche Ergänzung für die Palette der Zimmerefeus dar.

Wuchs:	Selbstverzweigend.
Triebe:	Hellviolett-grün. Blattabstände 1 bis 2 cm.
Blattstiele:	Grün bis hellviolett.
Blätter:	5lappig, aber mit so flachen Ausbuchtungen, daß sie ungelappt erscheinen, 2 bis 2,5 × 3 bis 4 cm. Blattrand rundherum leicht gekräuselt. Mittelgrün, Blattadern heller, die Mittelader bildet eine schnurgerade Linie vom Stiel bis zur Blattspitze.

Palmata × × ×

Es scheint so, daß früher jede Baumschule und Gärtnerei die Sorte 'Palmata' in ihren Katalogen verzeichnete, aber leider mit zu kurzer oder gar keiner Beschreibung. Heutzutage taucht sie nur in wenigen Katalogen auf und es besteht keinerlei Einigung darüber, wie ein typisches Exemplar der Sorte auszusehen hat.
Die erste Eintragung, die zu finden war, ist die von Peter Lawson und Sohn, einem Betrieb aus Edinburgh, der die Pflanze 1864 ohne Beschreibung aufführte. William Paul (1867) beschrieb ihre Blätter als »dunkelgrün, mittelgroß, sehr breit, tief eingekerbt, Blattadern erhaben, kräftig«. Die meiste Zeit wurde die Sorte geläufig als »der fünffingrige Efeu« aufgeführt, oder, wie es Jackmans aus Woking in Surrey formulierte (Katalog 1936), als »kleinblättrig, mit stark gekerbtem Blattwerk«.

Hibberd (1872) bildete sie ab und schrieb über ihre »mittelgroßen, drei- bis fünflappigen Blätter, deren Aussehen oft an Palmen erinnert«. Von da an scheinen die Autoren diese Art übersehen zu haben, bis Bean (1973) sie als »deutlich 5lappig, mit gestutzter Blattbasis und erhabenen Blattadern an der Unterseite« beschrieb. Wenn wir diese Beschreibung mit denen von Paul und von Hibberd zusammenbringen, können wir uns ein Bild von dieser Sorte machen, die man noch recht häufig in alten Gärten und manchmal auch in ihrer Wildform antreffen kann. Sie ist ein winterharter Kletterefeu und eine nützliche Alternative zum gewöhnlichen Efeu.

Wuchs:	Rankend.
Triebe:	Grün-violett. Internodien 3 bis 3,5 cm.
Blattstiele:	Grün-violett.
Blätter:	3- bis 5lappig, 4 bis 6 × 3,5 bis 6 cm. Der Mittellappen und die beiden Seitenlappen sind gleich groß, keilförmig und spitz, die Basallappen sind kleiner. Die Einbuchtungen sind schmal und manchmal am Tiefpunkt aufgewölbt. Die Blattbasis ist gestutzt. Farbe Dunkelgrün, die Blattadern sind hellgrün und an der Unterseite erhaben.

Parsley Crested ×

Es gibt augenscheinlich keine Hinweise auf diese Sorte bis zu den 50er Jahren, obwohl Lawrence (1956), als er die Pflanze beschrieb, behauptete, daß sie damals schon seit etwa fünfundzwanzig Jahren angebaut worden sei. Es erscheint möglich, daß Mutationen mit demselben gekräuselten Blattrand seit der Einführung des selbstverzweigenden Efeutyps an mehreren Stellen gleichzeitig entstanden sein können. Das wäre eine Erklärung für die vielen Bezeichnungen, die sich im Umlauf befinden: 'Cristata' (Jenny 1964), 'Rokoko', 'Parsley', 'Pice Lep', 'Crestata'. Graf (1963) beschriftete eine Abbildung mit 'Parsley Crested' und Nannenga-Bremekamp (1970) behielt diesen

Namen bei. Neben ihrer nützlichen Eigenschaft, sich selbst zu verzweigen, bildet die Pflanze auch Ranken, die sie zu einem geeigneten Efeu für hängende Körbe machen. Das Einkürzen der Wurzeln in Maßen scheint den »Parsley-Effekt« noch zu verstärken. Die Pflanze eignet sich für niedrige Mauern und besonders zur Bodenbedeckung für kleine Flächen.

Wuchs: Selbstverzweigend.
Triebe: Violett-Grün. Blattabstände 1 bis 3 cm.
Blattstiele: Violett-Grün.
Blätter: Ungelappt oder andeutungsweise 3lappig, 4 bis 6 × 4 bis 6 cm. Von oval mit spitzem Ende bis beinahe kreisförmig. Blattbasis leicht geöhrt. Blattrand aufgrund der starken Vermehrung der Randzellen gewellt und Blattkante gekräuselt. Diese übermäßige Vermehrung der Randzellen tritt manchmal in Form von kleinen Knötchen etwas vom Rand entfernt auf. Farbe ein frisches Hellgrün. Blattadern heller und etwas erhaben. Der geraffte Blattrand erzeugt eine Fältelung und Wellung der gesamten Blattoberfläche. In England und möglicherweise auch sonstwo werden die natürlichen Aufwölbungen des Blattwerks gelegentlich von einer Milbenart befallen. Dadurch können die Unregelmäßigkeiten des Blattrands noch verstärkt werden (Darlingten, Plant Galls in Colour, Blandford Press, 1968).

Pedata × × ×

Diese Sorte, der sogenannte »Vogelfuß-Efeu«, ist zweifellos eine natürliche Variante von *Hedera helix*. In einer Nutzlandschaft wie in England ist es schwer, eine wilde Pflanze von einer verwilderten Gartenpflanze zu unterscheiden. Aber es

51 *Hedera helix* 'Parsley Crested'

scheint fast sicher, daß 'Pedata' zusammen mit anderen Sorten wie 'Lobata' und 'Triloba' eine Variante von *H. helix* ist. Sie ist in England aufgetaucht, vor allem in Westengland, einer Gegend, die für den Efeu günstige Bedingungen bietet.

Wo auch immer ihre Ursprünge sein mögen, die Pflanze trug zunächst den Namen 'Caenwoodiana'; jedenfalls bis 1863, als sie in Katalogen von James und John Fraser von den Leebridge-Baumschulen in Essex geführt wurde. Dieser Name scheint sich auf Caenwood House in Hampstead bei Mansfield zu beziehen. Der Name der Besitzung wurde kurz nach 1841 in Kenwood House umgeändert, was zufällig den Bezug im »Handbuch der Laubholz-Benennung« (Beissner, Schelle und Zabel 1903) auf eine *Hedera helix* 'Kenwoodiana' erklärt. Heutzutage ist das Haus ein Museum.

Der Name 'Caenwoodiana' überdauerte in den Katalogen noch viele Jahre. Das ist Shirley Hibberd zu verdanken, der in seinem Buch »The Ivy« die Pflanze als 'Pedata' bezeichnete. Hibberd verursachte ziemlich viel Verwirrung, indem er bekannte und oft gebrauchte Namen, die von Personen hergeleitet waren, durch beschreibende, lateinische Namen ersetzte. In seiner Monographie erwähnt er 'Caenwoodiana' nicht, aber Beschreibung und Abbildung von 'Pedata' beziehen sich augenscheinlich auf eben diese Pflanze. Andere Autoritäten auf diesem Gebiet, einschließlich Bean (1914) und Rehder (Manual of Cultivated Trees and Shrubs, 1927), folgten Hibberd. Die gartenbauliche Presse blieb unbeachtet dessen weiterhin dabei, die Sorte 'Caenwoodiana' zu nennen, und dieser Name taucht bis in die heutige Zeit noch in Katalogen auf.

Im Bericht des RHS-Journals von 1889 über die Efeuvergleichspflanzungen der Gesellschaft in Chiswick Gardens wurde 'Pedata' folgendermaßen beschrieben:

»*Hedera* 'Pedata' ist eine der ausgefallensten und interessantesten Efeusorten; die Blätter sind aufgeteilt in Form eines Vogelfußes, die grauen Blattadern heben sich deutlich ab. Wenn sie eine Mauer bis zu einer gewissen Höhe hinaufgeklettert ist, wächst die Pflanze recht kärglich und bildet unerwünschte Variationen, und deshalb ist es angebracht, sie gelegentlich zu stutzen, um sie üppig und in ihrer charakteristischen Art zu erhalten. Sie wurde von Fraser unter dem Namen 'Caenwoodiana' und von Turner unter dem Namen 'Pedata' eingereicht. Synonyme sind auch 'Digitata Chrysocarpa', 'North Indian Golden Fruited'.«

Es überrascht nicht zu sehen, daß dieser Bericht von Hibberd geschrieben wurde, und die Tatsache, daß er seine Sammlung an Turner, den berühmten Baumschul-Fachmann aus Slough, verkauft hatte, erklärt natürlich, warum Turner die Art als 'Pedata' einreichte! Aber trotz der weiten Verbreitung des Namens verzeichnete Hibberd 'Caenwoodiana' noch nicht einmal als Synonym.

Dieser Bericht setzte 'Pedata' als Namen für den Vogelfuß-Efeu durch und wurde von Lawrence und Schulze (1942) sowie von Nannenga-Bremekamp (1970) übernommen. Abgesehen von diesem historischen Gezänk um den Namen gilt die Pflanze als verläßlicher und nützlicher Efeu. Er wird hauptsächlich an Mauern oder Säulen angepflanzt, wo seine Winterhärte, sein schnelles Wachstum und seine anziehende Blattform sich als wertvoll erweisen. Das Laubwerk ist zur Bodenbedeckung nicht dicht genug. Als Synonyme sind 'Digitata', 'Deltsifolia', 'Caenwoodiana', 'Caenwoodii', 'Combwoodiana' und 'Kenwoodiana' zu nennen.

Wuchs:	Rankend.
Triebe:	Grün. Internodien 2 bis 5 cm.
Blätter:	5lappig, 4 bis 5 × 5 bis 6 cm. Mittellappen verlängert und schmal, ungefähr 1 cm breit und etwa eineinhalbmal so lang wie die Seitenlappen. Spitzen lang zugespitzt, Einbuchtungen breit, die Seitenlappen stehen dadurch beinahe im rechten Winkel zum Mittellappen. Basallappen nach hinten gerichtet. Farbe Dunkelgrün. Blattadern weißgrau, wodurch die ganze Pflanze grün-grau gefärbt erscheint.

Peter ○

Diese Sorte eignet sich hauptsächlich als Zimmerpflanze, wofür ihre Neigung zur Selbstverzweigung sie eher prädestiniert als die farbigere, aber dafür langgliedrigere Sorte 'Goldheart'. Die Farben sind allerdings blasser und weniger klar als bei 'Goldheart'. Die Pflanze zeigt kaum eine Tendenz zum Zurückschlagen, ganz im Gegensatz zu einer ähnlichen Neuzüchtung, der Sorte 'Green Quartz', bei der der zentrale, gelbe Fleck schnell wieder grün wurde, so daß sie nicht länger kultiviert oder gehandelt wird.

'Peter' ist eine Mutation aus 'Pittsburgh', sie wurde von den Gebrüdern Stauss aus Möglingen bei Stuttgart ausgelesen und auf den Markt gebracht. Die Sorte erhielt 1974 auf der Floriade in Amsterdam eine Goldmedaille sowie Auszeichnungen in Genua und Hamburg.

Wuchs:	Selbstverzweigend.
Triebe:	Rosa-grün bis violett. Internodien 1,5 bis 2,5 cm.
Blattstiele:	Rosa-grün.
Blätter:	3lappig, 4 bis 5 × 3 bis 6 cm, Mittellappen leicht verlängert und lang zugespitzt. Seitenlappen spitz, Einbuchtungen flach. Farbe Hellgrün mit einem blaß gelb-grünen, unregelmäßigen Fleck in der Mitte. Blattadern heller, aber nicht erhaben.

52 *Hedera helix* 'Peter'

in Umlauf befindliche Pflanzenmaterial ist vielleicht die folgende Beschreibung repräsentativ.

Wuchs:	Selbstverzweigend.
Triebe:	Violett-rot. Blattabstände 0,5 bis 2 cm.
Blattstiele:	Grün-rosa.
Blätter:	3lappig, 1 bis 2,5 × 1 bis 2 cm. Mittellappen doppelt so lang wie die Seitenlappen. Blattspitzen lang zugespitzt, Einbuchtungen tief, Blattbasis gestutzt. Farbe hell, fast Grün-gelb, Blattadern nicht erhaben.

Pin Oak ×

Ein nützlicher Efeu, der mit seinen kleinen Blättern gut den Boden deckt und dabei ein hügeliges Profil bildet, aber genausogut als Topfpflanze geeignet ist. Die Check-Liste der American Ivy Society nennt als Ursprungsort die Baumschule von Henry Faust in Merion, Philadelphia, und stellt fest, daß die Sorte zum erstenmal 1941 gehandelt wurde. 'Pin Oak Improved', die aus der gleichen Baumschule stammt und als winterhärtere Sorte betrachtet wird, wurde auf der »Philadelphia Flower Show« von 1942 zum erstenmal vorgestellt. Der Bestand von 'Pin Oak', der sich im Handel befindet, weist große Unterschiede auf, möglicherweise eben wegen der Einführung von zwei verschiedenen Sorten und wegen der ausgedehnten Verbreitung durch verschiedene Baumschulen.

Graf (1963) lenkte die Aufmerksamkeit auf den eher schwächlichen Wuchs und die roten Triebe dieser Sorte, der Katalog der amerikanischen »Alestake«-Baumschule interpretiert das angemessener als »anmutigen Wuchs« und verzeichnet 'Ferney' als Synonym. Lawrence (1956) beschrieb die Pflanze, Nannenga-Bremekamp (1970) ordnete sie der 'Green Feather'-Gruppe zu und beschrieb sie als »dreilappig, kleinblättrig, mit tiefen Einbuchtungen«. Die Sorte 'Pin Oak Improved' soll, wenn sie überhaupt bestimmt werden kann, große Blätter haben. 'Green Finger' ist eine ziemlich ähnliche Sorte. Für das zahlreiche

Pittsburgh ×

Dieser kurzgliedrige, kleinblättrige Efeu war die erste der selbstverzweigenden Efeusorten. Die Sorte soll zwischen 1915 und 1920 als eine Mutation aus *Hedera helix* 'Hibernica' entstanden sein. Sie wurde von Paul S. Randolph aus Verona, Pennsylvania, vorgestellt und von ihm 1920 in den Handel gebracht. Die Annahme, daß sie aus 'Hibernica' entstanden sein könnte, kommt daher, daß Bates, der amerikanische Autor und Gartenbau-Fachmann, im »National Horticultural Magazine« von 1932 einen Beitrag veröffentlichte, in dem er darauf hinwies, daß der Großteil des in Nordamerika wachsenden Efeus *H. helix* 'Hibernica' sei. Es scheint wahrscheinlicher, daß 'Pittsburgh' eine Mutation aus *Hedera helix* ist. Mutationen entwickeln von Zeit zu Zeit Triebe, die wieder in die Form ihrer Eltern zurückschlagen. Solcherart zurückgeschlagene Triebe bei 'Pittsburgh' zeigen keine Ähnlichkeit mit dem 'Hibernica'-Typ, wohl aber mit dem des gewöhnlichen Efeus, der in England wild zu finden ist. 'Pittsburgh' ist eine historische Sorte, da sie der Vorläufer einer ganzen Generation von Efeu-Sorten in Amerika wie in Europa war, die Bates den »Ramosa-Formenkreis« nannte. Diese Sorten können an ihrem selbstverzweigenden oder »ramulösen« Wuchs und an ihren, in der Regel dünneren Blättern – verglichen mit normalen *H. helix*-Blättern oder auch denen der anderen

Arten – erkannt werden. 'Pittsburgh' ist in großen Mengen für den Zimmerpflanzen-Markt kultiviert worden, und obwohl sie etwas durch neuere, grüne und kurzgliedrige Sorten wie 'Neilson' verdrängt wurde, ist sie immer noch als Zimmerpflanze zu empfehlen. Sie war unter vielen Namen im Handel, so auch als 'Chicago', 'Chrysanna', 'Hahn Selfbranching', 'Ray's Supreme', 'Procumbens', 'Spitzberg' und 'Spitzbergii'.

Wuchs:	Selbstverzweigend.
Triebe:	Violett-grün. Internodien 1,5 bis 2 cm.
Blattstiele:	Violett-grün.
Blätter:	5lappig, 3 bis 5 × 5 bis 6 cm. Blattspitzen zugespitzt, Blattbasis herzförmig, Einbuchtungen flach, Blattfläche steht parallel zum Trieb, so daß auch jeder einzelne Trieb für sich ein eindrucksvolles Bild abgibt. Farbe Mittelgrün, Adern heller.

Pixie ○

Diese Sorte hat mit seinen kleinen, sanft grünen, fein geschnittenen Blättern ein beinahe farnartiges Aussehen. Oft wurde die Pflanze auch mit dem Namen 'Holly', 'Weber Californian' und 'Margaret' bezeichnet, aber auf Pflanzen, die zur Zeit als 'Pixie' angeboten werden, treffen die Beschreibungen der Sorte 'Holly', die Lawrence und Schulze (1942), Lawrence (1956) und Nannenga-Bremekamp (1970) gegeben haben, nicht zu. Sie stimmen jedoch mit den Beschreibungen in Suzanne Pierots »Ivy Book« von 1974 und dem Bericht von Graf (1963) überein sowie mit der Beschreibung von 'Weber Californian' aus der Sortenliste der American Ivy Society. Es scheint deshalb, daß 'Pixie' eine andere Sorte als 'Holly' ist. Möglicherweise aber eine Mutation von dieser, da die zwei Namen so oft in Verbindung miteinander gebracht wurden. Andererseits könnte sie mit der Sorte 'Weber Californian' identisch sein.

Am ehesten trifft die Beschreibung »rankender Miniatur-Efeu« zu. Obwohl er grundsätzlich selbstverzweigend ist, vermag er lange Ranken zu entwickeln, die mit ihren kleinen Blättern eine ausgezeichnete Ampelpflanze bilden und ist auch für hochgestellte Pflanzkübel geeignet.

Wuchs:	Klein und zierlich, rankend.
Triebe:	Dünn, grün-violett. Internodien 2 bis 3,5 cm.
Blattstiele:	Dünn, grün-violett.
Blätter:	5lappig, aber oft mit zwei zusätzlichen, angedeuteten Basallappen. 2,5 bis 4 × 2 bis 3,5 cm. Lappen lang zugespitzt, Mittellappen verlängert, Einbuchtungen eng, am Tiefpunkt leicht aufgewölbt. Blattrand leicht gekräuselt. Farbe Hellgrün, Adern heller.

Var. poetica

Die meisten Efeusorten werden wegen ihrer Schönheit und ihrer interessanten Blätter im Jugendstadium angepflanzt. Die Anziehungskraft dieser Varietät jedoch liegt in ihren orangegefärbten Früchten. Aus diesem Grunde sieht man sie gewöhnlich als kleinen Strauch oder in der Baumefeu-Form, die aus erwachsenen Trieben der Altersform vermehrt worden sind. Die Pflanze hat eine lange Geschichte, da schon bei Plinius in seiner »Naturgeschichte« (23–79 n. Chr.) über den Efeu geschrieben steht:
»Eine Art hat schwarze Früchte, eine andere hat die Farbe des Safran. Sie wurde von Dichtern für Kränze verwendet und ihre Blätter sind nicht so dunkel gefärbt... Bei den Griechen unterscheiden manche Leute im Hinblick auf die Farbe der Beeren zwei Klassen beim Efeu, eine mit roten Früchten und eine mit golden gefärbten Früchten.«
Diese Pflanze hat ebenso wie andere Efeuarten und Sorten Namensänderungen erlebt. Weston führte sie in seiner Schrift »Universal Botanist und Nurseryman« (1770) als *poetica baccis luteis* (Yellow berried archipelagian ivy, Gelbfrüchtiger Inselefeu). Reverend Robert Walsh fand die Pflanze in der Nähe von Konstantinopel und

beschrieb sie in einem Brief am 6. Juli 1824 als *H. helix chrysocarpa*, der vor der Royal Horticultural Society verlesen und in den »Transactions« (Jahres-Bericht) von 1826 veröffentlicht wurde. Später, im Jahre 1835, beschrieb Bertoloni sie als 'Poetarum'. Alle drei Namen erschienen in Katalogen und Veröffentlichungen wie auch andere Varietätennamen, so z. B. *lucida*, *baccifera lutea* und *fructu-luteo*, die alle von verschiedenen Autoren gegeben wurden. Lawrence und Schulze (1942) richteten sich nach Weston und nannten die Pflanze *H. helix* var. *poetica*. In der 8. Auflage von Beans Buch (1973) wird sie als var. *poetica* anstelle von *chrysocarpa*, der Bezeichnung aus früheren Auflagen, genannt. Ein Name, der überraschenderweise von Nicholson (1885) auch verwendet wurde, um die Pflanze zu beschreiben, die wir heute *Hedera nepalensis* nennen. Dies ist ein gänzlich anderer Efeu aus einem völlig anderen Verbreitungsgebiet.

Da der Betrachter hauptsächlich an schwarze Früchte bei der Altersform gewöhnt ist, werden die orangegefärbten Früchte der Varietät *poetica* sofort sein Interesse erregen, aber manche Leute, die sie mit den Beeren von *Pyracantha* (Feuerdorn) oder *Cotoneaster* (Felsenmispel) vergleichen möchten, empfinden sie mattgefärbt. Plinius sprach von einem »rotfrüchtigen Efeu« und von einem »goldenfrüchtigen Efeu«. Es ist möglich, daß verschieden gefärbte Fruchtvarianten existieren und jeder, der die Pflanze in ihrer natürlichen Umgebung im östlichen Mittelmeergebiet aufmerksam studiert, kann sicher Varianten mit verschiedenen Fruchtfarben auslesen, vielleicht sogar die weiße, var. *leucocarpa* genannt, die aber offensichtlich nie beschrieben wurde.

H. helix var. *poetica* sieht man heute nur noch selten in Kultur, sie wurde aber zu Hibberds Zeiten vielfach angepflanzt. In seinem Buch »The Ivy« beschreibt er mit ziemlicher Begeisterung ein buschförmiges Exemplar in seinem Garten, das in einem Kübel wächst: »Ganze Trauben von Beeren an der erlesenen (und abgebildeten) Pflanze mit der Nummer 42.«

Wuchs:	Rankend.
Triebe:	Hellrosa bis grün. Internodien 4 bis 5 cm.
Blattstiele:	Grün-rosa.
Blätter:	5lappig, 5 bis 7 × 6 bis 8 cm. Die zwei Basallappen sind nur schwach ausgebildet und verleihen dem Blatt eine annähernd »quadratische Form«. Lappen breit spitz, Mittellappen nur wenig länger als die Seitenlappen, Blattbasis herzförmig, Blattspreite vom Stielansatz aus leicht nach oben gefaltet. Farbe ganz hell Grün-gelb. Die Blattstielfärbung reicht häufig bis in die Aderung hinein und ist sowohl an der Oberseite wie an der Unterseite des Blattes zu sehen.
Früchte:	Wie an kleinen Topfpflanzenexemplaren zu sehen, matt orange gefärbt.

Professor Friedrich Tobler ×

Diese sehr auffällige Sorte wurde von Hans Schmidt aus Bockum-Hövel ausgelesen und auf der Bundesgartenschau 1957 in Köln präsentiert. Sie ist nach Professor Friedrich Tobler (1879 bis 1957) benannt, der zeitweise Direktor des Botanischen Gartens in Dresden war sowie Autor der Monographie »Die Gattung Hedera« (1912) und anderer Schriften über *Hedera* ist.

Die Pflanze ist außergewöhnlich, weil die meisten ihrer Blätter in drei oder fünf »einzelstehende« Blätter geteilt sind. So umfassen viele Blätter drei voneinander getrennte Blättchen, jedes davon mit seinem eigenen Blattstielchen, das wiederum in den Hauptblattstiel übergeht. Die Pflanze wächst einigermaßen kräftig und entwickelt lange Ranken, was sie zu einer geeigneten Ampelpflanze macht. Sie war unter den verschiedensten Namen in Umlauf, darunter auch 'Dreizehn', 'Green Ripple', 'Pedley's Green Finger', 'Pointer', 'Tobler' und 'Weidenblättrig'.

Wuchs:	Selbstverzweigend, aber mit rankenden Trieben.
Triebe:	Braun-rot. Internodien 1 bis 3 cm, die an den Ranken bis zu 5 cm weit werden.
Blattstiele:	Braun-rot, bis 1 cm lang, aber häufig

53 *Hedera helix* 'Professor Friedrich Tobler'

pflanze. Sie ist auch als lockere Bodenbedeckung geeignet.

Wuchs:	Selbstverzweigend.
Triebe:	Grün-violett. Internodien 1 bis 2 cm.
Blattstiele:	Violett-grün.
Blätter:	Im allgemeinen 3lappig mit selten auftretenden zusätzlichen zwei kleinen Basallappen, 2,5 bis 4 × 3 bis 4 cm. Lappen abgerundet, Einbuchtungen flach, Blattbasis tief herzförmig. Hellgrün, Adern nicht hervorgehoben. Im Freien oder bei ungünstigen Bedingungen wie Zugluft oder Kälte nehmen die Hauptadern eine rötliche Färbung an.

so kurz, daß die Blätter aufsitzend wirken.

Blätter:	Unterschiedlich 3- bis 5lappig, aber im allgemeinen vollständig getrennt in drei nahezu länglich-lineare blättchen-ähnliche Lappen, jeder mit einem winzigen eigenen Blattstielchen, das mittlere Blättchen ist 2 bis 4 × 0,5 bis 1 cm groß. Die seitlichen Blättchen sind 1 bis 3 × 0,3 bis 0,5 cm groß. Die Blättchen haben eine kräftige Hauptader. An einigen Blättern bleiben die Blättchen in der Nähe des Blattstielansatzes miteinander verwachsen und sehen deshalb eher wie ein normales aber tiefgespaltenes Blatt aus. Farbe Mittelgrün, mit hellgrünen Adern, manchmal um den Blattstielansatz herum rot getönt.

Ralf ○

Runde Lappen sind das Hauptmerkmal dieser selbstverzweigenden Efeusorte. Die Sorte wurde im Betrieb der Gebrüder Stauss in Möglingen bei Stuttgart ausgelesen und erhielt eine Goldmedaille bei der Ausstellung auf der Amsterdamer Floriade 1974. Der kompakte Wuchs und das schöne Blattwerk machen die Sorte zu einer hübschen Topf-

Romanze ○

Dieser dekorative Efeu ist eine interessante Auslese aus der Sorte 'Luzii' und erhielt seinen Namen 1979 von Bruder Ingobert Heieck aus der Benediktinerabtei Neuburg bei Heidelberg, der ihn auch kultivierte. Die gekräuselten Blätter haben eine gewisse Ähnlichkeit mit denen von 'Manda's Crested', weisen aber eine unauffällige Marmorierung auf. Diese Panaschierung gibt dem Blatt zusammen mit den ungewöhnlich zahlreichen Härchen vom *H. helix*-Typ auf der Blattoberfläche eine samtartige Erscheinung. Ein ausgezeichneter Efeu für die verschiedensten Verwendungen als Topfpflanze. Er ist nicht für die Pflanzung im Freiland geeignet.

Wuchs:	Selbstverzweigend.
Triebe:	Grün-rosa. Internodien 1,5 bis 2,5 cm.
Blattstiele:	Grün-rosa. In der Regel ziemlich lang, 5 bis 8 cm.
Blätter:	5lappig, 3 bis 5 × 4 bis 5 cm. Blattrand gewellt, am Tiefpunkt der Einbuchtung hochgewölbt. Mittellappen abwärts gerichtet, Basallappen geöhrt, so daß der Stielansatz im Blattzentrum zu liegen scheint. Blätter so gewellt und gekräuselt, daß die Lappung nur undeutlich

100

erkennbar ist. Farbe helles Apfelgrün mit etwas dunkelgrüner Marmorierung.

Rüsche ○–×

Sie ist eine der verschiedenen, in den letzten Jahren aufgekommenen, fast bizarr zu nennenden Efeu-sorten. Sie wurde 1968 aus der Sorte 'Professor Friedrich Tobler' von Bruder Ingobert Heieck, Heidelberg, ausgelesen. Der Name ist mit dem englischen Wort »ruche«, was etwa Krause oder Rüsche bedeutet, und dem französischen Wort »ruché« (»gerüscht«) verwandt. Der Name ist gut gewählt und beschreibt anschaulich die Wirkung des Blattes wie die eines Rüschen-Kragens, da es dazu neigt, den Trieb in Höhe der Blattachsel zu umranken bzw. zu umfassen. Die Pflanze wächst schnell und entwickelt lange Ranken, was sie als Ampelpflanze geeignet macht. Sie hat sich in Großbritannien als winterhart erwiesen, wird aber wahrscheinlich am vorteilhaftesten als Zimmerpflanze wachsen.

54 *Hedera helix* 'Rüsche'

Wuchs: Rankend, schnell wachsend.
Triebe: Grün bis violett-braun, sie breiten sich mit langen Ranken weit aus. Internodien 2 bis 5 cm.
Blattstiele: Weinrot. Größte Länge 2 cm, aber oft gar nicht vorhanden.

Blätter: Grundsätzlich 5lappig, aber oft dreifach geteilt, wegen der tiefen Einbuchtungen, die das Blatt manchmal spalten. Lappen keilförmig, das spitze Ende des Blattes oftmals abwärts gerichtet. Die Teilung und Verdrehung des Blattes läßt dieses oft wie um den Trieb herumwachsen erscheinen. Farbe Mittelgrün. Adern heller mit einem Hauch Rot am Blattstielansatz.

Russelliana ×××

Sie ist eine der aufrechtwachsenden Efeusorten und hat eine lange Geschichte, obwohl sie heute nur noch selten zu sehen ist. Von dem inzwischen verstorbenen J. Russell wurde mitgeteilt, daß man früher einen aufrechtwachsenden Efeu kultiviert habe, der nicht mit der heutigen Sorte 'Erecta' zu vergleichen sei. Bei Durchsicht der frühen Russell-Kataloge fand man Beschreibungen eines aufrechtwachsenden Efeus, der als 'Russelliana' verzeichnet war. Die Russell-Baumschulen waren um die Jahrhundertwende auf die Efeuzucht spezialisiert und in ihrer Sortimentsliste war im Jahre 1900 verzeichnet: »'Russelliana', etwas der vorhergehenden Sorte ähnlich (dies war 'Minima', heute unter dem Namen 'Congesta' bekannt), aber ein wenig größer und säulenförmiger im Wuchs mit vollkommen dichtem, kleinem, ansprechend hell grünem Blattwerk.« Derselbe

55 *Hedera helix* 'Sagittifolia'

Name mit ebendieser Beschreibung ist auch in anderen Katalogen von Russell zu finden.

Andere Betriebe führten in späteren Jahren einen gelbblättrigen Efeu unter der Bezeichnung 'Russelliana', aber dies war vermutlich eine Verwechslung mit 'Russell's Gold', einer gelbblättrigen Sorte, der von jenem Betrieb kultiviert wurde.

Hedera helix 'Russelliana' verlor nach und nach das Interesse der Käufer und ging der Baumschule während des Zweiten Weltkrieges verloren. Eine Pflanze wurde jedoch in Milford, Surrey, von Bill Archer wiederentdeckt, der sie als eine von 'Erecta' unterschiedliche Sorte erkannt und in der Gärtnerei des Holloway College, Egham, Surrey, gezogen hat. Für die Verwendung im Garten ist diese Sorte mit 'Erecta' vergleichbar. Sie ist zwar nicht ganz so wüchsig, hat aber größere Blätter als 'Congesta'.

Wuchs:	Nicht kletternd, aufrecht wachsend.
Triebe:	Geringe Blattabstände, gewöhnlich ohne Haftwurzeln, grün. Internodien 0,5 bis 1 cm.
Blattstiele:	Hell grün.
Blätter:	Ungelappt, oval bis nierenförmig, 3 bis 4 × 3 bis 6 cm. Blattränder an jungen Blättern leicht gewellt, an alten Blättern nur gelegentlich. Blattbeschaffenheit ledrig, Farbe Hellgrün. Adern nicht erhaben und gleich gefärbt wie das Blatt.

Sagittifolia × × ×

Diese Benennung macht das Durcheinander in der Efeu-Nomenklatur deutlich. Shirley Hibberd (1872) beschreibt eine Pflanze, die zu jener Zeit weithin angepflanzt wurde, folgendermaßen: »Pfeilblättriger Efeu, recht auffallend und interessant. Freier und steifer Wuchs mit weitreichenden Trieben, aber nur langsam dichter wachsend. Blätter gewöhnlich mit drei stumpfen Lappen, wobei der Mittellappen in Form eines großen »V« nach vorne ragt. Die Farbe ist ein mattes Dunkelgrün mit einigen schwärzlich bronzefarbenen Flecken, die im Herbst zunehmend üppig violett-bronzefarben werden. Die Hauptadern sind heller grün gefärbt und leicht erhaben.«

Bean wiederholte diese Beschreibung in Kurzfassung (1914).

Die Verwirrung entstand, weil der gleiche Name irrtümlich vor kurzem für einen kleinblättrigen, selbstverzweigenden Efeu verwendet worden ist. Es erscheint möglich, daß in den späten 40er Jahren unseres Jahrhunderts, als dieser kurzgliedrige Efeu mit pfeilspitzenförmigem Blattwerk in den Handel kam, Gärtner und Pflanzenbauer etwas oberflächlich Beans Benennung aufgenommen haben und ihn 'Sagittifolia' genannt haben. Der Name wäre wohl geeignet gewesen, und dieser sehr nützliche Efeu wurde und wird immer noch in großen Mengen für den Topfpflanzenhandel vermehrt, eine Verwendung, für die die echte 'Sagittifolia' im übrigen ungeeignet wäre.

Die ursprüngliche 'Sagittifolia' ist eine mäßig wachsende Sorte mit ziemlich offener Wuchsform, gut verwendbar als eine dunklere Variante des gewöhnlichen Efeus. Geeignet zum Bewachsen von Mauern und Bäumen, aber nicht als Bodendecker. Sie wird nicht allgemein von Baumschulen geführt und kommt nur in einigen großen Gärten und Parkanlagen vor, in denen die Anpflanzungen des 19. und frühen 20. Jahrhunderts unverändert geblieben sind. Bei Hibberd und in Beans Buch, in der Auflage von 1914, wird der Name 'Sagittaefolia' geschrieben. Die Schreibweise hier richtet sich nach der neuen Auflage von Beans Buch (1973) und nach dem Werk von Stearn »Botanical Latin«, das auch den Regeln des botanischen Kodes entspricht.

Wuchs:	Rankend.
Triebe:	Dunkel violett-grün. Internodien 3 bis 3,5 cm.
Blattstiele:	Violett-grün.
Blätter:	Pfeilförmiger Umriß, 3 bis 5 × 4 bis 6 cm, Mittellappen verlängert, Seitenlappen kurz und stumpf, sie bilden die Flügel der »Pfeilspitze« und überlappen oft an der Blattbasis. Basallappen nur angedeutet, Adern nicht erhaben.

Sagittifolia Variegata ○–×

Ein ausgezeichneter, selbstverzweigender Efeu mit kleinen, vogelfußartigen Blättern. Dieser Name zeigt die Unzulänglichkeiten der Pflanzennomenklatur. Die Sorte ist nicht, wie man denken könnte, eine panaschierte Form der echten 'Sagittifolia'. Jener Name, der von Hibberd (1872) benutzt worden war, ist in jüngerer Zeit für die Beschreibung einer selbstverzweigenden Sorte, die eher der Sorte 'Königer's Auslese' als der Pflanze von Hibberd ähnlich sieht, verwendet worden. Dementsprechend war es auch verständlich, daß bei Auftreten einer panaschierten Form dieser Sorte die Bezeichnung 'Sagittifolia Variegata' verwendet werden würde. Dieser Name und die Beschreibung wurden von van de Laar (1965) und von Nannenga-Bremekamp (1970) veröffentlicht.

Ein Vergleich mit 'Königer's Variegated' zeigt, daß beide die gleichen Pflanzen sind, aber 'Königer's Variegated' ist offenbar nie als Name veröffentlicht worden, zumindest nicht vor 1965. Also hat der Name 'Sagittifolia Variegata' Gültigkeit, obwohl die Pflanze keine Ähnlichkeit mit der ursprünglichen, unpanaschierten 'Sagittifolia' aufweist.

Jedoch, wie Shakespeare schon sagte: »Eine Rose duftet immer süß, gleich unter welchem Namen.« So ist dieser Efeu, wie immer man ihn benennen mag, eine ansprechende und hübsche Pflanze für Schalen, Ampeln und im Topf. Sie scheint aber Frost besser als viele andere panaschierte Sorten zu überstehen und kann an niederen Mauern und als unaufdringliche Bodenbedeckung in Steingärten gepflanzt werden.

Wuchs: Selbstverzweigend und dicht wachsend.
Triebe: Violett-grün. Internodien 0,25 bis 1 cm.
Blattstiele: Violett-grün, im allgemeinen kurz.
Blätter: 3lappig und klein, 2 bis 2,5 × 2 bis 3 cm. Die zwei Basallappen nur angedeutet, oder, falls ganz ausgebildet, nach hinten gerichtet. Lappen lang zugespitzt, mittlerer Lappen doppelt so lang wie die seitlichen. Mittelfläche des Blattes grün-grau mit unregelmäßiger, zart rahmweißer Randpanaschierung. Adern hellgrün, die Adern der Seitenlappen stehen häufig im rechten Winkel zu der Hauptader.

Shamrock ×

Diese Pflanze, im Deutschen »Kleeblatt-Efeu« genannt, kann eine Mutation aus 'Green Feather' sein, mit der sie einige Ähnlichkeit hat. Tatsächlich ordnet Nannenga-Bremekamp (1970) sie der 'Green Feather'-Gruppe zu. Sie hat eine auffallende Blattform, wurde 1954 von den USA nach Holland eingeführt und von dort auch im übrigen Europa verbreitet. Sie wurde überall eine beliebte Zimmerpflanze, wofür sie auch ausgezeichnet geeignet ist. Eine gut selbstverzweigende Sorte, die sich für Zierhecken (Topiary) verwenden läßt. Kurze Ranken machen sie als Hängepflanzen oder für das Bewachsen von Moosstäben geeignet. Sie ist einigermaßen winterhart, aber vorzugsweise als Zimmerpflanze zu verwenden.

Wuchs: Selbstverzweigend mit kurzen Ranken.
Triebe: Violett-grün. Internodien 1 cm.
Blattstiele: Violett-grün.
Blätter: 3lappig, Mittellappen breit keilförmig, 2,5 bis 3,5 × 2 bis 3 cm. Blattspitzen stumpf, häufig gerundet. Einbuchtungen generell flach, aber an einigen Blättern bis zur Hauptader reichend, was den Eindruck eines dreiteiligen Blattes hervorruft. Seitenlappen manchmal exakt symmetrisch zum Hauptlappen aufgefaltet. Farbe Dunkelgrün mit Spuren von hellerem Grün entlang den Adern. Das Violett der Blattstiele breitet sich oft bis in die unteren Teile (0,5 bis 1 cm) der Haupt- und/oder Nebenadern auf der Oberseite des Blattes aus.

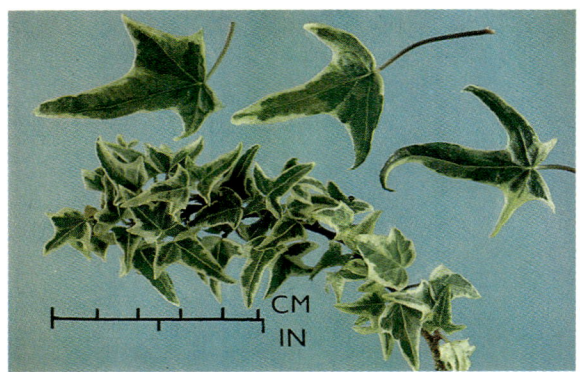

56 *Hedera helix* 'Sagittifolia Variegata'

57 *Hedera helix* 'Shamrock'

Sinclair Silverleaf ○

Eine Sorte mit kurzen Internodien, dessen kleine Blätter ein Spektrum verschiedener Panaschierungen aufweisen. Die jungen Blätter treiben fahl gelb-beige aus, einige behalten diese Färbung bei, andere werden allmählich hellgrün, während wieder andere einen schwachen grünen Fleck aufweisen, der wie aufgetupft wirkt. Er ist ein kompakter, farbenfroher und nützlicher Efeu für die Topfkultur. Nicht für die Pflanzung im Freien zu empfehlen.

Wuchs: Selbstverzweigend, kompakt.
Triebe: Rosa-violett. Internodien 0,25 bis
             1 cm.
Blattstiele: Grün.
Blätter: 3lappig, 1,5 bis 3 × 2 bis 3 cm.
             Mittellappen keilförmig. Einbuchtungen flach, Blattbasis gestutzt bis schwach herzförmig. Grundfarbe zart Gelb-beige mit hellgrünen Tupfern verschiedener Intensität, einige Blätter nur grün. Adern zart beige bis hellgrün, nicht erhaben.

Small Deal ×

Ebenso wie 'Big Deal' stammt diese Sorte aus Amerika und ist diesem mit seinem »spinat«-artigen Aussehen ähnlich. Tatsächlich ist der Hauptunterschied, daß einerseits die Blätter von 'Big Deal' rund und ganzrandig sind, während die von 'Small Deal' gelappt sind; manchmal so tief, daß der Eindruck von getrennten Einzelblättchen entsteht. Sie ist eine hübsche Kuriosität für den Efeuliebhaber und interessant für die Topfpflanzen-Kultur. Der etwas steife Wuchs schließt ihre Verwendung als Ampelpflanze aus.

Wuchs: Selbstverzweigend rankend, langsam wachsend.
Triebe: Rot-violett. Blattabstände unterschiedlich, 3 bis 4 cm an dichten Stellen, aber auch 7 bis 8 cm an den Ranken. Blätter oft paarweise aus den Knoten hervorgehend.
Blattstiele: Rot-violett.
Blätter: 5- bis 7lappig, 4 bis 5 × 3 bis 5 cm. Einbuchtungen unterschiedlich tief, an einigen Blättern Lappen fast bis zum Blattstiel getrennt. Blattspitzen stumpf oder gerundet, Blatt steif, Oberfläche gerunzelt. Farbe Dunkelgrün, Adern dick und auffallend, wenn auch nicht erhaben.

Spectre ○

»Gespenst« ist ein zutreffender Name, denn diese Sorte mit ihren langen, fast krallenartig gelappten Blättern und der gemaserten, gelben

Panaschierung macht einen durchaus geisterhaften Eindruck. Ihre Herkunft ist ungewiß, aber ihre Einführung in Großbritannien wird Stephen Taffler, einem bekannten Efeu-Sammler, zugeschrieben. Die Sorte scheint nicht benannt worden zu sein, bis sie von Hazel Key im Katalog der Fibrex Baumschulen in Evesham, Worcester, England, unter der Bezeichnung 'The Spectre' geführt und auch im Wisley-Handbuch für Efeusorten (1978), das von der RHS herausgegeben wird, beschrieben wurde. Artikel C.23 des Internationalen Kodes für die Nomenklatur von Kulturpflanzen untersagt den Gebrauch des bestimmten oder unbestimmten Artikels bei der Pflanzenbenennung, so daß die Benennung dieser Sorte nun korrekt 'Spectre' lautet. Er ist im wesentlichen eine Zimmerpflanze und scheint eine zart panaschierte Form von 'Triton' zu sein. Diese Sorte ist sicher von großem Interesse für Efeuliebhaber und eine beachtenswerte Topfpflanze.

Wuchs:	Verzweigend und am Boden ausbreitend, ohne Kletterneigung.
Triebe:	Grün-violett, in sich gedreht und leicht zick-zack-förmig, nicht kletternd, nur geringe und vereinzelte Behaarung. Internodien 1 bis 2 cm.
Blattstiele:	Weinrot, oft gedreht.
Blätter:	3- bis 5lappig, 5 bis 7 × 2 bis 4 cm. Einbuchtungen tief und eng, einige Blätter fast bis zum Stiel geteilt. Jeder Lappen gekräuselt und gedreht, nach unten gekrümmt und lang zugespitzt auslaufend. Farbe Mittelgrün, schwach gelb gestreift. Adern erhaben und fächerförmig vom Blattstielansatz ausstrahlend.

Spetchley × × ×

Die botanischen Beinamen *minor* und *minima* wurden früher, meist unkorrekt, für die verschiedenen Efeusorten verwendet. Wären diese Attribute nicht so zahlreich vergeben worden, so würden sie sicherlich auf diese Pflanze anwendbar sein, deren Blätter mit Recht als die kleinsten Efeublätter bezeichnet werden können. Wegen der unsystematischen Verwendung in früheren Zeiten scheint es jedoch angebrachter, einen reinen einheimischen Namen zu verwenden. Die Herkunft der Pflanze ist nicht geklärt. Sicher ist jedoch, daß sie um 1962 in den Gärten des Spetchley Parks in der Nähe von Evesham, Worcestershire, wuchs, schien aber in der Zwischenzeit verloren gegangen zu sein. Einige Exemplare stammen sicherlich von dort, wurden in der Zwischenzeit in verschiedenen Parkanlagen Englands gefunden und gelangten auch in bescheidenem Umfange in den Handel.

Eine interessante und brauchbare kleine Pflanze, die mit ihren winzig belaubten Trieben vorteilhaft kleine Steine überwachsen kann. Mit zunehmendem Alter bildet sie auch hin und wieder mehr efeuartig aussehende Blätter, aber diese können zur Erhaltung der Miniatur-Form entfernt werden, fast wie bei der Bonsai-Kultur. Die Sorte ist zum Überwachsen der Steine in kleinen Steingärten und anderer kleiner Flächen oder als Bonsai-Efeu geeignet.

Wuchs:	Mit kleinen Ranken.
Triebe:	Violett. Internodien 0,5 bis 1,5 cm.
Blattstiele:	Violett.
Blätter:	Schwach 3lappig, 0,5 bis 2 ×0,5 bis 1,5 cm. Blätter unterschiedlich von 3lappig mit verlängertem Mittellappen bis hin zu einem einzigen elliptischen oder dreieckigen Lappen. Blattfläche leicht gefurcht (canaliculata). Farbe dunkel Grün-grau. Wegen der geringen Blattgröße erscheint die fahlgraue Hauptader erhaben und der Blattaufbau dicker als er tatsächlich ist. Gelegentliche »untypische« Triebe haben Internodien von 1,5 bis 2 cm und Blätter von 2 bis 3 × 2,5 bis 3 cm.

58 *Hedera helix* 'Spectre'

59 *Hedera helix* 'Spetchley'

Stift Neuburg ○

Dieser faszinierende Efeu wurde von Bruder
Ingobert Heieck aus der Abtei Neuburg, Heidelberg, im Jahre 1962 aus der Sorte 'Bruder Ingobert', die ebenfalls in der Gärtnerei des Klosters
entstand, ausgelesen.
'Stift Neuburg' ist wegen ihrer auffallenden Blatt-
gestalt und -farbe hauptsächlich eine Zimmerpflanze, obwohl sie sich auch im Freien in Großbritannien winterhart erwies und dort schon
−9°C Kälte überstanden hat. Der Züchter
beschreibt sie als interessante Liebhabersorte,
und das ist sie gewiß mit ihrer ausgeprägten weiß-
hellgrünen Panachierung, ihren geringelten,
runden Blättern und ihren rosa gefärbten Trieben.
Sie ist eine hübsche Topfpflanze, wächst aber
wahrscheinlich für den Erwerbsanbau zu langsam.

60 *Hedera helix* 'Stift Neuburg'

Wuchs:	Rankend, mäßig verzweigend. Wachstum langsam bis mittelstark.
Triebe:	Rosa bis violett-rot. Pflanze steif und anfänglich aufgerichtet, bis weiterer Zuwachs die Triebe schließlich niederliegen läßt.
Blattstiele:	Violett-rosa.
Blätter:	Rund (orbiculate), 2 bis 3 × 4 bis 5 cm. Blattrand ungleichmäßig gewellt mit angedeuteten Lappen, wodurch die Kante gezähnt wirkt. Blattfläche uneben und gewellt, Blattbasis herzförmig. Farbe leuchtend Grün mit ausgeprägten weißen Tupfen, meist im Blattzentrum. Adern weiß oder hellgrün, im Winter leicht rosa.

Sulphurea ××

Diese nützliche Sorte wurde von Hibberd in
seinem Buch »The Ivy« (1872) beschrieben und
ist auch in seinen Anmerkungen von 1890 zu der
in den Gärten der Royal Horticultural Society
durchgeführten Efeu-Vergleichspflanzung aufgeführt. Die Pflanze wurde in den Baumschul-
Katalogen jener Zeit genannt, aber wohl immer
weniger verlangt, denn sie war nach dem Ersten
Weltkrieg nicht mehr verzeichnet und schien verloren. Mitglieder der landwirtschaftlichen Schule

Pershore entdeckten schließlich eine Pflanze beim »Spetchley House« in der Nähe von Evesham, Worcestershire, ein Herrschaftshaus, dessen Gärten weitgehend um die Jahrhundertwende angelegt wurden. Die Pflanze wurde von Pershore aus zunächst unter der Bezeichnung 'Spetchley Variegated' gehandelt, später aber wurde ihr richtiger Name bemerkt und in der Februar-Ausgabe des RHS-Journals 1975 beschrieben. Seit ihrem Wiedererscheinen hat sie sich als guter Bodendecker und Mauerefeu erwiesen. Sie ist ebenso winterhart wie der gewöhnliche *Hedera helix* und erträgt ganz gut Frost und kalte Winde.

der Blattbasis, vom Blattstiel aus gesehen. Dies wurde von Hibberd beobachtet und ist ein typisches Kennzeichen dieser Sorte. Farbe Grün-grau, mit einigen dunkleren Flecken, die an älteren Blättern eher grau und auch schwefelfarben werden. Gelbe, unregelmäßig verteilte Flächen, fast immer am Blattrand auftretend. Blattfläche durchschnittlich 4 bis 7 × 6 bis 8 cm, die Blätter wirken im allgemeinen etwas breit.

61 *Hedera helix* 'Sulphurea'

62 *Hedera helix* 'Telecurl'

Wuchs:	Rankend, dicht wachsend und gut zum Bewachsen von Mauern geeignet.
Triebe:	Hellgrün-violett. Internodien 2,5 bis 3 cm.
Blattstiele:	Hellgrün-violett.
Blätter:	Grundsätzlich 3lappig. Einbuchtungen flach oder gar nicht vorhanden. Die Panaschierung tritt meist am Blattrand auf und verursacht in gewissem Maße ein krauses und konkav gewölbtes Blatt. Dies und die nur undeutliche Lappung ergeben oft ein irgendwie mißgestaltet wirkendes Blatt. Häufig tritt eine öhrchenartige Ausbuchtung auf, meist auf der rechten Seite

Telecurl ○

Diese Sorte hat offensichtlich Ähnlichkeit mit 'Little Picture', einer Sorte, die von van de Laar (1965) beschrieben und dargestellt wurde. Sie wurde 1953 aus 'Curlilocks' entwickelt, aber unter dem ungültigen Namen 'Nana' in den Handel gebracht. Beide Sorten sind mit Sicherheit identisch. Laut Pierot (1974) ist 'Telecurl' wahrscheinlich eine Mutation aus 'Merion Beauty' gewesen, diese wiederum war eine Mutation aus 'Pittsburgh'. 'Curlilocks' kam von Amerika nach Holland und war höchstwahrscheinlich aus 'Pittsburgh' mutiert; so ist es nicht verwunderlich, daß dieselbe Sorte an verschiedenen Plätzen aufgetreten ist.

Die Bezeichnung 'Telecurl' wurde von Lawrence

(1956) verwendet und war somit vor der Benennung von van de Laar in Gebrauch, deshalb bleibt sie als korrekte Bezeichnung bestehen. Ihre hoch gewölbten und tief gefalteten, leuchtend grünen Blätter machen die Pflanze zu einer ausgezeichneten Topfpflanze, und sie bildet ausreichend Ranken, um sie auch als Ampelpflanze verwenden zu können. Pierot (1974) schreibt, daß sie in den Gebieten südlich von New York angepflanzt werden kann. In Großbritannien und Nord-Europa verträgt sie nur sehr milde Winter im Freien.

Wuchs:	Selbstverzweigend mit kurzen Ranken.
Triebe:	Braun-grün. Internodien 1,5 bis 2,5 cm.
Blattstiele:	Braun-grün.
Blätter:	5lappig, lang zugespitzt, 2 bis 3 × 3,5 bis 4 cm. Einbuchtungen eng, Blatt am Tiefpunkt der Buchten aufwärts gekräuselt. Spitze des Mittellappens häufig nach unten gerichtet. Blattfläche von der Mittelrippe aus aufwärts gefaltet. Farbe leuchtend Grün, Adern schwach erhaben, im Winter um den Blattstielansatz herum etwas rot gefärbt.

Très Coupé ×

Diese Sorte kam von Frankreich aus nach Großbritannien. Man erzählt, daß Maurice Mason, ein aufmerksamer englischer Hobbygärtner, die Pflanze im Garten von Roger de Vilmorin, in der sehr bekannten französischen Baumschule sah. Als er die großzügig angebotene Pflanze entgegennahm, fragte er nach dem Namen. »Je ne sais pas«, antwortete sein Gastgeber, »Il est très coupé«, und so war der Name 'Très Coupé' geboren. Sie wurde von dem verstorbenen John Russell von den Betrieben L. R. Russell in Windlesham, Surrey, 1968 auf den Markt gebracht.
Der Name beschreibt die Sorte recht gut. Sie hat unterschiedliche Blattgrößen und -formen und

könnte eine Selektion aus jener Sorte, die früher irrtümlich 'Sagittifolia' genannt wurde, sein; diese Sorte wiederum sieht 'Königers Auslese' oder 'Heraut', wie sie in Belgien genannt wird, ähnlich. Sorgfalt bei der Auswahl des Vermehrungsmaterials ist entscheidend, um die charakteristische Kurzgliedrigkeit und die gestutzten Blätter zu erhalten. 'Très Coupé' ist ausgezeichnet als Pflanze für Töpfe, Körbe oder als Zierhecke (Topiary, Formbaum) und ebenso für niedere Mauern und für langsame Bodenbedeckung geeignet.

Wuchs:	Selbstverzweigend.
Triebe:	Grün-violett. Internodien 0,5 bis 1 cm.
Blattstiele:	Violett-grün.
Blätter:	3lappig, 1 bis 4 × 1,5 bis 3 cm. Sehr unterschiedliches Blattwerk, einige Blätter mit zwei Basallappen, so daß ein 5lappiges Blatt vorliegt, andere wiederum können aus nur ein oder zwei sich verjüngenden Lappen bestehen. Am durchschnittlich vorkommenden Blatt sind die Einbuchtungen breit, der mittlere Lappen doppelt so lang wie die seitlichen, die Blattspitze lang zugespitzt und die Blattbasis gestutzt. Farbe Mittel- bis Dunkelgrün, Adern heller und erhaben.

Tricolor × ×

Viele Efeusorten, sowohl grüne als auch panaschierte, nehmen unter Kälteeinfluß eine rote oder violette Färbung an. Dieses Phänomen wurde von Paul in »Gardener's Chronicle« im Jahre 1867 erwähnt und von Tobler (Die Gattung Hedera, 1912) wissenschaftlich untersucht. Tobler fand verschiedene Sorten, die sich schneller als die meisten anderen verfärbten. Von den panaschierten Efeusorten behält, soweit bekannt, nur dieser ständig eine leichte Rosa-Färbung bei. Sogar im Sommer behalten die zart gelb-beigen und grün-grauen Blätter eine rosa Blattkante, deren Färbung im Winter kräftiger wird. Es ist ein kleinblättriger Efeu mit ziemlich starrem langsamen Wuchs, und er wirkt vorteilhaft an niederen Mauern oder an Standorten, an denen kräftiges Wachstum nicht erforderlich ist.

Die Pflanze wurde unter dem Namen 'Tricolor' schon 1866 bekannt, als unter anderem auch William Dillistone von der Baumschule Munro, Essex, und Charles Noble von der Baumschule Sunningdale, Surrey, sie führten. Von da an bis Anfang dieses Jahrhunderts verzeichneten viele Baumschulen in England und Europa die Sorte unter dem Namen 'Tricolor', wenn auch mit nur vagen oder fehlenden Beschreibungen. Hibberd (1872) beschrieb die Pflanze im Einzelnen, aber unter dem Namen 'Marginata Rubra', und erwähnte 'Tricolor' nur als Synonym. Das war die erste zutreffende Beschreibung der Pflanze, aber wieder einmal nachteilig, daß Hibberd nicht den Namen, der in Gebrauch war, beibehielt. Lawrence und Schulze veröffentlichten 1942 den Namen 'Tricolor' zusammen mit einer genauen Beschreibung; dies war unerwartet, da Hibberds Benennung ja weithin in Gebrauch war. Das »Gardener's Dictionary' (1951) der RHS und Hilliers »Manual for Trees and Shrubs« (1971) übernahmen deren Namensgebung. Bean (1973) führte überraschenderweise die offensichtlich gleiche Pflanze als 'Marginata Elegantissima' an, einen Namen, den er von Pauls Beschreibung (1867) »Blätter grün, mit breiter weißer Randpanaschierung« übernahm. Die heute im Handel erhältliche Pflanze hat eher einen zart gelb-beigen als einen weißen Rand und hat mehr Ähnlichkeit mit den, wenn auch unklaren, Katalogbeschreibungen von 'Tricolor'. Weitere Synonyme sind 'Argentea Rubra', 'Cullisi', 'Marginata Cullisi', 'Latifolia Elegans' und 'Silver Queen'.

Wuchs: Rankend, langsam wachsend.
Triebe: Violett-grün bis mattbraun. Internodien 1 bis 2 cm.
Blattstiele: Violett.
Blätter: Klein, 2 bis 4 × 2 bis 3 cm. Dreieckig, ungelappt oder mit nur angedeuteten Basallappen. Farbe, grün-graues Blattzentrum mit unregelmäßiger,

zart gelb-beiger Randpanaschierung. Blattrand im allgemeinen mit einer dünnen, rosa gefärbten Kante, deren Färbung im Winter stärker wird und sich ausbreitet. Adern fahl grün-grau bis zart gelb-beige innerhalb der panaschierten Flächen.

Triloba ××

Dieser Name wurde zuerst von Hibberd (1872) verwendet. Gleichzeitig erschienen Zeichnungen von zwei Blatt-Typen in seinem Buch. In der darauffolgenden Zeit tauchte die Pflanze in dem einen oder anderen Katalog auf und wurde von einer englischen Baumschule noch bis 1927 geführt, aber bei allen erschien kaum mehr als die Beschreibung »dreilappig«. Lawrence und Schulze (1942) beschreiben allem Anschein nach eine Pflanze mit viel kleineren Blättern, ebenso Graf (1963) und Pierot (1974). Tatsächlich ist die Darstellung im Buch von Pierot gewiß nicht die Pflanze, die von Hibberd beschrieben wurde und die immer noch in alten Gärten und Sammlungen zu finden ist. Es ist korrekt, Hibberds Benennung für diese großblättrige, kräftige Sorte beizubehalten. Die kleinblättrige Pflanze, die von Pierot dargestellt wurde, erfordert eine andere, systematisch korrekte Benennung.

Wuchs: Rankend.
Triebe: Grün-violett. Internodien 3 bis 4 cm.
Blattstiele: Grün-violett.
Blätter: 3lappig, 3 bis 6 × 5 bis 9 cm. Lappen in der Regel keilförmig und spitz, aber manchmal auch gerundet. Farbe Dunkelgrün, Adern hellgrün, Blattbasis geöhrt.

Trinity ○

Diese Sorte ist seit 1969 in Großbritannien im Handel erhältlich, aber seine Herkunft ist nicht bekannt. Verwechslungen sind nur mit einer einzigen anderen Sorte, 'Sinclair Silverleaf', möglich.

'Trinity' kann aber an seinem weißeren Blatt und dem scharf umrissenen, etwas mehr in die Länge gezogenen Mittellappen erkannt werden. Die panaschierten Blätter von 'Sinclair Silverleaf' haben eine honigfarbene Beige-Tönung, die von 'Trinity' hingegen eine zart weiß-beige, wobei die Hauptadern gewöhnlich die grüne Farbe beibehalten. Wie auch bei einigen anderen Sorten, ist dies an schattigen Standorten deutlicher ausgeprägt. Es ist ein ausgezeichneter und farbenfroher Efeu für die Verwendung im Haus, aber im Freien wird er nur an besonders geschützten Standorten gedeihen.

Wuchs:	Selbstverzweigend.
Triebe:	Violett-grün. Internodien 2 cm.
Blattstiele:	Violett-grün.
Blätter:	5lappig, 3 bis 5 × 5 bis 6 cm. Basallappen herzförmig und sehr häufig überlappend. Mittlerer Lappen eineinhalbmal so lang wie die seitlichen. Blattspitze lang zugespitzt, die Enden der Seitenlappen spitz. Färbung der Blätter unterschiedlich, manche hellgrün, andere mit zarten, beige- oder weiß-beigen Farbtönen panaschiert.

Triton ○

Ein höchst ungewöhnlicher Efeu, der in Großbritannien von etwa 1970 an kultiviert und von verschiedenen Baumschulen als 'Green Feather' geführt worden ist. Ein für diese Sorte ungültiger Name, weil er schon von Bates (National Horticultural Magazine of America) im Jahre 1940 zur Beschreibung eines völlig anderen Efeus benutzt und korrekt veröffentlicht worden war. Die Pflanze war auch unter dem Namen 'Macbeth' bekannt, aber 'Triton' war wohl die frühere Benennung und ist deshalb gültig.
Dieser Efeu wirkt sehr vorteilhaft als Einzelpflanze oder bei Verwendung als Hängepflanze. Er ist in England winterhart, aber wegen seines nur mäßig dichten Wuchses für die Pflanzung im Freien ungeeignet. Die Blätter sind 5lappig mit

63 *Hedera helix* 'Triton'

drei Hauptlappen, die langgezogen und in sich verdreht zu einer feinen Spitze auslaufen. Die Blattfarbe und die stark abgehobenen Adern lassen vermuten, daß es sich um eine Mutation aus 'Green Ripple' handeln kann, aber außer der Tatsache, daß die Pflanze aus Amerika kam, ist über ihre Herkunft nichts Konkretes bekannt.

Wuchs:	Verzweigend und nur mäßig dicht ausbreitend ohne die geringste Kletterneigung.
Triebe:	Grün-violett, in sich gedreht und leicht zick-zack-förmig wachsend, nicht kletternd, geringe und ungleichmäßige Behaarung. Internodien 1 bis 2 cm.
Blattstiele:	Weinrot, häufig gedreht.
Blätter:	5lappig, 5 bis 8 × 2 bis 4 cm. Einbuchtungen tief und schmal, einige Blätter fast bis zum Blattstiel geteilt. Die fünf Lappen sind schlank und lang zugespitzt, die drei Hauptlappen häufig länger und zu ihren Spitzen hin um sich selbst gedreht. Farbe leuchtend tiefes Grün. Adern erhaben und vom Blattstielansatz aus parallel über das Blatt verlaufend.

Walthamensis × × ×

Dies war eine der Efeusorten, die von Paul im Jahre 1867 als eine aus seiner »Sammlung hier, die

aus über 40 Sorten besteht«, angeführt wurde. Paul schrieb dies von seiner Baumschule in Waltham Cross aus, und zweifellos ist der Name, den er wählte, ein Hinweis auf die Herkunft der Sorte. Waltham Cross, ein wenig nördlich von London gelegen, war in den folgenden hundert Jahren der Mittelpunkt eines Gebiets, das zur größten Anbaufläche unter Glas in Großbritannien wurde. Dort wurden riesige Mengen Blumen, Tafeltrauben und in der letzten Zeit auch Tomaten produziert, bis die Gewächshausverteuerung und andere betriebswirtschaftlich ungünstige Bedingungen den größten Teil des Anbaus an die Südküste Englands verdrängten, wo günstigere Lichtverhältnisse herrschen.
Es erscheint seltsam, daß 'Walthamensis', ein so nützlicher, kleinblättriger Efeu, nur in Pauls Sortimentsliste aufgeführt war und sonst in keinem anderen Baumschulkatalog, bis in die jüngste Zeit, gefunden werden konnte. Ein möglicher Grund mag sein, daß Paul ein bescheidener Mann war, fähig in seinem Fach und viele seiner Baumschul-Kollegen an Wissen weit überragte. Es lag ihm offenbar aber nicht, eine Sorte, die er entwickelt hatte, auch kommerziell zu vertreiben. Wie auch immer, einige Zeit später galt sein Interesse schon wieder verschiedenen anderen Planzen.
Pauls Sortenliste wurde von dem Botaniker Koch 1870 voll übernommen. Die Benennung 'Walthamensis' hielt sich in botanischen Fachkreisen und blieb zumindest in Europa in Umlauf. Lawrence und Schulze beschreiben 1942 und Nannenga-Bremekamp 1970 die Sorte zusammen mit einer genauen Abbildung.
Die Beschreibung von Bell (1968) hebt die ruhige Anziehungskraft dieser Pflanze anschaulich hervor: »Ein Trieb von 'Walthamensis' wirkt für sich alleine recht kahl und kleinblättrig, aber einmal am Boden gut angewachsen, bildet er eine ebene, 10 cm hohe Decke aus Blattwerk, unter der die Triebe nicht mehr zu sehen sind; ein wunderschönes Gewebe von rußig grüner Farbe mit weißen Streifen; kein Blatt ist länger als 2 bis 3 cm.«
Die Pflanze ist in Amerika erhältlich. Trotz der örtlichen Efeu-Verbände gibt es in England keine Baumschule, die sie anbietet. Man kann die Pflanze hier und da auf den Grundstücken englischer Herrenhäuser und wahrscheinlich auch in natürlicher Umgebung in Wales finden. Eine ganz ähnliche Form ist anscheinend auch wild in der Umgebung von Heidelberg gefunden worden.

Wuchs: Rankend.
Triebe: Violett. Internodien 3 bis 5 cm.
Blattstiele: Violett, dünn.
Blätter: 3lappig, 2 bis 3 × 3 bis 5 cm. Einbuchtungen flach, manchmal fehlend, was eine dreieckige Blattform ergibt. Blattenden feinspitz, Blattbasis gestutzt. Farbe stumpfes Dunkelgrün, Adern heller.

Williamsiana ○

Die Anziehungskraft des Efeu als einzelne Pflanze beruht auf ihrer Blattfärbung und -form. Die obige Sorte zeichnet sich durch eine gute, deutliche, weiße Panaschierung auf sanft gewellten, dreilappigen Blättern aus, was ihr im Katalog der Alestake-Baumschulen, USA, von 1978 die Umschreibung »Der bunte Krause« einbrachte. Über die Herkunft dieser interessanten Sorte ist jedoch wenig bekannt. Sie wurde von Graf (1963) angeführt, dessen Beschreibung schwerlich übertroffen werden kann: »Interessant geformte und kräftige Sorte mit 3- bis 5lappigen Blättern, deren lange Spitzen abwärts gekrümmt sind, während die Blattränder wellig sind mit einer grünlich, elfenbeinfarbenen Umrandung rings um eine apfelgrüne oder graue Mittelfläche.«
Lawrence (1956) erwähnt die Sorte, und dies zeigt, daß sie bereits seit 23 Jahren existiert, wenngleich sie auch nicht allgemein bekannt ist. 'Williamsiana' ist eine ausgezeichnete Topfpflanze mit der Blattfarbe der häufig vorkommenden Sorten 'Eva' und 'Harald' und darüber hinaus mit einer reizvollen Blattvielfalt. Die Sorte kann nicht für das Freiland empfohlen werden, wo die gekräuselten Blätter nicht zur Geltung kommen.

Wuchs: Selbstverzweigend mit kurzen Ranken.

111

Triebe:	Violett-grün. Internodien 1 bis 3 cm.
Blattstiele:	Violett-grün.
Blätter:	3lappig, 3 bis 4,5 × 3 bis 5,5 cm. Einbuchtungen flach, Lappen oval, Blattbasis deutlich herzförmig. Blattfläche leicht gekräuselt, Rand wellig, Blattspitzen lang zugespitzt, oft nach unten gerichtet und gedreht. Grundfarbe Grün-grau mit breiter, zart weiß-beiger Randpanaschierung. Adern weiß.

Woeneri × × ×

Diese Sorte kann zusammen mit 'Atropurpurea' und 'Glymii' zu Recht die Farbbezeichnung »violett« (engl. purple) beanspruchen. Natürlich hat kein Efeu eine wirklich violette Blattfarbe, aber viele Sorten nehmen bei kalter Witterung einen leichten rosa oder violetten Farbton an, ein Phänomen, das von Paul (1867) erwähnt und von Tobler (1912) wissenschaftlich untersucht wurde. Diese drei Sorten jedoch nehmen fast in jedem Winter eine gut sichtbare, violette Färbung an, bei sehr rauher Witterung ausgesprochen tief violett.
Ein Hinweis auf den Ursprung des Namens ist nicht zu finden, aber die Sorte wird von Jenny (1964) beschrieben, der feststellt: »Sie kam wahrscheinlich aus Holland«; er vergleicht sie aber irrtümlicherweise mit 'Helfordiensis'. In Amerika wird der Name als Synonym für 'Purpurea' angesehen. Das ist nicht richtig, denn es gibt eindeutige Unterschiede zwischen beiden. 'Woeneri' ist ein nützlicher, kletternder Efeu mit normalerweise kleineren, mehr quadratisch geformten Blättern als 'Atropurpurea'.

Wuchs:	Rankend.
Triebe:	Grün-violett. Internodien 4 bis 5 cm.
Blattstiele:	Grün-violett.
Blätter:	3lappig, 3 bis 5 × 5 bis 6 cm. Einbuchtungen flach oder völlig fehlend. Mittellappen breit keilförmig, Blattbasis schwach herzförmig, Seitenlappen nur angedeutet. Farbe

Dunkelgrün mit helleren Adern. Das Blatt nimmt im Winter eine violette Färbung an.

Zebra ○

Diese Neueinführung der Gebr. Stauss, Möglingen bei Stuttgart, wurde im Jahre 1978 auf den Markt gebracht. Die Sorte ist eine Mutation aus 'Harald' und ihr Name beschreibt zutreffend das fast gestreifte Aussehen der zart gelb-beigen, unterbrochenen Panaschierung, die noch verstärkt wird durch die Art und Weise, in der die Hauptadern vom Blattstielansatz aus strahlenförmig über die Blattfläche verlaufen. Das Blatt ist insgesamt weniger gelappt als das von 'Harald' und häufig muschelförmig gewölbt. 'Zebra' ist eine auffallend hübsche und interessante Topfpflanze.

Wuchs:	Selbstverzweigend.
Triebe:	Violett-rosa. Internodien 1,5 bis 2 cm.
Blattstiele:	Rosa-grün.
Blätter:	Schwach 5lappig, Lappen häufig nur angedeutet, 2 bis 3 × 3 bis 4 cm. Farbe Grün-grau, zart gelb-beige gefleckt, häufig als Streifenpanaschierung vom Blattstielansatz ausgehend, manchmal aber auch am Blattrand auftretend. Hauptadern hellgelb, vom Blattstielansatz aus fast parallel über das Blatt verlaufend.

Hedera nepalensis

Dieser Efeu hat zunächst verschiedene Namen erhalten, jedoch ohne ersichtlichen Grund, denn er ist eine ziemlich markante Pflanze. *H. nepalensis* wurde zuerst von Wallich in Roxburghs Werk »Flora of India« (1824) als *Hedera helix* beschrieben. De Candolle (1830) bemerkte Unterschiede zwischen dieser Art und *H. helix* und beschrieb sie als Sorte unter der Bezeichnung 'Chrysocarpa'. Ein Name, der schon von Walsh (1826) verwendet wurde, um jenen Efeu zu beschreiben, den man als var. *poetica* kennt. Der Botaniker Karl Koch (Dendrologie, 1853) bezeichnete sie als Art unter dem Namen *H. nepalensis*. Hibberd (1864) nannte sie *H. himalaica,* erwähnte sie aber später (1872) unter dem Namen *H. helix cinerea.* Keiner der beiden Namen ist berechtigt, wenn auch *himalaica* von Tobler (1912) und *cinerea* von Bean (1914) übernommen wurden; ein Fehler, der in der neuesten Auflage des Buches von Bean korrigiert wurde.

In diesem Werk ist auch eine Sorte 'Sinensis', mit ganzrandigen Blättern, im Gegensatz zum gewöhnlichen, »gestuften« Efeublatt angeführt. Mit dieser Beschreibung übereinstimmende Formen sind kürzlich in Nepal gefunden worden. Eine fand Roy Lancaster, der leitende Gehölzfachmann (Kurator) des Hillier Arboretum, Winchester, und eine andere, die jetzt von Dr. John Creech (US National Arboretum) bei der AIS unter der Bezeichnung 'Suzanne' (Nr. 753) eingetragen wurde.

H. nepalensis wird als eine der älteren *Hedera*-Arten angesehen und ist sicherlich stabiler als die wechselhafte *H. helix.* Dennoch könnten weitergehende Nachforschungen oder möglicherweise auch die Vermehrung in größeren Mengen unterschiedliche Sorten ergeben. Eine panaschierte Form ist in der Literatur nicht überliefert. Diese Art ist hauptsächlich ein Mauerefeu. Ihre wohlgeformten, herabhängenden Blätter und die braun-roten Triebe ergeben ein eindrucksvolles Bild, besonders an Nordwänden und -mauern. In Großbritannien ist sie weniger winterhart als *H. colchica* und *H. helix,* übersteht aber die Kälte des Winters besser als *H. canariensis.* In Deutschland gilt *H. nepalensis* als mäßig bis gut winterhart.

Die Früchte sollen orange gefärbt sein. In diesem Zusammenhang ist es interessant, die ausgezeichnet kolorierte Bildtafel zu erwähnen, die in der französischen Fachzeitschrift »Revue Horticole« von 1884 zusammen mit einer Beschreibung von M. André über den »scharlachrot-früchtigen Efeu«, der in Cannes von M. Besson, einem Baumschulisten aus Nizza, kultiviert worden ist. M. André nannte seine Pflanze *H. helix aurantiaca,* aber niemand sonst konnte anscheinend von dieser oder von anderen Pflanzen Beeren vorweisen. Die Diskussion über dieses Thema in der gärtnerischen Fachpresse jener Zeit hielt einige Jahre an. Die Abbildung zeigt sicherlich *Hedera nepalensis,* die erfahrungsgemäß in Großbritannien keine Fruchtstände ausbildet. In südlicheren Teilen Europas könnte dies wohl vorkommen und bei vegetativer Vermehrung könnten auch Abweichungen bei der Färbung der Beeren vorkommen.

Wuchs:	Rankend.
Triebe:	Braun-rot im Jugendstadium und grün im Alter. Internodien 2 bis 3 cm. 12- bis 15strahlige, schuppenartige Härchen.
Blattstiele:	Hellgrün.
Blätter:	Oval bis länglich, 6 bis 10 × 3,5 bis 4,5 cm. Drei bis sechs Lappen, nur schwach ausgeformt. Blatt insgesamt lang zugespitzt, Blattbasis spitz. Die Adern, die fast parallel zur Hauptader verlaufen, erscheinen als helle Streifen auf der saftig grünen Blattoberfläche, sie sind erhaben und auf der Blattunterseite hellgrün.

Hedera pastuchovii

Diese Art wurde von dem Botaniker G. N. Woronow (Acta Instituti Botanici Academiae Scientiarum UdSSR, Ser. I. Fasc. I. 1933) wie folgt beschrieben:

»*Hedera pastuchovii* (G. Woron. In Grossh. 1. c. III [1932] p. 108). Triebe kräftig, kletternd, Blätter ledrig. An den Trieben am Boden schmal oval gerundet und meist mit zwei gleich großen abgerundeten Lappen. Blätter an kletternden Trieben ganzrandig oder gelappt, länglich oder dreieckig, Rand manchmal unregelmäßig gezähnt. Basallappen durch eine flache Einkerbung getrennt. Blattenden häufig nur in kurze Spitzen auslaufend. Blattstiel kürzer als Blattspreite oder

64 *Hedera nepalensis*

65 *Hedera pastuchovii*

gleichlang. Blätter an blühenden Trieben oval rhombusförmig, Blattspitze oft nur geringfügig verlängert. Blütenstände ungeteilt oder in Trauben, aufrecht stehend oder verzweigt. Dolden von 15 bis 20 Blüten. Blütenstiele dünn, 12 bis 14 mm lang. Blütenkelch winzig gezähnt, oval dreieckig, Spitze stumpf abgerundet. Beeren schwarz, kugelförmig, Griffel ausdauernd, Stiel fest, 1 bis 1,5 mm lang.

Die beschriebene Art ist *Hedera colchica* (Koch) ähnlich, mit der sie verwechselt werden kann, die sich aber durch ihre weniger ledrigen Blätter, ihr gelapptes Blatt und den leicht gezähnten Rand von der beschriebenen Sorte unterscheidet. Blätter geruchlos, Behaarung ziemlich sternförmig und eher schuppenartig. Beeren etwas kleiner. Eher wie *Hedera himalaica* (Tobler), was Behaarung, Triebe und Blattzähnung betrifft. Aufgefunden in ähnlichen Gebieten wie *H. colchica*, im westlichen Kaukasus (Colchis).«

Es ist indes zweifelhaft, ob diese Art mit *H. colchica* verwechselt werden könnte, ihre Ähnlichkeit mit *H. himalaica* von Tobler (jetzt *Hedera nepalensis*) ist aber zu bejahen. Eine genauere, übereinstimmende Beschreibung ist in der »Flora der UdSSR« (1950) zu finden. Im RHS-Journal von 1934 wurde auf die Pflanze hingewiesen. Aber es spricht nichts dafür, daß die Pflanze schon vorher in Großbritannien eingeführt wurde, bevor Roy Lancaster sie im Dezember 1972 von einer Expedition in die Waldzone um das Kaspische Meer (Khair Rud Wald) auf dem Gebiet des Iran mitbrachte (Katalogisierschlüssel: A und L Nr. 26). Alle zur Zeit in Großbritannien vorhandenen Pflanzen scheinen von diesem Pflanzenmaterial zu stammen.

In Deutschland war *H. pastuchovii* bereits vor 1940 bei Friedrich Tobler in Dresden vorhanden. In »Rhododendron und immergrüne Laubgehölze«, Jahrbuch 1940, erwähnt sie Tobler. Ein Photo zeigt eine am Spalier hochrankende Pflanze von *H. pastuchovii* im Topf. Durch den Krieg scheint die Pflanze in Deutschland wieder verloren gegangen zu sein. Neuerdings hat sie Bruder Ingobert Heieck, Heidelberg, über Roy Lancaster, Hillier-Arboretum, Winchester, wieder in Deutschland eingeführt.

Wie schon in der obigen Beschreibung bemerkt wurde, hat die Pflanze Ähnlichkeit mit *Hedera nepalensis,* aber ihr gestalterischer Wert für den Garten ist wahrscheinlich geringer. Sie ist eine interessante Pflanze für den Liebhaber und den Fachmann, und sie scheint eine aus einer Reihe von Arten zu sein, die von russischen Botanikern beschrieben wurden. Sie könnten zusammen eine »Brücke« bilden, wie es der Fall ist zwischen der Art *H. nepalensis* im Osten und den Arten *H. colchica* und *H. helix* im Westen. Bis jetzt erwies sie sich in Großbritannien als winterhart.

Wuchs: Rankend.
Triebe: Braun-grün. Schuppig behaart.
             Internodien 3 bis 4,5 cm.
Blattstiele: Grün.

114

Blätter:	Schmal oval, 4 bis 6 ×3 bis 4 cm. Apex spitz bis lang zugespitzt. Blatt leicht muschelförmig aufgewölbt, ganzrandig, Blattbasis schwach herzförmig. Farbe glänzend dunkles Grün, Blattbeschaffenheit etwas ledrig.

Hedera rhombea

Im Jahre 1846 berichteten die beiden Botaniker Siebold und Zuccarini über den Japanischen Efeu unter der Benennung *Hedera rhombea*. Im Laufe der Jahre erhielt die Pflanze jedoch unterschiedliche Namen wie *H. helix*, *H. japonica*, *H. colchica* und von Nakai (»Flora Sylvatica Koreana«, 1927) den Namen *Hedera tobleri*. Die erste zuverlässige Beschreibung haben wir von Bean (1914): »Ein japanischer Efeu mit ziemlich zartem Wuchs, aber durchaus winterhart. Die Blätter sind dreieckig bis oval, oft mit herzförmiger Basis, gewöhnlich schwach dreilappig; stark dunkelgrün. Eine Form, die unter der Bezeichnung *Hedera japonica variegata* in Parkanlagen zu finden ist, hat eine äußerst schmale, weiße Randpanaschierung.«
Lawrence und Schulze (1942) bestätigen in einer sorgfältigen Übersicht über die unterschiedliche Namensgebung, den früh verwendeten Namen *H. rhombea*. Bean (1973) wiederholte seine

67 *Hedera rhombea* 'Variegata'

frühere Beschreibung; er gibt Japan und Korea als das natürliche Verbreitungsgebiet an und weist auf die 15- bis 20strahligen Schuppenhärchen vom *H. colchica*-Typ hin.
Die Pflanze ist nicht allgemein im Handel erhältlich, und die panaschierte Form ist auch tatsächlich viel häufiger beschrieben worden. Die vielen Angaben aus dem 19. Jahrhundert unter dem Namen 'Rhomboidea' beziehen sich offenbar auf die Pflanze, die wir als 'Deltoidea' kennen oder auf andere *H. helix*-Formen mit schwach rhombischen Blättern.

Wuchs:	Rankend.
Triebe:	Grün-violett. Internodien 2 bis 2,5 cm. 10- bis 18strahlige Schuppenhärchen.
Blattstiele:	Grün-violett.
Blätter:	Im allgemeinen ungelappt, oval bis dreieckig, 2 bis 4 × 4 bis 5 cm. Blattaufbau dick, Apex spitz, Blattfläche häufig konkav gewölbt. Farbe mittleres Dunkelgrün, Adern in der Blattfläche versenkt, wodurch das Blatt wie von einer »milchigen« Aderung durchfurcht wirkt.

Variegata ××

Zum erstenmal erwähnt wurde eine panaschierte Form des japanischen Efeus 1865 in der belgischen

66 *Hedera rhombea*

115

Publikation »La Belgique Horticole«, wo sie als »eine ausgefallene, grünblättrige Sorte mit silbergeränderten Blättern« beschrieben wird. 1886 verzeichnete sie die Firma Dillistone und Woodthorpe aus Sible Hedingham in Essex als »*H. rhombea variegata*, der neue japanische Efeu« und führte außerdem noch »*H. japonica argentea*, hübsch silbergerändert« auf. Paul (1867) ordnete die Sorte unter den Efeuarten, die er anbaute, der Gruppe *H. colchica* zu: »Blätter grün, deutlich und regelmäßig weiß umrandet, klein. Sehr hübsch, bildet dichtes, üppiges Blattwerk.«
Von da an erschien die Pflanze in vielen Katalogen und erhielt 1889 unter dem Namen 'Submarginata' ein Zertifikat erster Klasse in den Efeu-Prüfungen der RHS in Chiswick. Hibberd (1872) hatte eine Sorte 'Submarginata' verzeichnet und beschrieben und *H. rhombea variegata* als eins ihrer Synonyme angegeben. Seine Beschreibung weckt Zweifel daran, ob Hibberd die heutige Pflanze vor sich hatte. Er bezieht sich auf eine Pflanze mit folgenden Merkmalen: »Blätter . . . unregelmäßig löffelförmig mit ungleichen Lappen, Farbe ein tiefes, bläuliches Grün mit einer schmalen weißlichen Randpanaschierung . . . eine der besten Sorten für jeden Zweck.« Die heutige Pflanze ist nicht »eine der besten Sorten für jeden Zweck«, aber sie entspricht Pauls Beschreibung und denen von Lawrence und Schulze (1942) sowie Bean (1973). Es besteht der Verdacht, daß Hibberds 'Sub-marginata' der löffelblättrige, grünbläuliche, panaschierte Efeu war, den man auch heute noch in England findet (in Kew gibt es eine ältere Pflanze) und daß sein Synonym ein Irrtum war.

Die frühen Erwähnungen von *H. japonica argentea* und *H. japonica variegata* in denselben Listen wie *H. rhombea variegata* sind ein wenig merkwürdig. Heutzutage wird eine Sorte mit Schuppenhärchen des *H. colchica*-Typs und einem Silberrand, aber mit dünnen, flachen, oberflächlich geäderten Blättern kultiviert, die möglicherweise die *H. japonica* des 19. Jahrhunderts ist. Diese Tatsache und der kürzliche Fund eines japanischen Efeus mit dünnen Trieben und kleinen Blättern versprechen, daß eine Erforschung der Efeusorten des Fernen Ostens sehr lohnend sein dürfte.

Wuchs:	Rankend.
Triebe:	Grün-violett. Internodien 2 bis 2,5 cm. Schuppenhärchen 10- bis 18strahlig.
Blattstiele:	Grün-violett.
Blätter:	Im allgemeinen ungelappt, oval bis dreieckig. 2 bis 3 × 2,5 bis 3,5 cm. Blattbeschaffenheit dick, Apex spitz, Blattfläche häufig aufgewölbt. Mittleres Dunkelgrün mit einer schmalen, gleichmäßigen, weißen Randpanaschierung. Adern in die Blattfläche versenkt.

In Deutschland verbreitete Efeusorten

Von Ingobert Heieck

Verständlicherweise bestehen in den einzelnen Ländern in bezug auf die Beliebtheit der *Hedera*-Sorten Unterschiede. Manche sind im Nachbarland durch ähnliche, dort entstandene Sorten ersetzt, so daß in diesem Punkt, wie auch in vielen anderen, nationale Eigenständigkeiten bestehen.

Vielleicht unter der stillschweigenden Annahme, daß sein Buch »Ivies« auch einmal in deutscher Sprache erscheinen könnte, hat Peter Rose schon sehr viele deutsche Sorten aufgenommen. Für die Anfertigung der Beschreibungen wurden »technische Daten«, Literatur und Informationen über die jeweiligen Sorten ausgetauscht. Eine internationale Verständigung ist heute von unerläßlicher Notwendigkeit, da der Handel zwischen den einzelnen Ländern ständig wächst und demzufolge auch die Sorten schnell Verbreitung finden.

Nun sollten in der deutschen Ausgabe dieses Buches möglichst alle jene Sorten enthalten sein, die in unserem Sprachraum entstanden sind. Desgleichen sollten Sorten anderer Länder, die in den letzten Jahren in Deutschland eine gewisse Bedeutung im Grünpflanzen- und Baumschulhandel erlangt haben, nicht fehlen. Schließlich sind auch noch einige ganz neue Sorten bzw. solche, die seit der Fertigstellung des Buches von Rose bekannt wurden, von Interesse.

So fand sich zum Beispiel von der neuen Sorte 'Caecilia' im Organ der »British Ivy Society« eine Beschreibung von Rose. Es ist klar, diese Sorte kam zu spät auf den Markt, um von ihm noch in sein Buch aufgenommen werden zu können.[*]

So unterziehe ich mich gerne der Aufgabe, Roses Werk in dieser Hinsicht zu vervollständigen.

Des weiteren ist es notwendig, die Winterhärte der einzelnen Sorten klar herauszustellen. In der Bundesrepublik und angrenzenden Gebieten herrscht schon mehr kontinentales Klima, während Großbritannien im Bereich des milden, ausgeglichenen Meeresklimas liegt. In den Gebirgen bestehen wiederum andere Verhältnisse.

Ahorn ×–××

Diese ansprechende, ahornblättrige Sorte entstand bereits vor 1970 in der Gärtnerei der Gebrüder Stauss in Möglingen bei Stuttgart. Sie wurde auf der Bundesgartenschau in Köln (1971) und in Genua mit Goldmedaillen ausgezeichnet. Auf der Aprilschau der Amsterdamer Floriade 1972 bekam sie einen Ehrenpreis.

In ihrem Wuchs und Habitus ist 'Ahorn' mit der altbekannten Sorte 'Pittsburgh' zu vergleichen, aus der sie vermutlich auch direkt entstanden ist. Ihre Blätter sind in der Regel breiter als lang und fünffach gelappt, ähnlich einem Ahornblatt, oder der 'Digitata', um eine alte Efeusorte als Vergleich zu nennen.

Im Gegensatz zur letztgenannten Sorte sind die Ränder ihrer Lappen konvex verlaufend und ihre Winterhärte geringer, wie bei allen 'Pittsburgh'-Abkömmlingen. Die Blätter sind weiter gestellt als bei 'Pittsburgh' und der Gesamtaufbau somit lockerer. Als Zimmerpflanze wirkt 'Ahorn' vor

---

[*] Die Kurzbeschreibung von Rose für diese Sorte wurde etwas verändert übernommen.

allem dekorativ in Hängeampeln und an Spalieren sowie zur Beipflanzung in Schalen. Die Sorte besitzt nur einen mittleren Härtegrad und kann deshalb nur in klimatisch begünstigten Gegenden für das Freiland empfohlen werden.

Wuchs:	Rankend, leicht verzweigend.
Triebe:	Grün-violett. Internodien 2,0 bis 3,5 cm.
Blattstiele:	Grün-violett.
Blätter:	5lappig, 3,5 bis 4,5 × 3,0 bis 4,5 cm. Einbuchtungen ziemlich eng, am Tiefstpunkt etwas gewellt. Ränder der Lappen konvex, Spitzen spitz. Blattbasis gestutzt bis leicht herzförmig. Farbe der Blätter Sattgrün, Adern hellgrün und leicht erhaben.

Baltica × × ×

Der »Baltic Ivy«, wie er in den USA genannt und bekannt ist, wurde von Alfred Rehder, einem gebürtigen Sachsen aus Waldenburg, bei Riga in Lettland entdeckt. Rehder (1863–1949) war als Dendrologe und Botaniker von 1918 bis 1940 am Arnold Arboretum in Jamaica Plains, USA, tätig. Bei einer Rußlandreise 1907, die er unternahm, um eine Brandley*-Bibliographie für das Arboretum vorzubereiten, fand er diesen Efeu am Boden wachsend in einem Kiefernwald bei Riga. Edgar Anderson berichtet im Arnold Arboretum Bulletin vom 29. März 1932 ausführlich über die Sorte 'Baltica', die inzwischen am Verwaltungsgebäude im Arboretum zur Altersform gelangt war. Von der Jugend- und Altersform sind gute Abbildungen in dem genannten Artikel enthalten. Mit dieser 'Baltica'-Altersform versuchte man damals die Sorte 'Helvetica' zu kreuzen, die im Leyland-Gutsbesitz in West-Manchester, ebenfalls zum Blühen gekommen war (s. a. 'Helvetica').
'Baltica' ist also eine »geographische« Sorte, die an der Westküste Kurlands und auf der Insel Ösel

---

* Richard Brandley, 1724 bis 1732 Professor der Botanik in Cambridge (England).

wild vorkommt. Dort liegt gleichzeitig auch die nördlichste Verbreitungsgrenze von *Hedera helix*. Vom typischen *H. helix* unterscheidet sie sich kaum, besitzt jedoch eine größere Winterhärte. In der ausführlichen Arbeit von Lawrence und Schulze (1942) »The cultivated Hederas« fanden die Autoren, daß die Unterschiede zur *H. helix typica* sehr gering sind und nur in der größeren Winterhärte und in den oft 8strahligen Sternhaaren (gegenüber 4 bis 6strahligen beim Typ) bestehen. Auch letzteres Merkmal bezeichnen sie als »schwach und keineswegs überzeugend«. Man kam zu diesem Ergebnis durch die Untersuchung der Haare bei einer großen Anzahl von Exemplaren, und es ist vielleicht hier besser, von einer Tendenz zu sprechen als von einem konstanten Merkmal.
In den USA wird 'Baltica' sehr häufig in Katalogen und Baumschulen zum Verkauf angeboten. Man hat sogar den Eindruck, daß alles, was hier als gewöhnlicher *H. helix* läuft, dort mit 'Baltica' bezeichnet wird. Kein Wunder, ist doch *Hedera* in Nordamerika nicht heimisch und kommt dort also nicht wild vor. Durch die frühe Einführung der 'Baltica' in den USA hatte man dort eine gleichwertige, ja bessere, weil härtere Form. In Deutschland ist 'Baltica' vor allem aus der Literatur (besonders den Büchern von G. Krüssmann) bekannt. Bei den Pflanzen, die unter diesem Namen bei uns auftreten, scheinen jedoch Unterschiede zu bestehen. Es sollte nur die echte 'Baltica' vom Arnold Arboretum, USA, oder direkt aus Lettland stammend, unter diesem Namen angeboten werden. Sie ist zur Verwendung als Freilandefeu in rauhen Lagen bestens geeignet.

Wuchs:	Rankend.
Triebe:	Grün-violett. Internodien 4,0 bis 5,0 cm.
Blattstiele:	Grün-violett.
Blätter:	5lappig, 4 bis 5 × 4 bis 4,5 cm. Terminallappen am längsten, meist ebenso breit wie lang. Seitenlappen kurz. Basallappen oft nur angedeutet. Blattbasis herzförmig. Farbe Dunkelgrün mit weißen, etwas erhabenen Adern.

Caecilia ○

Mit den Worten »kraus« und »bunt« ist die Sorte 'Caecilia' kurz aber treffend beschrieben. Sie entstand 1976 in der Efeugärtnerei von Franz Rogmans, Geldern, aus der Sorte 'Harald'. Ihre schnelle Verbreitung im In- und Ausland zeugt von ihrer Beliebtheit und Brauchbarkeit. Auf Vorschlag von Stauss wurde die Sorte nach Caecilia Rogmans benannt.

In ihrer Panaschierung ähnelt 'Caecilia' sehr der 'Harald'. Die Blätter sind jedoch stark gewellt und an den Rändern kraus. Von den krausen, bunten Sorten ist sie wohl die beste. 'Caecilia' ist eine gute Zimmerpflanze, besonders dekorativ in Ampeln und an Spalieren gezogen.

68 *Hedera helix* 'Caecilia'

Wuchs:	Selbstverzweigend, mit kurzen Ranken.
Triebe:	Violett-hellgrün. Internodien 2 bis 3,5 cm.
Blattstiele:	Violett-hellgrün.
Blätter:	3- bis 5lappig, 3 bis 4 × 3 bis 4,5 cm. Mittellappen etwa doppelt so lang wie Seitenlappen. Spitzen spitz, Blattbasis herzförmig. Das ganze Blatt stark gewellt und nach oben gefaltet. Blattränder kraus und steif. Unregelmäßig breite, cremegelbe Panaschierung; Mittelzone graugrün und dunkelgrün. Adern hell und nur wenig erhaben.

California ×

Unter der Bezeichnung 'California' taucht diese Sorte erstmals 1975 in den USA auf, und zwar ohne Beschreibung. Dies und einiges mehr scheint dafür zu sprechen, daß es sich hier um die Ende der 40er Jahre in den USA entstandene 'Webers California' handelt. Die Beschreibung und Abbildung letzterer in Grafs Werk »Exotica« von 1959 läßt jedenfalls die hier zu beschreibende Sorte deutlich erkennen. Wie immer sie genannt werden mag, in Deutschland hat die Sorte unter dem Namen 'California' seit einigen Jahren eine recht gute Verbreitung erlangt und sollte deshalb in diesem Buche nicht fehlen.

'California' besitzt ein dunkelgrünes, mittelgroßes, 3- bis 5lappiges Blatt. Die Basallappen sind kurz oder oft nur angedeutet. Die etwas erhabenen, hellgrünen Nerven verleihen dem Blatt ein ornamentales Aussehen. Die Blätter sitzen ziemlich dicht an den Ranken, so daß sich schnell dekorative Topfpflanzen erzielen lassen. Auch als Ampelpflanze sowie in milden Klimaten im Freien und an geschützten Stellen läßt sich diese Sorte zu vielen Zwecken verwenden.

Wuchs:	Selbstverzweigend.
Triebe:	Violett-grün. Internodien 2 bis 3 cm.
Blattstiele:	Violett-grün, selten länger als 2,5 bis 3 cm.
Blätter:	3 bis 5lappig, 3,5 bis 4,5 × 3 bis 3,5 cm. Mittellappen so lang wie breit, Seitenlappen kürzer, Basallappen oft nur angedeutet. Einbuchtungen am Tiefstpunkt gewellt. Blattbasis herzförmig. Farbe Hellgrün, die älteren Blätter dunkelgrün.

Christian ○–×

Eine Auslese der Gebrüder Stauss, Möglingen bei Stuttgart, möglicherweise aus der Sorte 'Ralf'. Es sind jedenfalls schon Rückschläge zu 'Ralf' beobachtet worden. Die Sorte ist seit 1975/76 im Handel verbreitet und wurde nach dem Sohn von Peter Stauss benannt. 'Christian' sieht der Sorte

'Direktor Badke' von Hans Schmid, Bockum-Hövel, sehr ähnlich, hat aber ein größeres Blatt. Die Ähnlichkeit der beiden Sorten in Blattform und Habitus und ihre Unterschiedlichkeit in der Blattgröße erklärt sich durch die Abstammung beider Sorten:

'Direktor Badke':
'Pittsburgh' (1920) → 'Merion Beauty' (1937) ('Procumbens') kleinblättrig → 'Direktor Badke' (1960) kleinblättrig.

'Christian':
'Pittsburgh' (1920) → 'Ralf' (1970) großblättrig → 'Christian' (1975/76) großblättrig.

Es ist interessant, daß sich, ähnlich wie bei der Kreuzungszüchtung, auch bei den spontanen Mutationen gewisse Gesetzmäßigkeiten erkennen lassen.
'Christian' ist wegen ihrer interessanten Blattform und ihres verhältnismäßig kompakten Wuchses als Topfpflanze für das Zimmer geschätzt. Sie ergibt auch schöne Ampel- und Spalierpflanzen. Im Freiland ist sie nur in milden Gegenden und an geschützten Stellen zu verwenden.

Wuchs: Selbstverzweigend.
Triebe: Violett-grün. Internodien 2 bis 3 cm.
Blattstiele: Grün, an der Basis violett.
Blätter: 3lappig, 3 bis 3,5 × 2,5 bis 3 cm. Lappen stark abgerundet, nicht sehr ausgeprägt, häufig ineinander übergehend, so daß das Blatt eine abgerundete Deltaform besitzt. Basis tief herzförmig, Basallappen sich manchmal überlappend. Farbe Apfelgrün mit helleren Adern. Hauptadern wenig erhaben.

Diana ×

Ein aus der Sorte 'Sylvanian' hervorgegangener Sport, ausgelesen von Franz Rogmans, Geldern, 1977. Die Benennung der Sorte erfolgte erst im November 1981, und zwar nach der ältesten Tochter von Franz Rogmans, Diana.

Von ihrer Ausgangssorte unterscheidet sich 'Diana' vor allem dadurch, daß die Blätter mit weitgestellten, markanten Zähnen versehen sind, eine Erscheinung, welche bei keiner anderen Sorte von *H. helix* in dieser ausgeprägten Form vorkommt. Die Blätter sind unregelmäßig und schwach gelappt, die Triebe gut besetzt. 'Diana' ist eine Sorte, die ausgeprägt als Topfpflanze, Ampelpflanze und an Spalieren gezogen im Zimmer Verwendung finden kann. Sie ist aber auch im Freiland in milden Lagen für die verschiedensten Zwecke geeignet.

Wuchs: Selbstverzweigend.
Triebe: Violett-grün. Internodien 1 bis 2,5 cm.
Blattstiele: Violett-grün.
Blätter: Ungelappt oder andeutungsweise 3lappig, 4 bis 6 × 2,5 bis 4 cm. Wenn ein Mittellappen vorhanden, dieser hervorstehend, Seitenlappen kurz, Basallappen fehlend. Enden der Lappen in eine feine, gebogene Spitze auslaufend; ebenfalls am Blattrand in unregelmäßigen Abständen solche. Farbe Hellgrün, Adern etwas heller und stark erhaben.

Gertrud Stauss ○

Wie schon aus dem Namen zu ersehen ist, handelt es sich um eine Sorte der Gebrüder Stauss in Möglingen bei Stuttgart. Nachdem diese Sorte 1977 dem Handel übergeben worden war, erfuhr sie eine sehr rasche Verbreitung im In- und Ausland, ein Beweis für ihre Beliebtheit und Brauchbarkeit.
'Gertrud Stauss' ist vermutlich aus 'Harald' entstanden, und zwar handelt es sich um eine leichte Verbänderung derselben. Dies zeigt sich vor allem dadurch, daß sich einige ihrer Ranken in zwei von gleicher Stärke verzweigen. Dieselbe Eigenschaft finden wir z. B. auch bei der grünen Sorte 'Woodii', die übrigens in ihrem ganzen Habitus an 'Gertrud Stauss' erinnert, aber nicht direkt mit ihr verwandt ist.

Bei 'Gertrud Stauss' sitzen die schwach 5lappigen Blätter dicht an den Ranken, manchmal dachziegelartig übereinanderliegend. Als Zimmerefeu ist 'Gertrud Stauss' sehr geschätzt. Es soll nur ihre besondere Eignung als Topf- und Ampelpflanze hervorgehoben werden.

Wuchs: Selbstverzweigend.
Triebe: Grün-violett. Internodien 1 bis 2,5 cm.
Blattstiele: Violett-grün, selten länger als 2 cm.
Blätter: 5lappig, 2,5 bis 3 × 2 bis 3 cm. Enden der Lappen abgestumpft bis spitz. Mittellappen am längsten. Basallappen meist schwach ausgeprägt, manchmal nur angedeutet. Blattbasis herzförmig. Einbuchtungen seicht, am Tiefstpunkt etwas gewellt. Creme-weiße, unterschiedlich breite Randpanaschierung. Mittelpanaschierung hell und dunkel grün-grau, an den jungen Blättern mehr grün. Adern weißlich und erhaben.

69 *Hedera helix* 'Gertrud Stauss'

Goods Selfbranching ×–××

Über Herkunft und Entstehung dieser amerikanischen Sorte ist wenig bekannt. Sie dürfte kurz nach 1970 entstanden sein, und zwar aus 'Maple Queen'. Etwa im gleichen Zeitraum entstand die Sorte erneut bei Stauss, Möglingen. 1976 wurde sie 'Möglingen' genannt. Dieser Name wurde aber wieder zurückgezogen, als bekannt wurde, daß die Sorte schon vorher in den USA entstanden und mit dem Namen 'Goods Selfbranching' belegt worden war. Dies ist ein gutes Beispiel, wie durch die leichte Mutierbarkeit des Efeus Verwirrung bei der Benennung der Sorten entstehen kann. Die gleichen Mutationen können an verschiedenen Orten zu etwa gleicher oder auch zu verschiedenen Zeiten erfolgen. Nicht alle Mutationen treten jedoch mit gleicher Häufigkeit auf. Manche sind sogar höchst selten, wenn nicht einmalig. Wegen ihres dichten Wuchses ist 'Goods Selfbranching' eine geschätzte Topf- und Ampelpflanze. Bei Anpflanzungen im Freiland fällt auf, daß diese Sorte im Winter nicht rot wird, also Anthocyan höchstens in geringen Mengen besitzt, was gewöhnlich mit einer geringeren Winterhärte gekoppelt ist. Trotzdem kann dieser Sorte eine mittlere Winterhärte zugesprochen werden.

Wuchs: Selbstverzweigend.
Triebe: Violett-grün. Internodien 1 bis 2 cm.
Blattstiele: Grün, an der Basis leicht gerötet.
Blätter: Schwach 3lappig, manchmal dreieckig und ungelappt. Spitzen abgestumpft. Basallappen höchstens andeutungsweise vorhanden. Blattbasis gestutzt bis schwach herzförmig. Einbuchtungen seicht. Farbe Mittelgrün. Hellgrüne bis gelblichgrüne Adern.

70 *Hedera helix* 'Helvetica'

Helvetica ××

Obwohl diese Sorte noch vor einigen Jahren in Europa nicht zu finden war, entstand sie auf diesem Kontinent, und zwar in der Schweiz, wie auch ihr Name besagt. Edgar Anderson schreibt über die Herkunft dieser Sorte (1936) im Bulletin des Arnold Arboretums, Jamaica Plain, Massachusetts, daß sie durch die Familie Agassiz aus der Schweiz nach Massachusetts, USA, gebracht und auf dem Gutsbesitz Leyland in West Manchester angepflanzt worden sei. Das in den USA verbreitete Synonym 'Leyland' für diese Sorte ist aus diesem Umstand zu erklären. Lawrence und Schulze berichten in ihrer ausführlichen Arbeit über *Hedera*-Sorten (The cultivated Hederas, 1942), daß zwischen 'Helvetica' und 'Baltica' Kreuzungen vorgenommen worden seien. Leider werden diese nicht namentlich genannt, noch über ihren Verbleib oder ihre Eigenschaften etwas ausgesagt. Der Name 'Helvetica' wurde von Lawrence und Schulze in der genannten Arbeit zum erstenmal für diese schöne Sorte benutzt.

Das Blatt der 'Helvetica' ist dem der echten 'Sagittaefolia' von Hibberd sehr ähnlich, aber größer. Seine Färbung ist mittel- bis dunkelgrün, nicht glänzend und im Winter mit rotbraunen Flecken überzogen. Die Winterhärte dieser Sorte ist als gut zu bezeichnen, so daß sie als eine sehr schöne und brauchbare Freilandsorte empfohlen werden kann. 'Helvetica' ist als Bodendecker und für Berankungen aller Art zu verwenden.

Wuchs:	Rankend.
Triebe:	Violett-grün. Internodien 4 bis 6 cm.
Blattstiele:	Violett-grün.
Blätter:	3lappig bis pfeilförmig-dreieckig. 5 bis 6 × 4 bis 5 cm. Mittellappen etwas länger als breit. Laterallappen kurz und stumpf, in rechtem Winkel abstehend. Basallappen fehlend. Basis tief herzförmig. Farbe mittel- bis dunkelgrün, im Winter mit rotbraunen Flecken. Adern Hellgrün, die Hauptadern erhaben und oft weinrot.

Jubilee ×

Eine sehr kleinblättrige, dichtwachsende, graupanaschierte Sorte. Bereits im Jahre 1900 wird im Katalog der englischen Baumschule Barron, Borrowdale, Derby, eine Sorte mit Namen 'Jubilee' als »small silver variegated leaf« beschrieben. Man könnte also durchaus glauben, daß es sich hierbei um unsere Sorte handelt. Diese Sorte ist jedoch bei Weber in Los Angeles, California, kurz vor 1955 aus der altbekannten 'Glacier' entstanden. Die amerikanische Efeuspezialistin Bess Shippy erwähnt die Sorte in der Zeitschrift »Flower Grower« (1955). 1959 wird 'Jubilee' von Graf in »Exotica« beschrieben und abgebildet. Der Name 'Jubilee' wurde teilweise auch für die Sorte 'Goldherz' verwendet, was die Verwirrung natürlich noch größer macht. In der hier behandelten, echten 'Jubilee' besitzen wir eine sehr ausgeprägte Sorte, die sich durch ihren dichten Wuchs und ihre kleinen, etwas unregelmäßig geformten Blätter auszeichnet.

Sie wird im Freien zur Beipflanzung in Trögen, Schalen sowie auf Gräbern verwendet. In der Wohnung ist sie als Topf-, Schalenpflanze und vor allem zur Bepflanzung von Flaschengärten wegen ihres zwergartigen Wuchses geeignet.

Wuchs:	Selbstverzweigend, mit sehr kurzen Ranken.
Triebe:	Violett-grün. Internodien wenige Millimeter bis 1 cm.
Blattstiele:	Grün, an der Basis violett.
Blätter:	In groben Zügen dreieckig, meist völlig unregelmäßig geformt, 2,5 bis 3 × 1,5 bis 2 cm. Spitze abgestumpft bis spitz und oft etwas gebogen, wie bei 'Glacier'. Blattbasis schwach herzförmig bis gestutzt. Blattrand unregelmäßig gebuchtet. Grundfarbe Grün-grau, durchsetzt mit hellgrauen Flecken, am Rande gelegentlich schmaler, rahmweißer Streifen. Adern hell und etwas erhaben.

La Plata ○

Sie ist nach der gleichnamigen Stadt in Maryland, USA, benannt. Dort befand sich bis 1976 das Research Center der American Ivy Society, vom zweiten Präsidenten der Gesellschaft, Henri Schaepman, geführt. Ihm wurde diese Sorte aus Longwood Gardens, einem wunderschönen Park im Südosten von Pennsylvania, unter dem Namen 'Needlepoint' zugesandt. In Longwood Gardens hatte man die Sorte von der Cumberland-Perry County Agricultural, Vocational, Technical School in Mechanicsburg erhalten, wo sie jedenfalls entstanden ist. Da die echte 'Needlepoint' sich wesentlich in der Blattform und im Wuchs von dieser unterschied, benannte sie Schaepman neu und beschrieb sie 1977 in »American Horticulturist« (56, [2], 8) unter der Registrationsnummer 763 und dem Namen 'La Plata'.
Dieser Miniaturefeu ist selbstverzweigend, kleinblättrig, 3lappig mit verlängertem Terminallappen. Die Triebe sind schwach, die Blätter hellgrün, ganz fein, aber dicht behaart, was der Pflanze ein weiches Aussehen verleiht. Die Winterhärte ist zu gering, so daß sie in Deutschland ausschließlich als Zimmerpflanze Verwendung findet. Als kleine Topfpflanze, Ampelpflanze, in Terrarien, Flaschengärten und als Beipflanzung in Schalen ist sie vortrefflich zu verwenden.

Wuchs:	Selbstverzweigend, mit kurzen Ranken.
Triebe:	Violett-grün. Internodien 0,5 bis 1 cm.
Blattstiele:	Grün.
Blätter:	Vorherrschend 3lappig, 1,5 bis 2 × 1 bis 1,5 cm. Terminallappen lang, etwa zwei Drittel der gesamten Blattlänge. Seitenlappen kurz. Basallappen sehr klein oder nur angedeutet. Spitzen der Lappen stumpf. Die Blattränder leicht gewellt. Blattbasis abgestumpft bis leicht herzförmig. Farbe matt Hellgrün. Adern hell und leicht erhaben.

Marie-Luise ×

Franz Rogmans Efeuspezialbetrieb in Geldern ist der Entstehungsort dieser zierlichen Sorte. Sie wurde 1981 nach Rogmans jüngster Tochter, der Schwester von Diana, benannt. Tatsächlich sind auch die beiden Efeusorten 'Diana' und 'Marie-Luise', trotz ihres unterschiedlichen Aussehens, eng miteinander verwandt. Beide stammen von der Sorte 'Star' ab. 'Marie-Luise' direkt und 'Diana' über 'Brokamp' und 'Sylvanian'. Diese Mutation erfolgte bei Rogmans bereits 1976 und war schon teilweise im Handel verbreitet, bevor sie benannt wurde.
'Marie-Luise' hat eine zierliche 5lappige 'Pedata'-Form, die durch die schmalen, an ihrer Basis verengten Lappen unterstrichen wird. Sie ist besonders als Zimmerpflanze geeignet, und zwar als kleine Topfpflanze, als Pyramide oder am Spalier gezogen, und schließlich als Ampelpflanze. Im Freiland ist sie in milden Klimaten Deutschlands als Beipflanzung in Kästen, Trögen, Schalen usw. zu empfehlen.

Wuchs:	Selbstverzweigend.
Triebe:	Violett-grün. Internodien 2 bis 5 cm.
Blattstiele:	Grün, an der Basis violett.
Blätter:	5lappig, 3,5 bis 4,5 × 3 bis 5 cm. Mittellappen oft doppelt so lang wie die Seitenlappen. Lappen an der Spitze spitz bis abgestumpft, an der Basis verschmälert, vor allem der Terminallappen. Basallappen sind meist stärker mit den Laterallappen verwachsen. Blattbasis herzförmig. Farbe Mittelgrün. Adern hellgrün, Hauptadern erhaben.

Paper Doll ×

Eine amerikanische Sorte, entstanden vor 1977 bei Leo Swicegood in Newport News, USA, einem aktiven Mitglied der American Ivy Society. Eingetragen unter der Registrationsnummer 77 280. Swicegood beschäftigt sich schon viele Jahre mit der Efeukultur und konnte in dieser Zeit auch

71 *Hedera helix* 'Marie Luise'

72 *Hedera helix* 'Paper Doll'

einige Sorten auslesen, so z. B. die schon beschriebene 'Cascade'.

'Paper Doll' erinnert in ihrer Blattform und Färbung an 'Jubilee'. Ihr Wuchs ist jedoch rankend und wenig selbstverzweigend. Ihre Panaschierung gleicht jener von 'Glacier', aus der sie entstanden ist. Die vollkommen unregelmäßig geformten Blätter sind in etwas weiten Abständen über die Ranken verteilt. Mit einer entsprechenden Anzahl von Stecklingen pro Topf kann man jedoch interessante Topf- und Ampelpflanzen erzielen. Als Beipflanzung in Trögen, Kästen und Schalen ist die Sorte im Freien zu verwenden.

Wuchs:	Rankend bis selbstverzweigend.
Triebe:	Violett-grün. Internodien 1,5 bis 3 cm.
Blattstiele:	Grün, violett-grüne Basis.
Blätter:	Lappung schwach und vollkommen unregelmäßig. 2 bis 3,5 × 2 bis 3 cm. Lappen abgestumpft, am Ende der Hauptader oft eine kleine, zahnartige Spitze. Blattbasis herzförmig. Blattrand unregelmäßig gebuchtet. Grundfarbe Grün-grau, durchsetzt mit hellgrauen Flecken, sehr schmale, rahmweiße Randpanaschierung. Hauptader hell und stark erhaben, die übrigen Adern wenig in Erscheinung tretend.

Stuttgart ○–×

In kurzer Zeit wurde diese Sorte in Fachkreisen bekannt. Es ist eine der besten Sorten der Gebrüder Stauss, Möglingen bei Stuttgart, entstanden aus 'Ivalace'. Seit 1972 ist 'Stuttgart' im Handel. 1974 wurde sie auf den Ausstellungen in Amsterdam (Floriade), Genua und auf der Internationalen Gartenbauausstellung in Hamburg der Öffentlichkeit vorgestellt. Bei diesen Gelegenheiten wurde die Sorte wiederholt mit Goldmedaillen ausgezeichnet.

'Stuttgart' hat fast den gleichen Habitus und die gleiche Blattform wie ihre Ausgangssorte 'Ivalace', nur sind die Blätter, wie überhaupt die ganze Pflanze, wesentlich größer und stärker im Wuchs. Man nimmt deshalb an, daß die Sorte durch die Verdoppelung des Chromosomensatzes bei 'Ivalace' entstanden sei. 'Stuttgart' hat einen sehr dichten, gedrungenen Wuchs. Man kann sagen, daß sie in diesem Punkt 'Ivalace' noch übertrifft. Aus 'Stuttgart' ist in den letzten Jahren noch eine weitere Mutation entstanden, die noch keinen Namen trägt. Diese hat weitere Blattabstände, ein weniger gefaltetes Blatt und einen lockeren Wuchs.

'Stuttgart' ist eine vorzügliche Topfpflanze. In Gegenden mit mildem Klima wird sie auch im Freiland verwendet.

Wuchs:	Selbstverzweigend, mit kurzen,

124

Triebe: anfänglich aufrecht wachsenden Trieben.

Triebe: Violett. Internodien 0,5 bis 2 cm, zuweilen sind die Blätter fast gegenständig, d.h. ein sehr kurzes Internodium steht im Wechsel mit einem langen.

Blattstiele: Grün-violett.

Blätter: 5lappig, 3,5 bis 4 × 2,5 bis 3,5 cm. Mittellappen etwas länger als Seitenlappen. Enden der Lappen spitz. Basallappen oft nur angedeutet. Blattbasis tief herzförmig. Blattrand stark gewellt, besonders in den Einbuchtungen. Farbe Dunkelgrün, stark glänzend. Adern hellgrün und erhaben. Hauptadern zuweilen an der Basis rot.

Sylvanian × ×

Dem Namen nach kennt wahrscheinlich mancher diese Sorte, die auch schon wiederholt in diesem Buch genannt wurde. Hier soll sie näher vorgestellt werden. 'Sylvanian' entstand bei Sylvan Hahn in Pittsburgh, USA. Er erhielt für sie das United States Patent Nr. 430 am 15. Oktober 1940. Für 'Maple Queen' hat Hahn zum gleichen Termin das Patent Nr. 429 erhalten (s. bei 'Maple Queen'). Alfred Bates bemerkt dazu in einer groß angelegten Artikelserie über Efeusorten in »The National Horticultural Magazine«, 1941:

»Der Einfall, eine Pflanze patentieren zu lassen, war wohl einer der schlimmsten Einfälle dieses kommerziellen Zeitalters. Und wenn dies auf Efeu angewendet wird, erscheint es besonders dumm. Jeder, der mit dieser Gattung gearbeitet hat, weiß, wie äußerst unstabil deren Varietäten sind. ... Wenn Modifikation ein von Menschen kontrollierbarer Mechanismus wäre und nicht ein natürlicher, gäbe es eine gewisse Rechtfertigung für die Patentierung. Aber Modifikation ist nur eine Laune der Natur, die in einigen Pflanzen stärker vorhanden ist als in anderen.«

Obwohl bei weitem nicht alle Veränderungen beim Efeu als Modifikationen anzusprechen sind,

sollte man Bates Argumente gegen eine Sortenpatentierung bei Efeu sehr wohl bedenken. Es ist nicht vorstellbar, welchen größeren Vorteil die Patentierung dieser Sorten einem Sylvan Hahn gebracht haben sollte.

Jede wirklich neue Sorte muß heute bei einer internationalen Stelle registriert werden. Diese Einrichtung befindet sich seit einigen Jahren am Cox Arboretum in Dayton, Ohio, USA. Jede Sorte soll mit dem Namen ihres Entdeckers verbunden bleiben, und er hat auch das Recht, in Übereinstimmung mit den Regeln der bestehenden Nomenklatur, den Sortennamen zu bestimmen. In einem Buch wie diesem sollten die Daten und Fakten, die mit der Entstehung und Verbreitung einer Sorte zusammenhängen, aufgezeichnet werden, um sie den Fachleuten und Efeuliebhabern bekannt zu machen und der Nachwelt zu überliefern. Sicher ist dies dann nicht nur eine Geschichte der Efeusorten, sondern auch eine solche der Efeugärtnereien, welche die Sorten entdeckt, selektiert und verbreitet haben.

Zurück zur Sorte 'Sylvanian', die übrigens ursprünglich 'Sylvanian Beauty' benannt war und erst einige Jahre später in 'Sylvanian' umbenannt wurde. Ihre Ausgangssorte ist aus der Literatur nicht bekannt. Wie gelegentlich vorkommende Rückschläge zeigen, dürfte dies 'Pittsburgh' gewesen sein. In Deutschland wurde 'Sylvanian' seit Anfang der 60er Jahre von einigen Jungpflanzenbetrieben verbreitet, nachdem sie 1955 von den USA nach Holland eingeführt worden war.

Ihre Blätter sind im großen und ganzen 3lappig, der Terminallappen länger als breit, von den beiden Seitenlappen oft einer stark reduziert, ein charakteristisches Merkmal dieser Sorte. Der Wuchs ist kräftig und die Triebe verhältnismäßig gut mit Blättern besetzt, vor allem bei jüngeren Pflanzen. Die Sorten 'Brokamp' und 'Gavotte' sind der 'Sylvanian' ähnlich, jedoch schmalblättriger und zierlicher. Eine in den USA entstandene und von W. O. Freeland um 1960 eingeführte Sorte mit Namen 'Gladiator' unterscheidet sich augenscheinlich zu wenig oder gar nicht von 'Sylvanian'.

'Sylvanian' ist eine robuste Zimmerpflanze,

besonders für Spaliere und Ampeln geeignet. Im Freiland findet sie als Bodendecker und zu vielen anderen Zwecken Verwendung.

Wuchs: Rankend bis selbstverzweigend.
Triebe: Violett-grün. Internodien 1,5 bis 3 cm.
Blattstiele: Violett-grün.
Blätter: Im wesentlichen 3lappig. 3,5 bis 6,5 × 3,5 bis 4,5 cm. Mittellappen am längsten. Seitenlappen kurz, zuweilen nur einer ausgebildet. Basallappen stark reduziert. Enden der Lappen spitz. Basis tief herzförmig. Ausbuchtungen sehr seicht. Farbe Hellgrün, alte Blätter dunkelgrün. Adern gelbgrün, Hauptadern erhaben.

Typ Schäfer I ○

Ende der 40er Jahre kultivierte Emil Schäfer in Stuttgart-Vaihingen Topfefeu. Es handelte sich damals hauptsächlich um die mysteriöse Sorte 'Procumbens', die in Deutschland von dieser Zeit an sehr verbreitet wurde. 'Procumbens' – die Herkunft dieses Namens liegt völlig im dunkeln – entspricht in etwa der amerikanischen Sorte 'Merion Beauty' oder ist mit dieser gleichzusetzen. Aus dieser Sorte mutierte in der Gärtnerei Schäfer bereits um das Jahr 1949 eine buntblättrige Sorte und wurde 'Typ Schäfer I' genannt. Der grau, hell- und dunkelgrün-grau panaschierte, weiß gerandete Efeu wurde anfänglich in kalten Frühbeetkästen und in voller Sonne kultiviert und war demzufolge sehr kleinblättrig. Er hatte kurze Internodien, so daß die Blätter dachziegelartig an den Ranken angeordnet waren. Später, in Gewächshauskultur, konnte diese Kleinblättrigkeit nicht beibehalten werden. Auf der Internationalen Gartenbauausstellung (IGA) in Hamburg 1953 wurde die Sorte zum erstenmal der Öffentlichkeit vorgestellt. Im Herbst desselben Jahres bot man die ersten Stecklinge zum Verkauf an. Diese Sorte trug in den 50er Jahren wesentlich dazu bei, den Zimmerefeu

in Deutschland populär zu machen. Auch heute ist, trotz der Fülle an bunten Sorten, 'Typ Schäfer I' eine gute Standardsorte fürs Zimmer, hier besonders schön als Ampelpflanze.

Wuchs: Selbstverzweigend.
Triebe: Violett-grün. Internodien 1 bis 2,5 cm.
Blattstiele: Grün, an der Basis violett.
Blätter: 5lappig, 3 bis 3,5 × 2,5 bis 3,5 cm. Enden der Lappen spitz, Mittellappen am längsten, Basallappen zuweilen nur wenig ausgebildet. Blattbasis herz- bis pfeilförmig. Einbuchtungen rechtwinkelig bis seicht. Farbe Grau, hell- und dunkelgrüngraue Mittelpanaschierung, unregelmäßiger, meist schmaler weißer Rand. Hauptadern erhaben, meist etwas heller.

Typ Schäfer II ○

Um das Jahr 1960 wurde bei Emil Schäfer, Stuttgart-Vaihingen, eine weitere Auslese aus 'Typ Schäfer I' gemacht, die dann folgerichtig 'Typ Schäfer II' genannt wurde. Diese Sorte hat im großen und ganzen dieselben Eigenschaften wie ihre Ausgangssorte, jedoch mit dem Unterschied, daß die Blätter unregelmäßig 5lappig sind und die Lappen an den Enden zugespitzt. Das Weiß der Randpanaschierung tritt hier mehr in Erscheinung, so daß dieser Efeu freudiger und abwechslungsreicher in seiner Erscheinung ist. Wie die beiden anderen Schäfer-Sorten ist dies ein sehr guter Zimmerefeu.

Wuchs: Selbstverzweigend.
Triebe: Grün-violett. Internodien 1 bis 2,5 cm.
Blattstiele: Grün, an der Basis violett.
Blätter: 5lappig, 2,5 bis 3,5 × 2,5 bis 3,5 cm. Blätter ziemlich unregelmäßig im Umriß. Enden der Lappen zugespitzt. Basallappen oft nur wenig ausgebildet oder fehlend. Blattbasis herz- bis pfeilförmig, manchmal

gestutzt. Einbuchtungen unregelmäßig. Farbe hellgraue und grüngraue Mittelzone, unregelmäßig breiter, weißer Rand, der bei kühlem Standort zur Rötung neigt. Hauptadern stark erhaben, meist hell, oft gerötet.

Typ Schäfer III ○

Bei Emil Schäfer erfolgte im Jahre 1974 eine sensationelle Mutation aus der Sorte 'Typ Schäfer I'. Den neuen, schön gefleckten Efeu nannte man 'Typ Schäfer III'. 1977 wurde er auf der Bundesgartenschau in Stuttgart zum erstenmal der Öffentlichkeit vorgestellt. Die Art der Panaschierung, wie man sie an dieser Sorte vorfindet, ist nicht häufig. Es ist gleichsam eine Mischung zwischen einer Rand- und Mittelpanaschierung. Nach einer grünen Randzone folgt eine weiße Zone; die Mitte besteht aus zwei verschiedenen Grautönen. Meistens aber sind die genannten Farben derart gemischt, daß das Blatt vollkommen gescheckt erscheint. Die Mutation 'Glacier' → 'Bruder Ingobert' → 'Stift Neuburg' ist eine Parallelmutation zu dieser Sorte. Auch bei 'Typ Schäfer III' kann eine Form mit weißer Mitte ausgelesen werden, welche der 'Stift Neuburg' in ihrer Panaschierungsart entspricht. 'Typ Schäfer III' besitzt alle guten Eigenschaften, die ein Zimmerefeu haben sollte: Gute Verträglichkeit der Zimmertemperatur, gedrungener Wuchs durch eine gute Verzweigung und vor allem eine kontrastreiche Färbung der Blätter.

Wuchs: Selbstverzweigend.
Triebe: Grün-violett. Internodien 1,5 bis 2,5 cm.
Blattstiele: Violett-grün.
Blätter: 3- bis 5lappig. 3 bis 3,5 × 2,5 bis 3,5 cm. Enden der Lappen spitz. Mittellappen am besten ausgebildet, Seitenlappen kurz, manchmal stark reduziert. Basallappen meist nur angedeutet oder fehlend. Blattbasis herzförmig. Einbuchtungen sehr

seicht. Blattspreite etwas blasig. Grundfarbe Hell- und Dunkelgrau mit unregelmäßig verteilten, dunkelgrünen Flecken, die meist den Blattrand beherrschen. Die weiße Panaschierung bildet nach der grünen Randzone eine unregelmäßige, weiße Zone. Hauptadern etwas erhaben und hellgrün, manchmal rosa.

Ustler × ×

'Ustler' ist eine sehr nahe Verwandte der Sorte 'Boskoop', das heißt, sie entsteht häufig aus ihr. Das stark gefaltete und zusammengedrängte Blatt von 'Boskoop' entwickelt sich sozusagen rückwärts in Richtung 'Green Ripple' → 'Maple Queen', den Ursprungssorten von 'Boskoop'. Das Blatt von 'Ustler' ist noch mehr gewellt als das von 'Green Ripple' und 'Maple Queen', aber weniger als das von 'Boskoop'. Die Lappen sind abgestumpft. 'Ustler' ist also ein Zwischenstadium dieser Sorten.
Der Name, dessen Urheber nicht bekannt ist, stammt aus den USA, wo man gewöhnlich etwas schneller mit der Namengebung ist als bei uns.
Schnell sich verändernde Sorten wie 'Ustler' kann man durch ständige vegetative Vermehrung und gute Auslese erhalten. Viele unserer Sorten, vor allem die aus 'Pittsburgh' stammenden, würde man nicht wiedererkennen, wenn sie im Freien ausgepflanzt nach einigen Jahren an einer Mauer oder einem Baum ein Stück in die Höhe gewachsen sind. Damit ist nicht die Altersform gemeint, die bekanntlich die Blatt- und Wuchsform grundlegend ändert. Es sind auch nicht Übergänge angesprochen, sondern Veränderungen, welche sich im Laufe eines ungestörten Wachstums irgend einer ausgepflanzten Sorte im Zeitraum von einigen Jahren zeigen.
Diese Modifikationen sind nicht bei allen Sorten gleich stark. Vor allem die vielen alten Freilandsorten, die vom *Hedera helix*-Typ abstammen, sind sehr stabil. Bei ihnen zeigen sich meist nur

73　*Hedera helix* 'Typ Schäfer III'

Unterschiede in der Blattgröße. Viele Sorten mit
besonders geformten Blättern sind jedoch nur
durch ständige vegetative Vermehrung rein zu
erhalten. Dasselbe gilt auch für viele bunte
Sorten.
Mit 'Ustler' erzielt man in der Kultur schnell
dichte, kompakte Topfpflanzen mit guter
Zimmerfestigkeit. Im Freiland kann die Sorte als
Bodendecker für kleine Flächen sowie zur Beipflanzung in Schalen, Trögen, Balkonkästen und
dergleichen Verwendung finden. Zur Berankung
von Mauern ist sie aus den oben genannten Grün-
den weniger zu empfehlen.

Wuchs:	Selbstverzweigend.
Triebe:	Grün-violett. Internodien 1 bis 2 cm. Triebe zeigen Zickzackwuchs.
Blattstiele:	Grün, an der Basis violett.
Blätter:	3- bis 5lappig, 3 bis 4 × 2 bis 3 cm. Mittellappen länger als Seitenlappen. Basallappen meist nur angedeutet. Enden der Lappen spitz bis abge- stumpft. Seitenlappen meist mehr abgestumpft. Basis herzförmig bis gestutzt. Einbuchtungen sehr eng und am Tiefstpunkt stark gewellt. Farbe Dunkelgrün, mit hellgrünen, erhabenen Adern.

Wingertsberg ××–×××

Dieser attraktive Freilandefeu wurde im Winter
1980 in der Nähe der Gärtnerei Abtei Neuburg
im Neckartal bei Heidelberg entdeckt. Der Efeu
bedeckte an einem bewaldeten, steilen Abhang
bereits eine Fläche von etwa 50 m² inmitten von
gewöhnlichem *Hedera helix*, von dem er sich
durch seine großen, rotbraungefleckten, glänzenden Blätter angenehm abhob. Vor etwa 100 Jahren
wurde auf diesem Gelände Weinbau betrieben.
Heute sind nur noch die Weinbergmauern teilweise erhalten und der Name »Wingertsberg« für
dieses Gelände, mit dem der dort gefundene Efeu
benannt wurde.
Die Sorte 'Wingertsberg' ist ein schnellwachsender Kletterefeu. An der Fundstelle hatte er bereits
einige junge Bäume erklommen und war in die
Altersform übergegangen. Die Frage, ob es sich
hier um eine Kreuzung oder um eine Mutation
handelt, ist nicht leicht zu beantworten. Jedenfalls
sind viele unserer Freilandsorten spontan in der
freien Natur entstanden.
Die Sorte, mit welcher 'Wingertsberg' sich am
ehesten vergleichen läßt, ist 'Donerailensis'.
Von dieser unterscheidet sie sich vor allem in den
größeren und glänzenden Blättern. Erst nachdem
sie Fuß gefaßt hat und an dem zu berankenden
Gegenstand ein Stück emporgeklommen ist, wird
sie die Größe und Schönheit ihrer Blätter voll entfalten. An den jungen Topfpflanzen sind die
Blätter beträchtlich kleiner, wie dies auch bei
anderen Freilandsorten der Fall ist (z. B. 'Woerneri' und 'Hibernica'). 'Wingertsberg' ist eine aus-
gesprochene Freilandsorte, die zur Bodenbedeckung geeignet ist, aber vor allem ihre guten
Eigenschaften bei Berankung von Gegenständen
entfalten kann.

Wuchs:	Rankend.
Triebe:	Grün-violett. Internodien 4 bis 5 cm.
Blattstiele:	Grün-violett.
Blätter:	5lappig. Bei Topfpflanzen: 3,5 bis 4,5 × 3 bis 4 cm. Ausge- pflanzt: 6,5 bis 7,5 × 6 bis 7 cm. Mittellappen länger als Seitenlappen. Basallappen oft nur angedeutet.

128

Ausbuchtungen seicht. Enden der Lappen abgestumpft bis spitz. Blattbasis herzförmig. Farbe hellgrün, Winterfärbung Rotbraun, entlang der Adern grün, glänzend. Hauptadern aufliegend und oft weinrot gefärbt.

Woodii ×–× ×

Eine Sorte aus den USA, über deren Entstehung und Herkunft wenig bekannt ist. 1979 wurde sie durch die Gärtnerei Abtei Neuburg mit vielen anderen Sorten von »The Alestake«, Elkwood, USA, eingeführt. In ihren Blättern und in ihrem ganzen Habitus erinnert sie an die ältere und bekannte Sorte 'Maple Queen'. Es wäre gut möglich, daß sie durch eine Verbänderung derselben entstanden ist, denn um eine solche handelt es sich bei 'Woodii'.

Der Umstand, daß sich manche Ranken bei ihr in zwei von gleicher Größe und Stärke teilen, läßt auf eine leichte Verbänderung schließen. Verbänderungen haben allgemein einen etwas steifen und gedrungenen Wuchs. Sie ergeben demzufolge dichte und gedrungene Pflanzen, die keine langen Ranken entwickeln. 'Woodii' bildet schnell dichte Topfpflanzen und ist bestens zur Beipflanzung in Schalen geeignet; im Freiland für kleine Flächen, wie Gräber, sowie in Kübeln und Schalen.

Wuchs: Selbstverzweigend, mit kurzen, gedrungenen Ranken.
Triebe: Grün-violett. Internodien 1,5 bis 2 cm.
Blattstiele: Violett-grün.
Blätter: 3- bis 5lappig. 2,5 bis 3,5 × 2,5 bis 3,5 cm. Spitzen der Lappen spitz bis abgestumpft. Ausbuchtungen flach und nach oben gewölbt. Blattbasis seicht herzförmig bis gestutzt. Farbe Dunkelgrün. Adern hellgrün und erhaben.

Die Winterhärte der Efeusorten

Von Ingobert Heieck

Das natürliche Areal von *Hedera helix,* der absolut die Mehrzahl unserer Sorten stellt, erstreckt sich über Europa und Kleinasien. Im allgemeinen teilt diese Art die Gesamtverbreitung mit der Buche. In Europa aber geht *Hedera helix* weiter nach Süden, bis Griechenland, Sizilien, Sardinien und Spanien, und ebenso weiter nach Norden, bis Irland und Schottland. Der Efeu bevorzugt ein mildes, ozeanisches Klima, was seinem ursprünglichen Wesen, einer Kletterpflanze des tropischen Regenwaldes, entspricht. Seine günstigste Entfaltung erreicht *H. helix* bei etwa 14°C mittlerer Jahrestemperatur in Istrien. Hier bringt er in kürzester Zeit seine Früchte zur Entwicklung und hier könnte auch die Urheimat dieser Pflanze liegen. In den Alpen steigt *H. helix* bis etwa 1200 m empor, im Kaukasus bis 2000 m. Bis zu einer Höhe von 800 bis 900 m wird er in den Alpen noch blühend und fruchtend angetroffen.

In der Literatur über die Gattung *Hedera* befinden sich zahlreiche Aufzeichnungen über die Frostschäden an Efeu in extrem kalten Wintern. Es sind solche vorhanden aus dem Winter 1877/78 bis zum kalten Winter 1939/40. Diese Aufzeichnungen vermitteln auf den ersten Blick ein düsteres Bild von der Winterhärte des Efeus. Andererseits darf man nicht übersehen, daß noch heute alte Exemplare am Leben sind, die sicher die strengen Winter 1927/28 und 1928/29 und auch zum Teil schon die zu Ausgang des letzten Jahrhunderts überstanden haben.

Weiter wird durch diese Aufzeichnungen klar, daß in gewissen Abständen immer wieder mit starken Frostwintern gerechnet werden kann und muß, die dem Efeu arg zusetzen und zu wenig harte Sorten auslöschen. Die frühen und starken Frosteinbrüche (z. B. 1879/80, 1908/09, 1918/19 und 1927/28) wirken sich besonders vernichtend aus, da der Efeu zu diesem Zeitpunkt noch nicht genügend ausgereift ist. Dies ist besonders bei vorausgegangenem Spätjahr mit feuchtem und warmem Wetter der Fall, wie es sich auch 1978 ereignete.

Der Kältetod soll beim Efeu bei −18°C eintreten, wie aus der Literatur zu entnehmen ist. Dies bedeutet natürlich nicht, daß bei dieser Temperatur jeder Efeu erfrieren müßte. Es werden nur die Organe betroffen, die auch wirklich mit dieser Temperatur in Berührung kommen. Natürlich spielt auch die Härte der betroffenen Sorte oder des Typs, das Alter der Pflanze und anderes mehr eine Rolle. Man käme der Sache näher, wenn man bei Efeu von einer Todestemperatur zwischen −18 und −20°C sprechen würde.

Ein weiterer Aspekt der Winterhärte ist die sogenannte Auswinterung. Sie erfolgt durch ein langsames Vertrocknen der Pflanze. Zunächst werden davon die Blätter und die jungen Zweige betroffen, die durch den Wind und die Sonnenbestrahlung zur Verdunstung gezwungen werden. Die Wurzeln können den entstehenden Wasserverlust nicht ausgleichen, da das Wasser im Boden gefroren ist. Auch hier ist das Alter der Pflanze von entscheidender Bedeutung, da bei einer älteren Pflanze die Wurzeln aus größerere Tiefe das Wasser zu holen vermögen. Besonders an Mauern mit Südlage ist der Efeu wegen der winterlichen Sonneneinstrahlung gefährdet. Berankungen an Bäumen erhalten durch dieselben eine gewisse Beschattung.

Wie oben angedeutet, bestehen schon innerhalb der Art *H. helix* beträchtliche Unterschiede in der Winterhärte. In dieser Hinsicht bestehen sowohl

Differenzen bei den Wildformen (hiermit ist der gewöhnliche *H. helix* angesprochen, der genetisch kein einheitlicher Klon ist), wie auch bei den Kultursorten.

Das in einem Gebiet herrschende Klima in seinen möglichen Variationen über Jahrzehnte und Jahrhunderte wirkt auf den in eben diesem Gebiet wild wachsenden Efeu im Sinne einer natürlichen Selektion. Im Gegensatz zur freien Natur wirkt in den Gärten und Anlagen der Mensch erhaltend und ergänzend. Wäre der wildwachsende Efeu nicht genügend an das in seinem Verbreitungsgebiet herrschende Klima angepaßt, müßte er begreiflicherweise schon längst ausgestorben sein. Beim Auftreten der Frage, ob an diesem oder jenem Ort noch Efeu angepflanzt werden kann, sollte man sich deshalb nach dem Vorkommen desselben in der Natur richten und dann zu entsprechend harten Sorten greifen. In bezug auf die Bodenansprüche kann übrigens das gleiche gelten. Im letzten Falle kann man allerdings verbessernd einwirken. Da nun die Klimaten im Verbreitungsgebiet von *H. helix* sehr verschieden sind, kann auch an den verschiedenen Standorten ein unterschiedlicher Grad der Winterhärte des dort wild wachsenden Efeus erwartet werden. In Extremlagen bilden sich besonders harte Typen heraus, die zum Teil als besonders winterharte Sorten dem Gärtner und Gartenfreund zur Verfügung stehen. Als Beispiel sei die Sorte 'Baltica' genannt; auch 'Woerneri' und andere harte Freilandsorten mögen so entstanden sein.

Natürlich sind auch bestimmte geographische Rassen milden, ausgeglichenen Klimaten angepaßt. Zunächst sei hier *H. helix* 'Hibernica' genannt, die aus Irland stammen soll, einem Land mit ausgesprochenem Meeresklima. Ihr schneller Wuchs und ihr freudiges Grün sind dem Gärtner und Gartengestalter sehr willkommen. In extremen Wintern unserer Breiten wird sie jedoch mehr geschädigt, als die reinen ortsständigen *H. helix*-Typen. Ähnlich verhalten sich auch Efeu-Typen von den Channelinseln (z.B. die Sorte 'Angularis') und *H. helix* var. *poetica*, deren Areal hauptsächlich in Griechenland liegt.

Eine noch größere Variationsbreite der Winterhärte ist bei der großen Zahl der *Hedera*-Sorten

festzustellen. Eine Reihe von ihnen sind Mutationen der genannten 'Hibernica' und dem »Channel-Insel-Efeu« und besitzen demzufolge nur eine mittlere Winterhärte. Alle Sorten, welche aus der gewöhnlichen *H. helix* hervorgegangen sind, oder gar aus solchen, die sich extremen Klimaten angepaßt haben, besitzen eine gute bis sehr gute Winterhärte. Bei den Helix-Sorten gibt es schließlich eine große Gruppe, meist neuere Sorten, die in der Gewächshauskultur entstanden sind und eine noch geringere Winterhärte als die bisher genannten besitzen.

Ihre Stammpflanze ist die zwischen 1915 und 1920 in den USA entstandene Sorte 'Pittsburgh', die Rose als eine »neue Efeurasse« bezeichnet. Ihre Abstammung ist unsicher. Man vermutete als Ausgangspflanze 'Hibernica', was die geringe Winterhärte erklären würde. Diese aus 'Pittsburgh' entstandene Sorten sind als Zimmerpflanzen sehr gut geeignet, da sie auch im Winter im Gewächshaus und in den geheizten Wohnungen ihr Wachstum nicht einstellen. In Gegenden mit mildem Klima und in normalen Wintern halten auch sie im Freien gut durch. Extreme Winter werden sie jedoch schnell wieder ausrotten.

In der Folge wollen wir uns der Frage nach der Winterhärte der übrigen Hedera-Arten und deren Sorten zuwenden.

H. canariensis ist die am weitesten im Süden beheimatete Art und besitzt deshalb die geringste Winterhärte. In Gegenden mit Weinbauklima sieht man zuweilen die bunte Sorte 'Gloire de Marengo' auf Gräbern oder in Vorgärten überwintern. In einigermaßen strengen Wintern wird sie jedoch stark zurückfrieren oder ganz getilgt werden. *H. canariensis* ist deshalb in unseren Breiten nicht für Freilandanpflanzungen zu empfehlen.

H. colchica, aus dem Kaukasus stammend, besitzt bei uns eine gute bis befriedigende Winterhärte und wird in ihren grünen und bunten Sorten relativ häufig angepflanzt.

H. nepalensis wird, vor allem in der älteren Literatur, als empfindlich und wenig winterhart bezeichnet. Das mag man von ihrem zierlichen Wuchs, den sie in ihrer Jugendform zeigt, abgeleitet haben. In ihrem Verbreitungsgebiet, dem

Himalaya, Nepal, Bengalen und Assam steigt sie bis in eine Höhe von 2300 m empor. Eine mäßige bis mittlere Winterhärte kann ihr für unser Gebiet zugesprochen werden.

H. rhombea, in Japan und Korea beheimatet, ist bei uns noch recht gut winterhart, da ja auch das Klima dort unserem sehr ähnlich ist.

Anthocyanbildung und Winterhärte

Bei *Hedera* gibt es Rassen, die zur Anthocyanbildung neigen, wie auch solche, denen diese Eigenschaft vollkommen fehlt. In der sogenannten Winterfärbung, dem Rotbraunwerden der Blätter, wird diese sichtbar. Die Fähigkeit der Anthocyanbildung ist vererbbar. Im Sommer wie auch im Winter im Gewächshaus, sind die roten *Hedera*-Sorten rein grün. An ihnen zeigt sich der Beginn des Rot- oder Röterwerdens im September, um von Mai ab wieder langsam zurückzutreten. Wie Tobler in seiner Efeumonographie »Die Gattung Hedera« (1912) darlegt, steht die Eigenschaft der Anthocyanbildung in enger Beziehung zum Verbreitungsgebiet. Die mit dieser Eigenschaft versehenen Sorten sind am weitesten nach Norden vorgedrungen und am ehesten imstande, niedere Temperaturen zu ertragen. In welcher Weise die schützende Eigenschaft des Anthocyans in der Pflanze wirksam wird, ist immer noch nicht ganz geklärt. Jedenfalls hängt die Anthocyanproduktion mit einer Anhäufung von bestimmten Zuckern (hauptsächlich Saccharose) zusammen, welche die pflanzliche Zelle vor dem Kältetod schützen. An der Intensität der Winterfärbung einer Sorte können wir also auch den Grad ihrer Winterhärte ablesen.

Sortenübersicht

Grünblättrige Sorten

Hedera canariensis
'Azorica'
'Ravensholst'

Hedera colchica
'Dendroides'
var. *dentata*

Hedera helix
'Ahorn'
'Alt Heidelberg'
'Angularis'
'Atropurpurea'
'Baltica'
'Big Deal'
'Boskoop'
'Brokamp'
'California'
'California Fan'
'Cascade'
'Chicago'
'Christian'
'Cockle Shell'
'Congesta'

'Conglomerata'
'Corrugata'
'Cuspidata Major'
'Cuspidata Minor'
'Deltoidea'
'Diana'
'Digitata'
'Direktor Badke'
'Erecta'
'Fan'
'Fluffy Ruffles'
'Garland'
'Gavotte'
'Glymii'
'Goods Selfbranching'
'Gracilis'
'Green Feather'
'Green Finger'
'Green Ripple'
'Hamilton'
'Helford River'
'Helvetica'
'Heron'
'Hibernica'

'Ivalace'
'Königer's Auslese'
'Kurios'
'La Plata'
'Little Gem'
'Lobata Major'
'Manda's Crested'
'Maple Queen'
'Marie-Luise'
'Merion Beauty'
'Modern Times'
'Nebulosa'
'Neilson'
'Nigra'
'Old Lace'
'Palmata'
'Parsley Crested'
'Pedata'
'Pin Oak'
'Pittsburgh'
'Pixie'
var. *poetica*
'Professor Friedrich Tobler'

'Rüsche'
'Russelliana'
'Sagittifolia'
'Shamrock'
'Small Deal'
'Spetchley'
'Stuttgart'
'Sylvanian'
'Telecurl'
'Très Coupé'
'Triloba'
'Triton'
'Ustler'
'Walthamensis'
'Wingertsberg'
'Woeneri'
'Woodii'

Hedera nepalensis

Hedera pastuchovii

Hedera rhombea

Buntblättrige Sorten

Hedera canariensis
'Gloire de Marengo'
'Margino-maculata'
'Striata'

Hedera colchica
'Dentata Variegata'
'Sulphur Heart'

Hedera helix
'Adam'
'Angularis Aurea'
'Anna Marie'
'Ardingly'
'Bruder Ingobert'
'Buttercup'
'Caecilia'

'Caenwoodiana Aurea'
'California Gold'
'Cavendishii'
'Chester'
'Chrysophylla'
'Dealbata'
'Eugen Hahn'
'Eva'

'Fantasia'
'Flavescens'
'Gertrud Stauss'
'Glacier'
'Goldchild'
'Goldcraft'
'Golden Pittsburgh'
'Goldheart'

'Goldstearn'
'Harald'
'Hazel'
'Heise'
'Hibernica Variegata'
'Jubilee'
'Kolibri'
'Little Diamond'

'Luzii'
'Minor Marmorata'
'Mrs. Pollock'
'Nigra Aurea'
'Paper Doll'
'Peter'
'Romanze'
'Sagittifolia Variegata'

'Sinclair Silverleaf'
'Spectre'
'Stift Neuburg'
'Sulphurea'
'Tricolor'
'Trinity'
'Typ Schäfer I'
'Typ Schäfer II'

'Typ Schäfer III'
'Williamsiana'
'Zebra'

Hedera rhombea
'Variegata'

Bildquellen

Apel, J.: Abb. 1, 3, 6, 7, 12.
Burda GmbH: Abb. 2, 10, 11.
Felbinger, A.: Abb. 8.
Savage, D.: Abb. 14 bis 67.
Seibold, H.: Abb. 4, 5, 9, 13.
Ziegele, G.: Abb. 68 bis 73.

Literaturverzeichnis

American Ivy Society: Preliminary Check-list of Cultivated Hedera. 1975.

Bates, A.: The Elusive Ivy. Artikelserie, American National Horticultural Magazine, 1932 bis 1945.

Bean, W. J.: Trees and Shrubs Hardy in the British Isles. 1st Edition, 1914, and 8th (Revised) Edition, 1973.

Bell, L.: The Beauty of Hardy Ivy. Morris Arboretum Bulletin, September 1968.

Carriére, E. A.: Une Importante Collection de Lierres. Revue Horticole, 1890.

Graf, A. B.: Exotica – Pictorial Cyclopedia of Exotic Plants, 1963.

Heieck, I.: Das Efeusortiment der Gebrüder Stauss – 1977 (Privatdruck).

Heieck, I.: Hedera-Sorten. Ihre Entstehung und Geschichte, dargestellt am Sortiment der Gärtnerei Abtei Neuburg. Privatdruck, 1980.

Hibberd, S.: Floral World. 1864.

Hibberd, S.: The Ivy. 1872.

Jenny, M.: Jahrbuch Botanischer Garten. Zürich 1964.

Key, H.: Ivies. Royal Horticultural Society Handbook, 1978.

Koch, K.: Dendrologie. Erlangen 1869.

Koch, K.: Gärtnerei und Pflanzenkunde. 1870.

Krüssmann, G.: Handbuch der Laubgehölze. Band II, 1977.

Laar, H. van de: Het Hedera helix Sortiment in de Bloemisterij. Vakblad voor de Bloemisterij (5), 1965.

Lawrence, G. H. M.: The Cultivated Ivies. Morris Arboretum Bulletin, Vol. 7, No. 2, 1956.

Lawrence, G. H. M., and Schulze, A. E.: The Cultivated Hederas. Gentes Herbarum, The Bailey Hortorium of New York State College of Agriculture, 1942.

Nannenga-Bremekamp, N. E.: Notes on Hedera Species, Varieties and Cultivars grown in the Netherlands. Misc. Paper No. 6, Landbouwhogeschool, Wageningen, Netherlands 1970.

Nicholson, G.: The Illustrated Dictionary of Gardening. 1885, Supplement 1901.

Paul, W.: The Ivy. The Gardener's Chronicle and Agricultural Gazette, 1867.

Petzold und Kirchner: Arboretum Muscaviense. Gotha, 1864.

Pierot, S.: The Ivy Book. Macmillan, 1974.

Rehder, A.: Manual of Cultivated Trees and Shrubs. 1927.

Seemann, B.: Revision of the Natural Order Hederaceae. Journal of Botany, 1864.

Shippy, B. L.: The Flower Grower. Vol. 42, September 1955.

Sowerby: English Botany. 1804.

Sprenger: Gartenwelt. 1903.

Tobler, F.: Die Gattung Hedera. Jena 1912.

Tobler, F.: Die Gartenformen der Gattung Hedera. Mitteilungen der Deutschen Dendrologischen Gesellschaft, 1927.

Weston, R.: Universal Botanist and Nurseryman. 1770.

Sachregister

Halbfette Seitenzahlen verweisen auf Schwerpunkte, Seitenzahlen mit Sternchen * auf Abbildungen.

Ableger 26, 28
Abutilon 35
'Adam' 29, **49**
Afrikanischer Efeu 38
'Ahorn' 117
AIS s. American Ivy Society
Algerien 18
Alpinum 25
Altersform 17, 18, 23, 29
'Alt-Heidelberg' **49**, 50*
American Ivy Society (AIS) 14
Amerika 12
Ameriosporium trichellum 35
Ampeln 30*
Ampelpflanzen 28
'Angularis' 23, **50**, 131
'Angularis Aurea' 23, **50**, 51*
'Anna Marie' 33, **51**
Anthocyan 132
Aquarien 29
Araliaceae 18
'Arborescens' 8*, 10, 17*
'Ardingly' 26, 28, 29, 51*, **52**
Arten 18, **37**
Aspidiotus hederae 34
Aster 22
'Atropurpurea' 20, 22, **52**
Augen 29
Auswinterung 130
Azoren 18
'Azorica' 39

Bacchus 8
Backsteinmauer 20*
Bakterieller Blattfleck 35
Balkonkasten 27*
'Baltica' 48, **118**, 131
Bambusstöcke 27
Baumefeu 10, 17, 29
– Formen 17, 18
Berberis 29
Beton 22
'Big Deal' 26, **53**
Blattbegonien 29
Blattfarbe 37
Blattfleckenkrankheit 35
– Schwarze 35
Blattform 26, 33
Blattlaus 34
– Grüne 34
– Schwarze 34
Blattpanaschierung 33
Blattstecklinge 33
Bljustach 15
Blütenstände 17
Böden, alkalische 19
Bodenansprüche 131
Bodendecker **23**, 24*
'Boskoop' 26, **53**, 54*
'Brokamp' 53
'Bruder Ingobert' 26, 29, **54**
Buche 130
'Buttercup' 20, 22, **54**, 55*

'Caecilia' 117, **119**
'Caenwoodiana' 12
'Caenwoodiana Aurea' 55
'California' 119
'California Fan' 56
'California Gold' 56
Caryopteris 20
'Cascade' 56
'Cavendishii' 12, 20, 26, **57**
Ceratostigma 20
'Chester' 58
'Chicago' 58
'Christian' 119
Chromosomen 15
'Chrysophylla' 59
Clematis 22
Coccus hesperidum 34
'Cockle Shell' 26, 29, **59**
Colletotrichum trichellum 35
'Congesta' 25, 30, **60**
'Conglomerata' 25, **61**
'Corrugata' 62
Cotinus coggygria 22
Cotoneaster horizontalis 22
Crocosmia 22
Cryptanthus 29
Cultivar 15
'Cuspidata Major' 61*, **63**
'Cuspidata Minor' 63

'Dealbata' **63**, 64*
'Deltoidea' 20, 31, 48, **65**
'Dendroides' 44
'Dentata' 15, 20, 23, 43, **45**, 46*
'Dentata Variegata' 22, 23, 30, **46**
Deutschland 117
'Diana' 120

'Digitata' 23, 31, 65
Dimorphismus **17**, 18
'Direktor Badke' 66
'Domino' 67
Dracaenen 29
Drahtgerüste 28
Düngerlösung 28

Edera 15
Efeu, buntblättriger 13*
– Algerischer 38
– gewöhnlicher 15
– Irischer 15
– Japanischer 115
– Persischer 15, 43
Efeugesellschaft 14, 38
Efeu-Hochstämmchen 18, 29
Efeukranz 8
Einheitserde 33
Einzelpflanzen 25
'Erecta' 25, 30, 35, **67**, 68*
Erysiphe cichoracearum 35
Eternit 22
'Eugen Hahn' 68
Eulecanium corni 34
Europa 18
'Eva' 26, 28, 29, **68**, 69*

'Fan' 69
'Fantasia' 27, 69*, 70
× *Fatshedera lizei* 29, 31*
Fatsia japonica 29
Flaschengärten **28**
'Flavescens' 70
Fliegen 10, 17
'Fluffy Ruffles' 27, 70, 72*
Folie 25, 32

Formbäume **28**, 33
Frosthärte 23
Frostschäden 130
Früchte 17*
Fruhstorfer, Anton 33
Fuchsien 28
Fungizide 35

Garagen 22
'Garland' 71
Garten 19
Gartenerde 33
Gartenmauer 19
Gattung 15
'Gavotte' **71**, 72*
'Gertrud Stauss'
  120, 121*
Gewächshaus 32
Gewicht 10
Gitterwand 26
'Glacier' 22, 26, 27,
  28, **72***
Glasflaschen 28
Glaskästen 26
'Gloire de Marengo'
  22, 24, 26, 27, **40**, 42*,
  131
'Glymii' 20, 22, **73**
'Goldchild' 73
'Goldcraft' 74
'Golden Pittsburgh'
  26, **74***
'Goldheart' 22, 27, **75***
Goldpanaschierung 37
'Goldstern' 75*, **76**
'Goods Selfbranching'
  121
'Gracilis' 76
'Green Feather' 26, 27,
  28, **77**
'Green Finger' 77
'Green Ripple' 26, 27, **78***
Großbritannien 18

'Hamilton' 79
Handzerstäuber 28
'Harald' 26, 29, 33, **79***
Haus **19**, 26
'Hazel' 80
Hedera 10, 13, 15, 17, 18

– *canariensis* 11, 18, 20,
  26, 27, 35, **38**, 131
– *colchica* 11, 15, 18, 20*,
  33, 35, **43**, 131
– *helix* 10, 15, 18, 20, 25,
  26, 27, 29, **48**, 130
– – Blüten 16*
– – var. *poetica* 15, **98**,
  131
– *nepalensis* 11, 18, 22,
  112, 114*, 131
– *pastuchovii* 18, **113**,
  114*
– *rhombea* 18, **115***, 132
Hederaceae 18
Heidekraut 19
'Heise' 80
Helenium 22
'Helford River' 80
'Helvetica' 121*, **122**
Herbststecklinge 32
'Heron' **81**, 82*
Heterophyllie 17
Hibberd, Shirley 11, 12,
  18, 29, 113
'Hibernica' 20, 22, 23, 25,
  30, 31, 38, 48, **81**, 131
'Hibernica Variegata'
  82, 83*
Himalaya 18
Hintergrund 19
Holzgerüst 31

Innenhöfe 28
Insekten 10
Insektizide 34
'Ivalace' 26, 28, 33,
  83*, **84**
Ivy 15

Japan 18
Jelängerjelieber 10
'Jubilee' **122**
Jugendform 17, 131

Kalidünger 33
Kalk 19, 33
Kalksteinböden 34
Kältetod 130
Kanarische Inseln 18, 38

Kaspisches Meer 18
Kasten, kalter 32
Kaukasus 18
Kletterpflanze 22, 31, 130
Klima 38, 117, 130, 131
Klimop 15
Klon 12, 13, 17, 113
Knochenmehl 33
Knollenpflanzen 25
Knoten 32
Koch, Karl 11
'Kolibri' 27, 29, **85**, 86*
'Königers Auslese' **84**,
  86*
Kontrollmaßnahmen 36
Kotyledonen 17
Krankheiten 33, **35**
Krokus 25
Kultur 32
'Kurios' 27, **85**
Kurztriebe 17

Landschaft 19
'La Plata' 123
Lauberde 33
Lehm 33
Leucojum autumnale 25
Licht 26
Lierre 15
Linné 15, 48
'Little Diamond' 86*
'Little Gem' 87
'Lobata Major' 87
Lobelien 28
Lonicera 10, 35
'Luzii' 26*, 28, **87**
Lysimachien 28

Mahonia 29
'Manda's Crested' 24,
  26, **88**
'Maple Queen' 88
'Margino-maculata'
  27, **41**, 42*
'Marie-Luise' **123**, 124*
Mauer 10, 19, 130
Mauerefeu 113
Mehltau 35, 39
– Echter 35
– Falscher 35

'Merion Beauty' 26, **89**
Milben 28, 34
'Minor Marmorata'
  89, 90*
'Modern Times' 90
Moorbeetpflanzen 19
Moos 28
Moosstab 27
'Mrs. Pollock' 91
Mutation 12, 16, 18, 26
Mutterpflanze 15
Mythologie 8

Namensgebung,
  Botanische 15
Narzissen 29
Natursteinmauer 20*
'Nebulosa' 92
'Neilson' 91*, **92**
'Nigra' 92
'Nigra Aurea' 93
Nisula-Rolltechnik 25
Nomenklatur 14
Nordafrika 18
Nordeuropa 18

Oidium sp. 35
Oleanderschildlaus 34
'Old Lace' 27, **94**

'Palmata' 31, 94
Panaschierung 10, 26, 26
'Paper Doll' **123**, 124*
'Parsley Crested' 24, 27,
  94, 95*
*Parthenocissus
  quinquefolia* 10, 18
Parthenogenese 34
'Pedata' 20, 48, **95**
Pelargonien 28
'Peter' **96**, 97*
Pflanzabstände 25
Pflanzenschutzdienst 36
Pflanzensprays 34
Pflanzerde 33
Phlox 22
Photosynthese 17
Phyllosticta hedericola 35
'Pin Oak' 97
Pinzette 28

'Pittsburgh' 26, **97**, 131
'Pixie' 98
Plinius der Ältere 10
Portugal 18
'Professor Friedrich
  Tobler' 25, 28, **99**, 100*
Prüfung 12
Pyracantha 22
Pyramidenform 27

'Ralf' 100
ramulös 18
Ranken 32
Raumteiler 26
'Ravenholst' 24, **42***
Reiser 29
Rhododendron 19
RHS s. Royal Horti-
  cultural Society
Rindenpfropfung 29
Rittersporn 22
Rolle 25
'Romanze' 100
Rosen 22
Rote Spinne 34
Royal Horticultural
  Society (RHS) 11, 12
Rückschnitt 20
'Rüsche' 101*
'Russelliana' 101
Rußland 18
Rußtaupilz 34

Saccharose 132
'Sagittifolia' 101*, **102**
'Sagittifolia Variegata'
  26, **103**, 104*
Sämlingsstadium 17
Sand-Torf-Gemisch 32
Säulenefeu 27*
Schädlinge 33, **34**
Schildlaus, Weiche 34
Schildläuse 34
Schmarotzer 8
Schuppen 22
Seemann, Berthold
  11, 18, 43
Senecio laxifolius 22
'Shamrock' 27, 28, **103**,
  104*

Silberpanaschierung 37
'Sinclair Silverleaf'
  27, 34, **104**
Sitzplatz 31
'Small Deal' 27, **104**
Sommerstecklinge 32
Sonne 130
Sorten 12, 15, **37**
– grünblättrige 133
– buntblättrige 133
Sortenübersicht 133
'Spectre' **104**, 106*
'Spetchley' 25, 29, **105**,
  106*
Spezies 15, 18
Sphagnum 27
Spitzenpfropfung 29
Sport 12
Sprühnebel 33
Stecklinge 13, 16, 25, 29
Steingärten 10, **25**
Stickstoff 34
'Stift Neuburg' 26, 29,
  106*
'Striata' 24, 43
'Stuttgart' 124
Substrat 33
Südlage 130
Südskandinavien 18
'Sulphurea' 22, 24, 30, 31,
  106, 107*
'Sulphur Heart' 25, 30, **47***
'Sylvanian' 125
Systematik 15

Taxonomie 15
Teilstecklinge 32
'Telecurl' 107*
Terrarien 28
Tetranychus urticae 34
tetraploid 15
Theophrast 10
Tobler, Friedrich 18, 48
Topfefeu 29
Topfpflanzen 26
Topfpflanzenerde 32, 33
Topiary **28**, 33
Torf 33
Torfkulturstubstrat (TKS)
  33

Torf-Sand-Gemisch 25
'Très Coupé' 108
'Tricolor' 108
'Triloba' 23, **109**
'Trinitiy' 27, 34, **109**
'Triton' 110*
Trockenheit 34
Tulpen 29
Türkei 18
'Typ Schäfer I' 126
'Typ Schäfer II' 126
'Typ Schäfer III' **127**,
  128*

Ulmensterben 10
Unkraut 23
Unterarten 15
USA 14
'Ustler' 127

Variation 13
'Variegata' 115*
Varietäten 37
Veranda 28
Verdunstung 130
Veredeln 29, 31*
Vermehrung 32
– vegetative 13, 15
Verteilung, geographische
  18
Viren 35
Virginia creeper 10, 18
Vitaceae 10

'Walthamensis' 25, **110**
Wardscher Kasten 28
Weihnachtsschmuck 8
Weinrebengewächse 10
Wilder Wein 10, 18
Wildformen 15
'Williamsiana' 28, 29, **111**
Wind 130
'Wingertsberg' 128
Winterfärbung 132
Winterfrost 24
Wintergarten 26
Winterhärte 38, 117, 130,
  131, 132
'Woeneri' **112**, 131
'Woods' 129

Wuchsform 33
Wurzelballen 19
Wurzelhals 19
Wurzeln 8, 130
Wurzelunkräuter 23

Xanthomonas hederae 35

Zange 28
Zaunhecke 31
'Zebra' 27, **112**
Zerstäuber 32
Zierhecken 28, 33
Zierwert 12, 37
Zimmerefeu 26*, 35
Zimmerpflanzen 12, **26**,
  37, 131
Zwetschenschildlaus 34

Kübelpflanzen

Geschichte, Herkunft, Pflege
Von Dr. h.c. F. Encke, Greifenstein
207 Seiten mit 75 Farbfotos und
18 Zeichnungen
Ln. mit Schutzumschlag DM 68,–

Fuchsien

Von G. Manthey, Schwerte-Ergste
Etwa 200 Seiten mit ca. 50 Farbfotos und
40 Zeichnungen
Ln. mit Schutzumschlag ca. DM 68,–

Gartengehölze

Von A. Bärtels, Göttingen
Völlig neubearb. und erweiterte 2. Auflage.
520 Seiten mit 265 Farbfotos, 12 Schwarz-
weißfotos, 137 Zeichnungen und 53 Tabel-
len. Ln. mit Schutzumschlag DM 168,–

Bäume und Sträucher im Garten

Von Prof. Dr. R. Hansen, Freising-
Weihenstephan, und F. Stahl, Nürnberg
2. Auflage. 238 Seiten mit 64 Farbfotos und
61 Zeichnungen
Kst. mit Schutzumschlag DM 42,–

Wohnen in kleinen Gärten

12 Beispiele
Von H. Thiele und F. Stahl, Nürnberg
168 Seiten mit 85 Farbfotos, 14 Gartenplänen, 12 Skizzen und 12 Vignetten.
Kst. mit Schutzumschlag ca. DM 42,–

Dachgärten, Terrassen und Balkone

Gestaltung und Bepflanzung
Von Dr. h.c. F. Encke, Greifenstein, und
H. Schiller, Fürth
2. Auflage. 159 Seiten mit 18 Schwarzweiß-
fotos, 32 Zeichnungen, 13 Farbbildern.
Kst. DM 24,–

Der vollendete Garten

Die Kunst, mit Pflanzen umzugehen,
dargestellt in 23 Vegetationsbildern
Von Garten- und Landschaftsarchitekt
K. Plomin, Hamburg
2. Auflage. 188 Seiten mit 32 Farbfotos und
17 Zeichnungen
Kst. mit Schutzumschlag DM 42,–

Vom Grundstück zum Wohngarten

Planung und Anlage von Hausgärten
Von Gartenarchitekt H. Meyer, Villingen
Verb. 4. Auflage. 248 Seiten mit
162 Gartenplänen und Zeichnungen sowie
59 Fotos. Kst. DM 28,–

Unser Garten meisterlich bepflanzt

Gruppierungs- und Bepflanzungs-
vorschläge für alle Gartenteile
Von Gartenarchitekt J. Wohlschlager,
Sindelfingen
3. Auflage. 196 Seiten mit 20 Farbtafeln
und 21 Zeichnungen. Kst. DM 36,–

Zu beziehen durch Ihre Buchhandlung. Prospekte
kostenlos.

Verlag Eugen Ulmer
Postfach 70 05 61 · 7 Stuttgart 70